经管华信 创优系列·管理科学与工程

U0837866

质量可靠性理论与技术

Quality Reliability Theory and Technology

王海燕 唐润 主编

電子工業出版社
Publishing House of Electronics Industry
北京·BEIJING

内 容 简 介

系统可靠性分析技术已广泛地应用于电子、航天、航空、机械等领域。本书共分为八章，内容包括可靠性概述，质量分析与质量控制概要，可靠性模型，系统可靠性的预计与分配，系统故障分析，单元产品的可靠性评价，复杂系统的可靠性评价和可靠性试验。在内容上既着重于介绍系统可靠性分析的基本理论和方法，又力图反映出系统可靠性分析技术的最新研究成果。

本书可作为管理科学与工程、系统工程专业的研究生或高年级本科生教材，还可作为科技工作者和技术管理者学习的参考书。

图书在版编目(CIP)数据

质量可靠性理论与技术/王海燕，唐润主编.—北京：电子工业出版社，2014.5
(华信经管创优系列)
ISBN 978-7-121-23205-3

I. ①质… II. ①王… ②唐… III. ①质量管理-可靠性管理-高等学校-教材 IV. ①F273.2

中国版本图书馆 CIP 数据核字(2014)第 098191 号

策划编辑：王志宇
责任编辑：靳　平
印　　刷：北京虎彩文化传播有限公司
装　　订：北京虎彩文化传播有限公司
出版发行：电子工业出版社
　　　　　北京市海淀区万寿路 173 信箱　　邮编：100036
开　　本：787×1092　1/16　印张：12.25　字数：320　插页：1
版　　次：2014 年 5 月第 1 版
印　　次：2022 年 8 月第 4 次印刷
定　　价：35.00 元

总　　序

质量问题是经济社会发展的一个战略问题。党和国家历来高度重视质量工作，新中国成立以来，尤其是改革开放以来，党中央、国务院制定实施了一系列政策措施，初步形成了中国特色的质量发展之路，但是产品、工程、服务等质量问题造成的经济损失、环境污染、资源浪费等现象比较严重；质量安全形势仍然严峻，产品质量安全特别是食品安全事故时有发生；一些生产经营者质量诚信缺失，肆意制售假冒伪劣产品，危害人民群众生命健康安全，损害国家信誉和形象；与发达国家相比，“中国制造”质量竞争力还不够强，缺少具有国际影响力的知名品牌和产品，质量问题已成为我国经济社会健康发展的一个制约因素。

新世纪的第二个十年，是我国全面建设小康社会、加快推进社会主义现代化的关键时期，是深化改革开放、加快转变经济发展方式的攻坚时期，也是质量发展的又一个重要时期。从国际上看，经济全球化深入发展，科技进步日新月异，全球产业分工和市场需求结构出现明显变化，以质量为核心要素的标准、人才、技术、市场、资源等竞争日趋激烈。从国内看，我国工业化、信息化、城镇化、市场化、国际化进程加快，要贯彻落实科学发展观，实现又好又快发展，需要坚实的质量基础；要加快转变经济发展方式，特别是实现制造业由大变强，需要可靠的质量支撑；要满足人民群众日益增长的质量需求，也需要更强的质量保障能力。然而长期以来，由于质量管理工程专业一直没有列入教育部学科目录，从本科生教育到研究生教育，针对专业质量人才的培养规模极为有限。

2012 年，教育部批准在高等学校本科专业当中增设质量管理工程专业，南京财经大学是国内首个设置质量管理工程专业的高校，并且江苏省教育厅为了充分发挥区域高教资源集聚优势，高校之间实现优势互补、强强联合，加快推进高等教育内涵式发展，扎实推进高等教育综合改革试验区建设，将此专业作为南京财经大学、南京大学、南京师范大学、南京邮电大学和南京中医药大学五校共建的专业，但是质量管理工程专业教育缺乏系统的教材，因此我带领南京财经大学质量管理工程专业的骨干教师们主编了这套质量工程系列教材，主要包括《质量统计学》、《质量可靠性理论与技术》、《质量分析与质量控制》、《服务质量管理》、《质量工程试验设计》五本教材，希望这套教材能缓解质量管理工程专业高等教育教材短缺的压力，为我国质量管理工程专业的发展尽一份绵薄之力。由于质量管理工程的专业建设在我国还处于探索期，加上我们的学术水平和知识有限，教材当中难免存在各种不足，恳请国内外同仁多加批评指正。

另外，本套教材受以下项目资助：

① 国家重大科学仪器设备开发专项：微分迁移谱——质谱快速检测仪的开发与应用（项目编号 2013YQ090703）；

② 国家自然科学基金：我国食品安全管理中的质量链协同控制理论与方法研究（项目编号71373117）。

在此，对科技部和国家自然科学基金委表示感谢！

南京财经大学管理科学与工程学院 院长
江苏省质量安全工程研究院 执行院长
王海燕　教授
于南京

前　　言

可靠性工程起源于军事领域，经过半个多世纪的迅速发展，现在已成为涉及面非常广的综合性学科，是一门综合了系统工程、管理工程、价值工程、人机工程、电子计算机技术、产品测试技术以及概率、统计、运筹、物理等多种学科成果的应用科学。可靠性在实际当中有着极其重要的作用，对于产品来说，可靠性问题和人身安全、经济效益密切相关。提高产品的可靠性，可以防止故障和事故的发生，尤其避免灾难性的事故发生，保证人民群众生命财产安全；可以减少停机时间，提高产品可用率；另外，提高产品的可靠性还可以改善企业信誉，增强企业竞争力，扩大产品销量，从而提高经济效益。因此，研究产品的可靠性问题，显得十分重要和迫切。

本书第一章介绍了可靠性的定义及指标、可靠性的发展、可靠性的特点，以及可靠性与质量管理；第二章讨论了可靠性特征量，并介绍了可靠性当中几种常用的失效分布函数；第三章介绍了逻辑代数的基本概念和运算方法，并依次介绍了串联模型、并联模型、混联模型、储备系统和一般网络系统等可靠性模型；第四章介绍元器件失效率预计和系统可靠性预计的方法，串联系统可靠性分配的常用方法，并讨论了有关并联冗余系统可靠性分配的问题；第五章介绍了故障模式及影响分析，故障树的建造，以及故障树的定性和定量分析方法；第六章讨论了如何运用试验数据对单元产品进行可靠性评估的常用方法；第七章介绍了系统可靠性综合的金字塔评估方法，对复杂系统的可靠性进行评价；第八章介绍了可靠性试验，筛选、老炼和环境适应性试验的基本知识，寿命试验、加速寿命试验和可靠性增长试验的常用设计方法。

本书紧密结合教学大纲和工程的实际需要，在内容上既着重于介绍系统可靠性分析的基本理论和方法，又力图反映出系统可靠性分析技术的最新研究成果，尽量做到少而精，通俗易懂，便于教学，同时采用了最新国家标准和国家军用标准，精选了许多结合工程实际应用的例题，本书可作为管理科学与工程、系统工程专业的研究生或高年级本科生教材，还可作为科技工作者和技术管理者学习的参考书。

本书由南京财经大学管理科学与工程学院组织编写，由王海燕、唐润教授主编，参与编写的人员有刘军、张庆民、孟秀丽、张斯琪、仲琴等老师，感谢沈鑫、俞磊、王虎、尹小华、钱昆、马晖玮、陆晶晶等研究生在教材编写过程中付出的辛苦劳动。在编写过程中参考了国内外的大量文献、教材和专著，由于篇幅原因未能将所有的参考资料都列出，编者在此对这些资料的作者表示衷心的感谢，对大力支持此次编写工作的电子工业出版社和南京财经大学也一并表示感谢！

由于编者水平有限，书中难免有不妥之处，诚请广大读者批评指正。

编　者

目　　录

第一章

可靠性概述

“可靠性”这个词的应用已经有很长的历史了，但过去对其含义的理解往往是顾名思义而已。随着科学技术的发展，可靠性已成为一门专门的学科，并不断地得到发展，其含义已有了特定的严格定义，包含的内容也不断丰富。本章将对可靠性的内容进行全面详细地介绍。

第一节 可靠性的定义及指标

伴随着工业技术的日益发展，可靠性逐渐成为产品竞争中的一个重要指标。

一、可靠性的定义

所谓可靠性是指产品在规定的条件下，在规定的时间内，能够完成规定的功能的能力。

(1)产品是指可以单独研究、分别试验的任何部件、组件、设备或系统。它可以由硬件、软件或兼由二者组成。就产品的性质划分产品可分为不可修产品(如电子元件、灯泡等)和可修产品(如计算机、大型设备等)。

(2)规定的条件是指产品使用时的应力条件(载荷条件)、环境条件以及储存条件等。规定的条件不同，产品的可靠性也不同。例如，一台起重机承受不同的负荷，那么它的可靠性肯定是不同的；又如某台设备在实验室内使用和在野外现场使用其可靠性也是不同的；再如温度、湿度、腐蚀介质等不同的环境条件，对产品的可靠性都有很大的影响。此外，还有操作技术、维修保养条件等都对产品的可靠性产生影响。

(3)规定的时间是指产品的工作时间，任何一种产品经过一段时间的稳定性工作之后，随着时间的延长，可靠性就会下降，并越来越频繁地出现故障，最终报废。例如，某种家电，规定90%设备无故障工作时间为15 000h，那么在15 000h之内，这批产品绝大部分不会发生故障；但超过15 000h，则不能保证这批产品绝大部分还能完好工作。规定时间的单位可用分、秒、小时、月、年、周期、次数、里程等。

(4)规定的功能是指产品应具有的技术指标。这个指标要明确、清晰，只有这样才能判断产品是正常工作还是处于故障状态。产品丧失规定功能称为失效。首先要明确产品的失效模式、失效机理和失效判据。失效判据有些产品很容易确定，有些产品就比较难确定。例如，灯泡就很容易判断它正常还是失效(不亮就是失效)；又如电视机的失效就比较复杂，它可以从几个方面来鉴别，如光栅检查、图像质量检查、伴音质量、灵敏度、选择性、稳定性、白纯度与会聚检查、白平衡检查、消色能力、接受彩色能力等方面的具体数据来判断其是否失效。此外，判断其是否失效还要由生产技术水平和用户的经济条件来决定。

可靠性有很多数量指标，如寿命、失效率、可靠度等。其中，常用的特征量为可靠度，可靠度是指产品在规定的条件下和规定的时间内，完成规定功能的概率，一般用R(Reliability)表示。

二、可靠性分类

根据不同的标准，通常将可靠性分成以下几类。

1. 狭义可靠性和广义可靠性

狭义可靠性和广义可靠性是根据可靠性定义的范畴和含义的广狭来划分的。

狭义可靠性是指产品在规定的条件下和规定的时间内，完成规定功能的能力。它表示产品在某一规定时间内发生故障的难易程度。

广义可靠性是指从工程概念出发所论及的具有更广泛意义的可靠性。国家标准将广义可靠性定义为：产品整个寿命周期内完成规定功能的能力。它包括了狭义可靠性和维修性，故可用下式表示：

广义可靠性=狭义可靠性+维修性

维修性是产品设计和装配的一种特性。它赋予了产品一种便于维修的独有素质，使可维修产品在出了故障后经维修可继续使用，从而提高产品的可靠性。国家标准对维修性定义为：产品在规定的条件下和规定的时间内，按规定的程序和方法进行维修时，保持或恢复到能完成规定功能的能力。当前，维修性技术发展很快，已逐渐成为一个独立的分支，甚至可与可靠性工程相提并论了。

广义可靠性实质上就是产品的有效性。有效性(也称有用性)定义为：可以维修的产品在某时刻具有或维持规定功能的能力。实际上，有效性是将一个可维修产品的可靠性和维修性有机地结合起来，用一个统一的尺度来评价产品在全部使用过程中能有效工作的程度和比率。它表示产品正常工作的能力。

应当注意：在一般场合，人们所说的可靠性是指广义可靠性，而在专业场合及定量计算时，可靠性又多指狭义可靠性。

2. 固有可靠性和使用可靠性

固有可靠性和使用可靠性是根据可靠性形成的过程来划分的。

固有可靠性是指由设计决定、制造实现和保证的可靠性，记作 R_1。它所考虑的中心问题是狭义可靠性。显然，固有可靠性是产品的固有属性，奠定了使用可靠性的基础，处于十分重要的地位。固有可靠性不高，相当于“先天不足”。在产品寿命各阶段中，设计阶段对可靠性影响最大。如果设计阶段不认真进行可靠性设计，则以后无论怎样精心制造、严格管理，也难以保证其可靠性。制造只能尽可能保证实现设计的可靠性；使用则是维持可靠性，尽量减少可靠性降低。

使用可靠性是指产品在使用过程中，因受环境条件、维修方式及人为因素的影响所能达到的可靠性，记作 R_u 。它所考虑的中心问题是广义可靠性。显然，一般 $R_u < R_1$，并且随使用时间的增长，R_u 将逐渐降低。当 R_u 下降到规定的极限，则要检修或更换部件，使产品可靠性提高到合格水平，再投入使用。如此往复，直至报废。

据美国海军统计，在舰船故障中，设计不良造成的故障占总故障数的40%，器件选用不当的故障占总故障数的30%，制造不良造成的故障占总故障数的10%，使用维修不当造成的故障占总故障数的20%。可见，只有 R_1 达到一定水平，才有可能保证一定水平的 R_u 。

有人还将 R_1 和 R_u 综合起来称为工作可靠性，记作 R_0。

3. 硬件可靠性和软件可靠性

硬件可靠性和软件可靠性是为适应软件产品迅速发展而提出的一种分类法。

所谓硬件在传统上是指从完全相同的器件总体中取出的若干部分的一种组合。前面所述的可靠性定义均指硬件可靠性。

所谓软件是指由书面的或可记录的信息、概念、文件或程序组成的产品。

软件可靠性定义可表述为：在规定的条件下和规定的时间内，软件成功地完成规定功能的能力(概率)或不引起系统故障的能力(概率)。

在硬件—软件系统中，有人提出系统的可靠性可表示为

$$R_{SY} = R_S R_H R_M \tag{1-1}$$

式中 R_{SY} ——系统可靠性；

R_S ——软件可靠性；

R_H ——硬件可靠性；

R_M ——操作者误差。

软件可靠性不同于硬件可靠性。例如，软件不会因为疲劳、老化等发生故障；软件故障率不会随时间增长而单调下降等。随着软件产品的发展，软件可靠性已成为可靠性研究的重要方面。

三、系统可靠性

所谓系统是指为了完成某一特定功能，由若干个彼此有联系的而且又能相互协调工作的部件所组成的综合体。

系统和部件的含义均是相对而言，具体由研究的对象而定。例如，把一条生产线当成一个系统时，组成生产线的各个部分或单机都是部件；把一台设备作为系统时，组成设备的零件都可以当作部件。因此，部件可以是子系统、机器或零件等。

系统按可修复与否分为不可修复系统和可修复系统两类。所谓不可修复系统是指系统或其组成部件一旦发生失效，不再修复，系统处于报废状态，这样的系统称为不可修复系统。通过维修而恢复其功能的系统，称为可修复系统。

不可修复系统常是因为技术上不能修复，或者一次性使用，没必要进行修复。

系统可靠性表示系统在规定的条件下和规定的时间内完成规定功能的能力。系统在规定的条件下和规定的时间内，完成规定功能的概率称为系统可靠度。

虽然绝大多数的机械设备是可修复系统，但不可修复系统的分析方法是研究可修复系统的基础。而且，对系统进行可靠性预测和分配时，常常简化为不可修复系统来处理。

四、可靠性技术的基本内容

可靠性技术是为适应产品的高可靠性要求而发展起来的新兴学科，它研究产品或系统的故障发生原因、消除和预防故障的措施。其主要任务是保证产品的可靠性和可用性，延长使用寿命，降低维修费用，提高产品的使用效益。

可靠性技术研究的基本内容可分为可靠性基础理论和可靠性专业技术两部分。可靠性基础理论包括可靠性数学、可靠性物理与可靠性管理。可靠性专业技术包括可靠性设计、可靠性试验与维修性设计等。

1.可靠性基础理论

(1)可靠性数学。这是可靠性的数学理论基础。可靠性是以范围广泛的数学为基础的，在数学领域已形成了一个独立的学科分支。

(2)可靠性物理。可靠性物理是20世纪60年代发展起来的。20世纪60年代前后，半导体器件发展很快，未知的失效原因很多，并且和物理学关系甚为密切，于是就产生了“失效物理学”。由于失效机理分析要涉及材料学、物理学、化学等专业，并要广泛地应用理化分析仪器，因此，现阶段分析技术专家的知识面已大大扩展，可靠性物理已成为一门新兴的学科。随着可靠性技术已发展到可靠性保证阶段，可靠性物理研究也将失效物理研究成果具体应用到包括系统在内的设计及其可靠性与质量保证体系中去。

(3)可靠性管理。可靠性管理是对可靠性工作的各个环节以及产品的全寿命周期的各项技术活动进行组织、协调和控制，以实现既定的可靠性指标的一种方法。它在整个可靠性工作中处于领导和保证地位，离开了可靠性管理，各项可靠性技术活动将无法进行。总的来说，它包括宏观管理和微观管理两个方面，其中又以自上而下的可靠性宏观管理起决定性作用。可靠性的宏观管理包括政策、法规、条例、标准、规划、体制等的制定，各个部门的基础研究、计量、检查监督、质量跟踪，情报部门的数据和情报交换，产品可靠性的认证、生产许可、创优评优、安全认可、技术交流和教育培训等方面的工作；可靠性的微观管理包括如方针目标、规章制度、企业标准、组织机构、计划、指标制订和考核、设计评审、工序控制、质量检查和监督、质量跟踪和反馈、维修和售后服务、费用分析和核算、岗位培训等多方面的工作。

2.可靠性专业技术

(1)可靠性设计。这项工作包括建立可靠性模型，对产品进行可靠性预计和分配，进行故障或失效机理分析，在此基础上进行可靠性设计。可靠性设计是产品可靠性的保证。一个高可靠性的产品必须从可靠性设计做起，它包括的内容很多，涉及面也极广。

(2)可靠性试验。可靠性试验的目的是了解产品，验证产品的可靠性水平，通过试验—改进—再试验，反复提高产品可靠性水平。根据试验的目的，有各种不同的可靠性试验方法。

(3)维修性设计。大多数的产品均为可修理产品。维修性设计的目的是为了缩短平均停机时间。维修性设计是从可测性、可达性、可更换性等方面来保障维修的准确、迅速、安全、可靠。

第二节　可靠性的发展

尽管作为产品基本属性的可靠性随着产品的存在而存在，但可靠性工程作为一门独立的工程学科却只有三十几年的历史。如前所述，只有现代的科学技术发展到一定水平，产品的可靠性才突出为一个不仅影响产品性能，而且影响一个国家经济和安全的重大问题，成为众所瞩目的致力研究的对象。在这股社会需求的强大力量推动下，可靠性工程从概率统计、系统工程、质量控制、生产管理等学科中脱胎而出，成为一门新兴的工程学科。

一、可靠性工程的准备和萌芽阶段(20 世纪三四十年代)

与可靠性工程有关的数学理论早就发展起来了。可靠性工程最主要的理论基础——概率论，早在 17 世纪初就由伽利略、巴斯卡、费米、惠更斯、贝努利、德·莫根、高斯、拉普拉斯、泊松等人逐步确立。布尼科夫斯基在 19 世纪写了第一本概率论教程。他的学生切比雪夫发展了大数定律，他的另一个学生马尔科夫创立了随机过程论，这是可修复系统最重要的理论基础。可靠性工程另一门主要的基础理论——数理统计学，在 20 世纪 30 年代初也得到了迅速发展。作为与工程实践的结合，除了三十四年代提出的机械维修概率、长途电话强度的概率分布、更新理论、试件疲劳与极限理论的关系外，值得提出的是在 1939 年瑞典人威布尔为了描述材料的疲劳强度而提出了威布尔分布。该分布后来成为可靠性工程中最常用的分布之一。

最早的可靠性概念来源于航空。1939 年，美国航空委员会出版的《适航性统计学注释》中，提出了飞机由于各种失效造成的事故率不应超过 0.000 01/小时，相当于飞机在 1 小时飞行中的可靠度为 0.999 9，尽管这里并未明确提出可靠度的概念。我们现在所用的可靠性定义是在 1952 年美国的一次学术会议上提出来的。

早期的系统可靠性理论见于纳粹德国对 V_1 火箭的研制中。他们提出了由 n 个部件组成的系统，其可靠度等于 n 个部件可靠度的乘积，这就是现在常用的串联系统可靠度乘积关系式。

最早作为一个专用学术名词明确提出可靠性的是美国麻省理工学院放射性实验室。它在 1942 年 11 月 4 日向海军与舰船局提出的一份报告中说："……由于真空管寿命短，需要一个专门小组对它的可靠性进行研究并协调各个研究所的工作。"

1943 年，美国成立了电子管技术委员会，并成立电子管研究小组，开始了电子管的可靠性研究。这是有组织地研究电子管可靠性的开始。1949 年，美国无线电工程学会成立了可靠性技术组，这是第一个可靠性专业学术组织。

二、可靠性工程的兴起和独立阶段(20 世纪 50 年代)

20 世纪 50 年代初，可靠性工程在美国兴起。当时，美国的军用电子设备由于失效率很高而面临着十分严重的局面：1949 年，美国海军电子设备有 70%失效，对于一个正在使用的电子管需要 9 个新的电子管作为随时替换的备件；1951 年到 1952 年，一般的无线电设备中 14%有故障，而雷达甚至 84%有故障；美国空军每年的设备维修费为设备购置费的 2 倍，需有 1/3 的地勤人员维修电子设备。

为了扭转被动局面，1952 年 8 月 21 日，美国国防部下令成立由军方、工业界及学术界组成的电子设备可靠性顾问组(Advisory Group on Reliability of Electronic Equipment, AGREE)。1955 年，AGREE 在给政府的报告中提出了九项建议：设计程序、试验、元件的可靠性、采购、运输、包装、储存、操作、维修。这是产生美国有关可靠性军标的思想基础。

1957 年 6 月 14 日提出了著名的 AGREE 报告《军用电子设备的可靠性》。该报告极为广泛、系统、深入地提出了如何解决产品可靠性问题的一系列办法，成为以后美国一系列军标的基础。这些标准成为世界各国及各世界组织制订有关可靠性技术文件的依据。可以认为，AGREE 报告的发表是可靠性工程成为一门独立学科的里程碑。此后，美国制定了一系列有关可靠性的军标，确立了可靠性设计方法、试验方法及程序，并建立了失效数据收集及处理系统。同时，其他一些国家，如俄罗斯、日本、瑞典、意大利、德国等也纷纷成立了研究可靠性的专业组织，召开专门会议，开展可靠性活动。

三、可靠性工程的全面发展阶段(20 世纪 60 年代)

20 世纪 60 年代是世界经济发展较快的年代。可靠性工程以美国为先行，带动了其他工业国家得到了全面、迅速地发展。其主要表现是继续制定、修订了一系列有关可靠性的军标、国标和国际标准，包括可靠性管理、试验、预计、设计、维修等内容；成立了可靠性研究中心；深入地进行了可靠性基础理论、工程方法的研究；开发了加速寿命试验、快速筛选试验这两种更有效的试验方法；开发了按系统功能和参数预计可靠性和蒙特卡罗模拟法等新的可靠性预计技术；开拓了旨在研究失效机理的可靠性物理这门新学科；发展了失效模式、影响及危害性分析(FMECA)和故障树分析(FTA)两种有效的系统可靠性分析技术；开展了机械可靠性的研究；发展了维修性、人的可靠性和安全性的研究；建立了更有效的数据系统；开设了可靠性教育课程。

值得提出的是日本。日本在 1956 年从美国引进了可靠性技术和经济管理技术。1960 年，日本成立了质量管理委员会。同年，由科技联合会召开了第一次全国可靠性讨论会，60 年代中期，日本成立了电子元件可靠性中心。日本将美国在航空、航天及军事工业中的可靠性研究成果应用到民用工业，特别是民用电子工业，使其民用电子工业产品质量大幅度地提高，产品在世界各国广为销售，赢得了良好的质量信誉。

四、可靠性工程的深入发展阶段(20 世纪 70 年代以来)

在 20 世纪 60 年代全面发展的基础上，可靠性工程不但在处于领先地位的美国和工业较发达的各国得以向纵深发展，而且在发展中国家，如中国和印度等也得到了迅速地发展。

1975 年 9 月，美国正式成立了直属美国三军联合后勤司令部领导的电子系统可靠性联合技术协调组，进行统一的可靠性管理。在 1978 年 9 月，该组织扩大到非电子设备，故改名为“可靠性、有效性及维修性联合技术协调组”。1970 年 9 月，美国成立了全国性的数据交换网“政府—工业部门数据交换网”，它是全国统一的数据交换网，已有 220 个政府机构及 404 个工业组织参加了该网。

在可靠性设计和试验方面，20 世纪 70 年代以来，更严格、更符合实际、更有效的设计和试验方法得到了发展和应用。它们是：更严格的简化和降额设计，使产品零件数大大地减少，使用功率大大地降低，因而其可靠性大为提高；发展了计算机辅助可靠性设计，包括复杂电子系统的可靠性预计以及精确的热分析和热设计；研究非电子设备(机械和机电设备)的可靠性设计和可靠性试验；采用组合环境应力试验，如温度—湿度—振动(正弦)试验，以便更真实地模拟环境；加速环境应力筛选试验；可靠性增长试验，以及加速寿命试验等。

此外，维修工程由以预防为主的维修思想转变为以可靠性为中心的维修思想。1970年，美国联邦航空局颁布了以可靠性为中心的维修大纲MSG-2。它包括定时维修、视情维修和状态监控等三种维修方式，在军用、民用飞机上都得到了广泛地应用。由于电子计算机技术的飞速发展，软件可靠性成为一个重要问题。1978年，美国成立三军软件可靠性技术协调组来负责国防部范围内的软件可靠性研究及协调工作。目前，对软件可靠性的研究工作正在迅速发展成为一个新的可靠性分支。

印度和以色列在20世纪70年代成立了全国性的可靠性学术组织，并在航空、航天及电子工业部门设有专门的可靠性机构和试验室。印度在可靠性理论研究方面，在世界权威杂志上发表的可靠性论文数量与质量都是举世瞩目的。这两个国家都是从欧美引进可靠性技术并结合本国国情采用合适的设计、试验、预计和分析方法来解决本国产品的可靠性问题。

我国的可靠性工程研究是从20世纪60年代中期开始的，主要在电子、航空、航天、核能、通信等领域内得到应用。1979年，中国电子学会电子产品可靠性与质量管理专业委员会召开了第一次工作会议。1980年，国家标准总局召开了全国电子产品环境条件与环境试验标准化技术委员会第一次会议，同年建立了可靠性数据交换网。1981年以来，中国电子学会电子产品可靠性与质量管理委员会、许多省级可靠性学会相继召开学术年会。军队院校和一些地方院校已从事可靠性研究、开设可靠性课程，并与其他研究所一起招收可靠性专业的研究生。在军工产业中，已制定了部分可靠性规范，开展了一批环境试验、可靠性试验、可靠性评定等方面的研究，完善了各种环境试验与可靠性试验方面的设备和技术能力。同时，举办了各类学习班，培养了一批具备可靠性工程基础知识和实践能力的技术队伍。目前，在军工产业、电子产品、仪器仪表行业中的可靠性工作正在向纵深发展。

第三节 可靠性的特点

可靠性能够集中反映每件产品的耐久性、无故障性、维修性、有效性和使用经济性等各方面的特点，同时还能用种种定量指标表示出来。可靠性是产品的重要质量指标之一，不仅具有质量的属性，而且具有自身的特点，具体归纳如下。

一、规定条件下的可比性

从可靠性的定义可以看出，一个产品的可靠性受到三个"规定"的限制。

第一个"规定"是指因使用工况和环境条件的不同，可靠性水平有很大差异。例如，要求恒温或净化环境下使用的设备如果放到不同的环境下工作，可靠性将会成倍地下降。因此要保证使用可靠性，必须严格明确使用条件和环境，对于不按规定条件使用的产品，不能要求保证达到原定的可靠性水平。

第二个“规定”是指规定时间的长短不同，其可靠性也不同。一般机电类产品的功能、性能都有随时间衰退的特点，规定的时间越长，最终的可靠性越低。同一种产品在不同的使用时间范围，其可靠性水平是不同的。这里的时间定义是广义的：可以是统计的日历小时，也可以是工作循环次数、作业班次或行驶里程等，将根据产品具体特性而定。

第三个“规定”是指因规定的产品功能判据不同，将得到不同的可靠性评定结果。完成功能和发生故障是可靠性问题的正反两个方面，产品完成了规定的功能则认为是可靠的，丧失功能就是发生了故障或失效。同一产品，规定的功能要求不一样，其可靠性也不同。例如，同一辆汽车，一种规定是只要汽车能行驶就算完成功能；另一种规定是即使汽车能行驶，但是若噪声、油耗超标，或者发生螺钉松动、漏水、漏油等现象时也要算作故障，这两种判据下的可靠性数值将有很大差异。

所以在讨论和评估产品的可靠性时，应明确以上三个“规定”，否则会失去可比性。

二、时间质量指标

一般产品的功能和性能参数，只要产品制成就能测定，在出厂前可进行检验和考核，故一般称为 $t=0$(使用时间为零)的质量。可靠性是指产品在规定时间内保持功能的能力或是保持功能的时间，对它的评定要等产品使用之后，或者通过模拟使用试验后才能进行，故称为 $t>0$ 的质量。因此，分析评定一个产品的可靠性有两种方法：一是试验，二是利用现场使用数据的反馈，尤其是后者，是研究机电设备可靠性的主要途径。

三、强调可用性

可靠性和寿命有关，但是和传统的机械设备寿命概念有些不同。可靠性并不是笼统地要求长寿命，而是强调在规定的使用时间内能否充分发挥其功能，即产品的可用性(可靠性指标之一)，可用性=可用时间/(可用时间+因故障维修等不可用时间)×100%。提高可用性可以从两个方面入手：或是保证产品在规定的使用时间内不出故障，少出故障；或是出了故障能迅速修复，目的都是使设备不可利用的时间降到最低限度，为此需要提高产品的无故障性或维修性。尤其是机电设备，大多是可维修产品，从保证可用性的成本角度考虑，对于某些部件要花费很高成本提高寿命和可靠性，不如采用维修性设计、改进维修策略等措施更为有效。

四、统计、抽样特性

一个产品何时出现故障受许多随机因素影响，致使最终产品的无故障工作时间也具有随机特性。因此产品的可靠性观测值的多少是很难预料的，可以利用概率统计理论估计整批产品的可靠性。可靠度就是指产品在规定条件、规定时间内完成规定功能的概率，可用百分比表示。如果说某批产品的可靠度是 90%，则表示该批产品在规定条件下工作到规定时间时，有 10%的产品可能丧失功能而失效，90%的产品有可能完成规定功能。

另外，由于产品的可靠性要经过使用或模拟使用试验后才能评定，一般不能对整批产品逐个试验，需要采用抽样和截尾试验的方式。因为是抽样试验评定，就有判定的风险问题，即以抽得的子样评定结果代表整批产品的可靠性水平的可信程度，称作置信度。例如，我们说某批产品的可靠度的估计值大于 90%，置信度为 60%，即表示对该批产品进行抽样试验评定可靠度时，若抽样 100 次，将有 60 次评定的可靠度结果是大于 90%。

所以，评定和分析产品可靠性时，需要应用到概率统计理论和抽样试验方面的知识。

五、 可靠性指标的体系

一般来说，一个产品的可靠性可由多种指标形式表示。因为可靠性是个综合特性，它综合表现了产品的耐久性、无故障性、维修性、可用性和经济性，可分别用各种定量指标表示，形成一个指标体系。具体一个产品采用什么样的指标，要根据产品的复杂程度和使用特点而定，一般对于可以修理的复杂系统、机器设备，常用可靠度、平均无故障工作时间(MTBF)、平均修复时间(MTTR)、有效寿命、可用度和经济性指标表示。对于不能或者不予修理的产品，如耗损件、元器件等，常用可靠度、可靠寿命、故障率、平均寿命(MTTF)等指标表示。材料则采用性能均值和均方差等特性作为指标。

可靠性弥补了传统的质量、寿命概念的不足，表达了产品的时间质量特性，更符合实际使用目的的要求。因此，现代的全面质量管理、质量保证等活动中都把可靠性作为管理的目标之一。

第四节 可靠性与质量管理

一般把质量管理(QC)看作是对 $t=0$ 的质量的管理，可靠性是对 $t>0$ 的质量的管理。质量管理是以生产过程为中心，控制产品的性能特性参数不要超出管理工程的界限，并且以出厂合格率等指标进行评定。可靠性管理则是通过试验和现场使用信息的反馈，以设计预测的事前分析技术为中心，预防故障的发生，保证可靠性目标的实现。因而可靠性管理必须是包括设计、试验、制造、维修、服务等各个部门共同参加的全员和全过程管理。

值得一提的是，现在国外推行的质量管理已有很大发展，尤其是日本提倡的全面质量管理(TQC)和在此基础上发展起来的质量保证(QA)都强调了全过程的管理，在质量的定义中也包括了可靠性的要求。例如，质量保证的任务是：

① 满足用户要求的质量特性；

② 防止废品出厂；

③ 保证产品的寿命和可靠性；

④ 预防故障的发生并采取措施等。

这和可靠性管理的目标基本一致。

日本起初将质量管理、质量保证和可靠性视为互不相干的管理方法，但是后来在实践中证明必须将它们一体化组织起来。从 20 世纪 70 年代起，日本已将可靠性和质量保证融合在一起，在质量保证的七个阶段中，加强了可靠性思想和方法的应用。目前，日本的可靠性和质量管理体制有两种形式：一种是将可靠性作为质量保证功能的扩充方式引入；另一种是可靠性和质量保证两种体制并存。不少企业设立可靠性中心、可靠性委员会等机构，都是为了强调可靠性的重要地位而设置的。日本企业要求一般技术人员具备质量保证和可靠性的基本知识，例如，技术人员不仅设计画图，还要掌握应用故障模式影响分析（FMEA）、故障树分析（FTA）等可靠性分析方法进行设计评审。

然而美国一般把质量管理和可靠性分开，分别设有质量管理工程师和可靠性工程师的专业职称。前者主要服务于制造部门，后者主要服务于技术管理部门，而且随着可靠性工作内容的增多，还分为维修性设计工程师和可靠性设计工程师等职称。

国内推行的是全面质量管理（TQC）体制。这种体制应是强调可靠性目标的全过程管理，按理说和可靠性是不矛盾的，只是目前在行业中实施的TQC制度还不太完善：偏重于生产过程的质量管理，强调产品性能参数的抽检合格率，对于设计过程和售后阶段的管理还很薄弱。对于可靠性，这两个阶段的管理十分重要，因此可以在现有管理体制内引入可靠性，加强设计和信息反馈的管理，完善全过程的管理循环。

习题

1.产品可靠性的定义是什么？其中，规定的条件、规定的时间、规定的功能的意义各是什么？

2.什么是系统可靠性？

3.可靠性有哪些特点？

4.可靠性与质量管理有哪些区别与联系？

5.提高产品的可靠性有哪些意义？

第二章
质量分析与质量控制概要

第一节　可靠性特征量
第二节　常用的失效分布函数

为了评价产品的可靠性，制定一些评定产品可靠性的数值指标是十分有必要的。可靠性指标是衡量可靠性的定量化尺度，也是描绘产品可靠性特性的参数。由于受到设计、生产、使用过程中各种随机因素的影响，最后形成的产品可靠性指标具有随机的特性。可靠性指标的真值是理论上的数值，实际上是未知的。根据样本观测值，经一定的统计分析可得到可靠性指标的真值的估计值，可以是点估计，也可以是区间估计。

有了统一的可靠性指标，就可以在设计产品时用数学方法来计算和预测其可靠性，在产品制造出来后用试验等方法来考核和评定其可靠性。本章介绍了可靠性工程领域的基本概念，可靠性主要特征量，以及指数分布、威布尔分布、正态分布、对数正态分布等可靠性常用分布，并讲述了失效分布参数计算的基本情况。

第一节 可靠性特征量

对可靠性的相应能力做出定量描述的量称为可靠性特征量。寿命是可靠性一项最重要的指标。从数学上看，研究可靠性主要是研究产品寿命的概率分布。可靠性特征量主要是关于寿命 T 的一些描述量，主要有：可靠度、累积失效分布函数、失效分布概率密度函数、失效率、平均故障间隔时间、失效前平均时间等。

一、可靠度

可靠度是指产品在规定条件下和规定时间内完成规定功能的概率。它是时间的函数，记为 $R(t)$。设 T 为产品寿命的随机变量，则

$$R(t) = P(T > t) \tag{2-1}$$

式(2-1)表示可靠度是产品寿命 T 超过规定时间 t 的概率，或产品在规定时间 t 内完成规定功能的概率，并且有以下两个特点：

① $0 \leqslant R(t) \leqslant 1$；

② $R(0)=1$，$R(\infty)=0$。

例如，$R(5000)=0.95$，意味着在 5000h 内，平均 100 件产品中大约有 95 件能完成规定的功能，大约有 5 件产品会失效。

可靠性特征量理论上的值称为真值，由产品失效的数学模型确定。它虽然是客观存在的，但实际上是未知的。在实际应用中，我们只能通过对 n 个样本的观测，经过统计计算得到真值的估计值，称为可靠性特征量的估计值，记为 $\hat{R}(t)$。

$$\hat{R}(t) = \frac{n_s(t)}{n} = \frac{n - n_f(t)}{n} \tag{2-2}$$

式中 $n_s(t)$ ——在规定时间 t 内完成规定功能的产品数量；

$n_f(t)$ ——在规定时间 t 内失效的产品数量。

二、失效分布

可靠度是从完成规定功能的角度去看产品的可靠度，下面再从丧失功能(即失效)的角度去看产品的可靠度。产品在规定条件下和规定时间内失效的概率，称为不可靠度。不可靠度显然也是时间的函数，记为 $F(t)$。根据定义有

$$F(t) = P(T \leqslant t) = 1 - P(T > t) = 1 - R(t) \tag{2-3}$$

因此，可靠度与不可靠度之间具有关系：$F(t)+R(t)=1$。

同样，不可靠度具有以下两个特点：

① $0 \leqslant F(t) \leqslant 1$；

② $F(0)=0$，$F(\infty)=1$。

不可靠度的估计值 $\hat{F}(t)$ 为

$$\hat{F}(t)=\frac{n_f(t)}{n} \tag{2-4}$$

一般不可靠度也称为累积失效概率、失效分布函数和寿命分布函数。它的导数就是失效分布概率密度函数，记为$f(t)$。

$f(t)$ 表示产品连续工作时间 t 之后的一个单位时间 Δt 内，产品失效数量与 $t=0$ 时刻的产品总数之比。

$$f(t)=\lim_{\Delta t\to 0}\frac{n_f(t+\Delta t)-n_f(t)}{n\Delta t}=\frac{\mathrm{d}F(t)}{\mathrm{d}t}=F'(t)=-R'(t)$$

因此，$f(t)$、$F(t)$ 与 $R(t)$ 之间的关系有

$$F(t)=\int_0^t f(t)\mathrm{d}t,\ R(t)=\int_t^\infty f(t)\mathrm{d}t=1-\int_0^t f(t)\mathrm{d}t \tag{2-5}$$

三者之间的关系：累积失效分布函数 $F(t)$ 是失效分布概率密度函数$f(t)$ 在 $0\sim t$ 之间的积分面积；可靠度函数 $R(t)$ 是$f(t)$ 在 $t\sim\infty$ 之间的积分面积。

根据定义，失效分布概率密度函数的估计值$\hat{f}(t)$ 为

$$\hat{f}(t)=\frac{n_f(t+\Delta t)-n_f(t)}{n\Delta t}=\frac{\Delta n_f(t)}{\Delta t}/n \tag{2-6}$$

表示产品连续工作时间 t 之后的 $t\sim t+\Delta t$ 单位时间内，产品失效数量与 $t=0$ 时刻的产品总数之比。

三、失效率

对于产品丧失规定的功能，或产品不能完成规定功能的事件或状态，若是不可修复的产品，称这种状态为失效；若是可修复的产品，称这种状态为故障。

产品的失效率是可靠性理论中一个重要的概念，在实践中，它又是某些产品可靠性的重要指标，许多产品就是用失效率的大小来确定等级的。

1.失效率的定义

失效率的一般定义是：产品连续工作时间 t 之后，尚未失效的产品在 $t\sim t+\Delta t$ 的单位时间内发生失效的条件概率，也称瞬时失效率，记为 $\lambda(t)$ 。即

$$\begin{aligned}\lambda(t)&=\lim_{\Delta t\to 0}\frac{1}{\Delta t}P(t<T\leqslant t+\Delta t/T>t)\\&=\lim_{\Delta t\to 0}\frac{P(t<T\leqslant t+\Delta t)}{P(T>t)\Delta t}=\lim_{\Delta t\to 0}\frac{F(t+\Delta t)-F(t)}{P(T>t)\Delta t}\\&=\frac{\mathrm{d}F(t)}{\mathrm{d}t}\frac{1}{R(t)}=\frac{f(t)}{R(t)}\end{aligned}$$

经过数学变换，可得

$$\lambda(t)=\frac{f(t)}{R(t)}=-\frac{\mathrm{d}F(t)}{\mathrm{d}t}\frac{1}{R(t)}=-\frac{\mathrm{d}[\ln R(t)]}{\mathrm{d}t}$$

$$R(t)=\mathrm{e}^{-\int_0^t\lambda(t)\mathrm{d}t}$$

失效率的估计值 $\hat{\lambda}(t)$ 为

$$\hat{\lambda}(t)=\frac{n_f(t+\Delta t)-n_f(t)}{[n-n_f(t)]\Delta t}=\frac{\Delta n_f(t)}{n_s(t)\Delta t} \tag{2-7}$$

或

$$\hat{\lambda}(t)=\frac{n_f(t+\Delta t)-n_f(t)}{n\Delta t}\bigg/\frac{[n-n_f(t)]}{n}=\frac{\hat{f}(t)}{\hat{R}(t)} \tag{2-8}$$

2.平均失效率

失效率是标志产品可靠性常用的指标之一。在工程实践中，往往取平均失效率表示产品的这一特性。

$$\bar{\lambda}(t)=\int_0^T\lambda(t)\mathrm{d}t/T \tag{2-9}$$

平均失效率的估计值 $\hat{\bar{\lambda}}$ 为

$$\hat{\bar{\lambda}}=\frac{n_f}{\mathrm{UT}}=\frac{n_f}{\sum_{i=1}^{n_f}t_{fi}+n_s(t)} \tag{2-10}$$

式中　UT——总累积工作时间；

t_{fi}——第 i 个产品失效前的工作时间；

n_s——整个试验期间未出现失效的产品数；

n_f——整个试验期间出现失效的产品数。

3.失效率的单位及失效率等级

从失效率估计值的公式，就可以推导出失效率的单位。即

$$\hat{\lambda}(t)=\frac{\Delta n_f(t)}{n_s(t)\Delta t}=**\%/\mathrm{h} \tag{2-11}$$

失效率的基本单位是菲特（Fit），定义为：$1\mathrm{Fit}=10^{-9}/\mathrm{h}$。

$$1\mathrm{Fit}=\frac{1(个)}{1000(个)\times10^6\mathrm{h}}=\frac{1(个)}{10\,000(个)\times10^5\mathrm{h}} \tag{2-12}$$

表示每 1000 个产品工作 100 万小时后只有 1 个失效；或者每 10 000 个产品工作 10 万小时后只有 1 个失效。这是一个很小的数，只有可靠性很高的产品才能达到，所以失效率常常表示高可靠产品的可靠性指标，它越小可靠性越高。

国家标准 GB 1772—1979 规定我国电子元器件的可靠性按失效率共分为七级，见表 2-1。

表 2-1　我国电子元器件的可靠性等级标准

名称	符号	最大失效率
亚五级	Y	3×10^{-5}/h
五级	W	1×10^{-5}/h
六级	L	1×10^{-6}/h
七级	Q	1×10^{-7}/h
八级	B	1×10^{-8}/h
九级	J	1×10^{-9}/h
十级	S	1×10^{-10}/h

例如，我国的瓷片电容器经过权威机构验证核实，其失效率达到 $3\times10^{-8}/h$，故规定为七级电容器，其包装上可用“Q”给与标示。

4.产品失效率曲线

人们在各种产品的使用和试验中得到大量的寿命数据，经过统计分析后发现，许多产品都服从一条典型的失效率曲线，这条曲线具有两头高、中间低的特点，呈现 U 形，习惯称为浴盆曲线。这条曲线明显地分为三段，对应着三个时期，如图 2-1 所示。

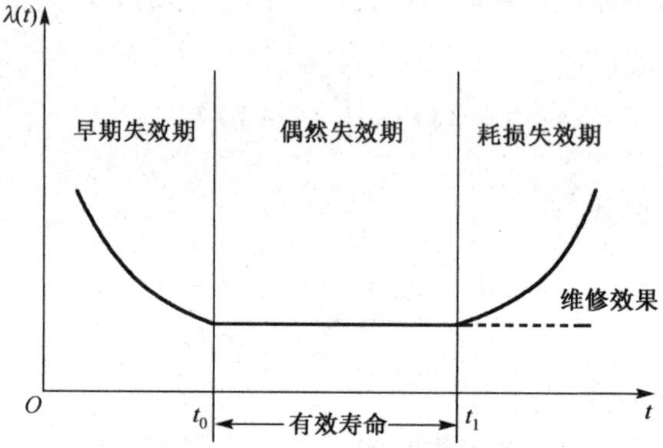

图 2-1　典型失效率曲线

1）t_0 以前称为早期失效期

失效率曲线为递减型。产品投入使用的早期，失效率较高而下降很快。主要由于设计、制造、储存、运输等形成的缺陷，以及调试、磨合、启动不当等人为因素而诱发的失效。因为使用初期，容易暴露上述缺陷而导致失效，因此失效率往往较高，但随着使用时间的延长，其失效率则很快下降。当这些所谓先天不良的失效后且运转也逐渐正常，则失效率就趋于稳定，到 t_0 时失效率曲线已开始变平。针对早期失效期的失效原因，假若在产品出厂前即进行旨在剔除这类缺陷的过程，则应该尽量设法避免，争取失效率低且 t_0 短，这样在产品正式使用时，便可使失效率大体保持恒定值。

2）偶然失效期

失效率曲线为恒定型，即 t_0 到 t_i 间的失效率近似为常数。失效主要由非预期的过载、误操作、意外的天灾以及一些尚不清楚的偶然因素所造成。由于失效原因多属偶然，故称为偶然失效期。偶然失效期是能有效工作的时期，这段时间称为有效寿命。为降低偶然失效期的失效率而增长有效寿命，应注意提高产品的质量，精心使用维护。加大零件截面尺寸可使抗非预期过载的能力增大，从而使失效率显著下降，然而过分地加大，将使产品笨重，不经济，往往也不允许。

3）耗损失效期

失效率是递增型。在 t_1 以后失效率上升较快，这是由于产品中的零部件已到了寿命后期，产品已经老化、疲劳、磨损、腐蚀等所谓有耗损的原因所引起的失效开始急剧增加，故称为耗损失效期。针对耗损失效的原因，应该注意检查、监控、预测耗损开始的时间，如果在进入耗损失效期之前进行必要的预防维修，它的失效率仍可保持在随机失效率附近，从而延长产品的偶然失效期。当然，修复若要花很大费用而延长寿命却不多，则不如报废更为经济。

四、寿命特性

1.平均寿命

在寿命特性中最重要的是平均寿命，它定义为产品寿命的平均值。平均寿命的数学意义就是寿命的数学期望，以 θ 或 $E(t)$ 表示。即

$$\theta = \int_0^{\infty} tf(t)\,\mathrm{d}t = E(t) \tag{2-13}$$

(1)对于可修复产品，平均寿命是指相邻两次故障期的工作时间的平均值，即平均故障间隔时间 MTBF(Mean Time Between Failure)。

(2)对于不可修复产品，平均寿命是指产品失效前的工作时间平均值，即失效前平均工作时间 MTTF(Mean Time To Failure)。

平均寿命 θ 与失效密度函数 $f(t)$、可靠度 $R(t)$ 之间的关系为

$$\begin{aligned}\theta &= \int_0^{\infty} tf(t)\,\mathrm{d}t = \int_0^{\infty} t\frac{-\mathrm{d}R(t)}{\mathrm{d}t}\mathrm{d}t = \int_0^{\infty} -t\mathrm{d}R(t) \\ &= -\left[tR(t)\mid_0^{\infty} - \int_0^{\infty} R(t)\,\mathrm{d}t\right] = \int_0^{\infty} R(t)\,\mathrm{d}t\end{aligned} \tag{2-14}$$

平均寿命的估计值 $\hat{\theta}$ 的表达式为

$$\hat{\theta} = \frac{\text{所有产品的总工作时间}}{\text{总失效数}} = \frac{\mathrm{UT}}{n_{\mathrm{f}}} \tag{2-15}$$

2.可靠寿命与中位寿命

当产品可靠度下降到某一可靠度 r 时对应的工作时间，称为可靠寿命，记为 t_r。

$$R(t_r) = r,\ F(t_r) = 1 - r \tag{2-16}$$

当产品可靠度下降到 0.5 时对应的工作时间，称为中位寿命，记为 $t_{0.5}$。

$$R(t_{0.5}) = 0.5,\ F(t_{0.5}) = 0.5$$

第二节　常用的失效分布函数

产品的失效分布是指其失效概率密度函数或累积失效概率函数，它与可靠性特征量有着密切的关系。如已知产品的失效分布函数，则可求出可靠度函数、失效率函数和寿命特征量。即使不知道具体的分布函数，但如果已知失效分布的类型，也可以通过对分布的参数估计求得某些可靠性特征量的估计值。因此，在可靠性理论中，研究产品的失效分布类型是一个十分重要的问题。

一、指数分布

在可靠性理论中，指数分布是最基本、最常用的分布，适合于失效率 $\lambda(t)$ 为常数的情

况，它不但在电子元器件偶然失效期普遍使用，而且在复杂系统和整机方面以及机械技术的可靠性领域也得到使用。

1.失效概率密度函数 $f(t)$

$$f(t) = \lambda e^{-\lambda t} \quad (t \geqslant 0) \tag{2-17}$$

式中 λ ——指数分布的失效率，为一常数。

指数分布的失效概率密度函数如图 2-2 所示。

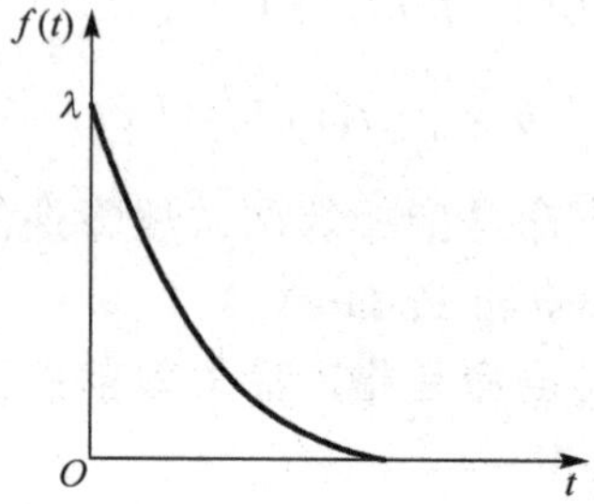

图 2-2 指数分布的失效概率密度函数

2.累积失效概率函数 $F(t)$

$$F(t) = \int_{-\infty}^{t} f(t)\mathrm{d}t = \int_{0}^{t} \lambda e^{-\lambda t}\mathrm{d}t = 1 - e^{-\lambda t} \quad (t \geqslant 0) \tag{2-18}$$

指数分布的累积失效概率函数如图 2-3 所示。

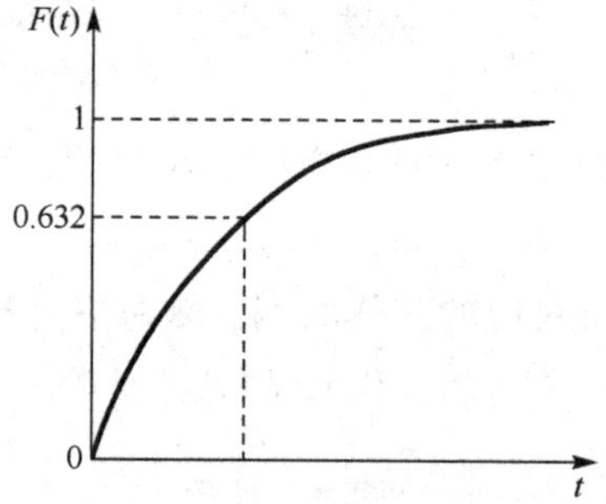

图 2-3 指数分布的累积失效概率密度函数

3.可靠度函数 $R(t)$

$$R(t) = 1 - F(t) = e^{-\lambda t} \quad (t \geqslant 0) \tag{2-19}$$

指数分布的可靠度函数如图 2-4 所示。

4.失效率函数 $\lambda(t)$

$$\lambda(t) = \lambda = 常数 \tag{2-20}$$

指数分布的失效率函数如图 2-5 所示。

5.平均寿命 θ

$$\theta = \int_{0}^{\infty} R(t)\mathrm{d}t = \int_{0}^{\infty} e^{-\lambda t}\mathrm{d}t = \frac{1}{\lambda} \tag{2-21}$$

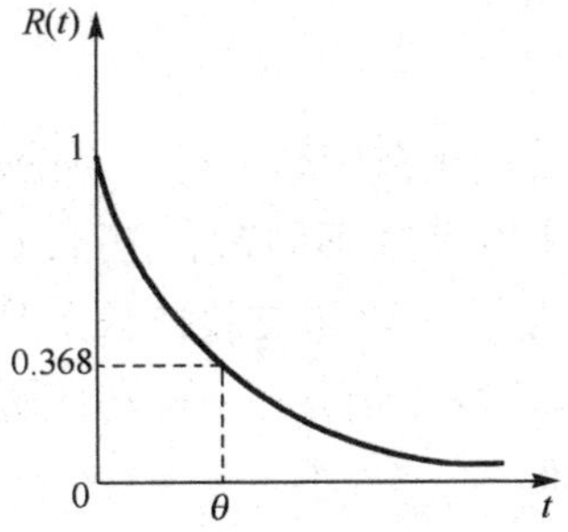

图 2-4　指数分布的可靠度函数

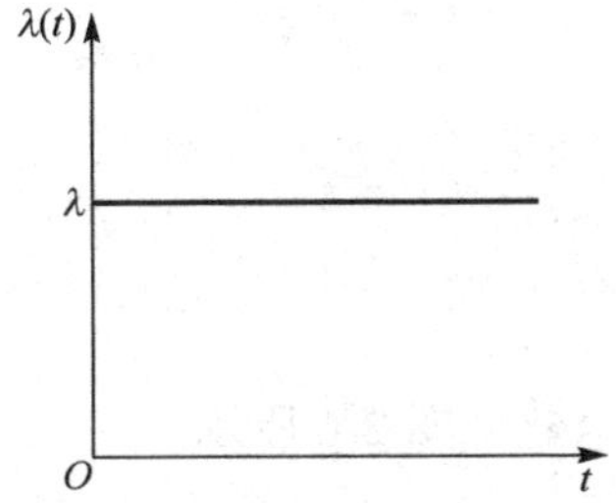

图 2-5　指数分布的失效率函数

因此，当产品寿命服从指数分布时，其平均寿命 θ 与失效率 λ 互为倒数。

6. 可靠寿命 T_r

给定可靠度 r 时，根据式(2-19)可得

$$R(T_r) = e^{-\lambda T_r} = r$$

将上式两边取自然对数，可得

$$T_r = -\frac{1}{\lambda}\ln r \tag{2-22}$$

7. 中位寿命 $T_{0.5}$

将 $r = 0.5$ 代入式(2-22)可得

$$T_{0.5} = -\frac{1}{\lambda}\ln 0.5 = \frac{1}{\lambda}\ln 2 = 0.693\theta = 0.693\frac{1}{\lambda} \tag{2-23}$$

指数分布有一个重要特性，即产品工作了 t_0 时间后，它再工作 t 小时的可靠度与已工作过的时间 t_0 无关，而只与时间 t 的长短有关。下面用条件概率来说明。

$$R(t_0 + t) = P(T > t_0 + t \mid T > t_0) = \frac{P(T > t_0 + t,\ T > t_0)}{P(T > t_0)}$$

$$= \frac{P(T > t_0 + t)}{P(T > t_0)} = \frac{R(t_0 + t)}{R(t_0)} = \frac{e^{-\lambda(t_0+t)}}{e^{-\lambda t_0}} = e^{-\lambda t} = R(t) = P(T > t)$$

由此可见，产品可靠度与产品已经使用过 t_0 时间无关，即它对用过的时间 t_0 是不作记忆的，又称为无记忆性。

二、威布尔分布

威布尔分布在可靠性理论中是适用范围较广的一种分布。它能全面地描述浴盆失效率曲线的各个阶段。当威布尔分布中的参数不同时，它可以蜕化为指数分布、瑞利分布和正态分布。大量实践说明，凡是因为某一局部失效或故障所引起的全局机能停止运行的元件、器件、设备、系统等的寿命服从威布尔分布；特别在研究金属材料的疲劳寿命，如疲劳失效、轴承失效都服从威布尔分布。

1.失效概率密度函数$f(t)$

$$f(t)=\frac{m}{\eta}\left(\frac{t-\delta}{\eta}\right)^{m-1}\mathrm{e}^{-\left(\frac{t-\delta}{\eta}\right)^{m}}\quad(\delta\leqslant t,\ m,\ \eta>0)\tag{2-24}$$

式中　m——形状参数；

　　η——尺度参数；

　　δ——位置参数。

威布尔分布的失效概率密度函数如图 2-6 所示。

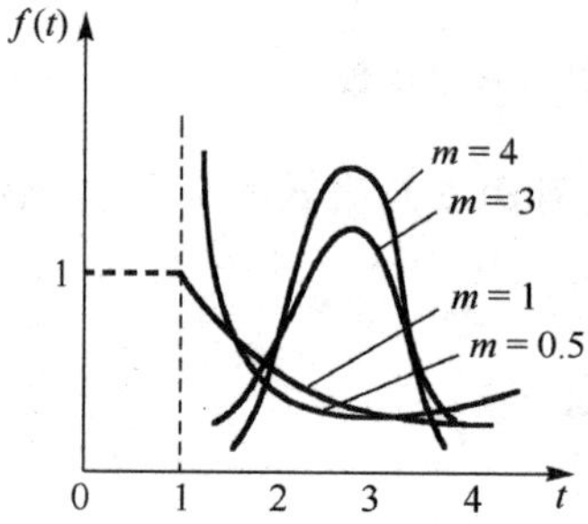

(a) $\eta=1$、$\delta=1$时不同m值的失效概率密度函数

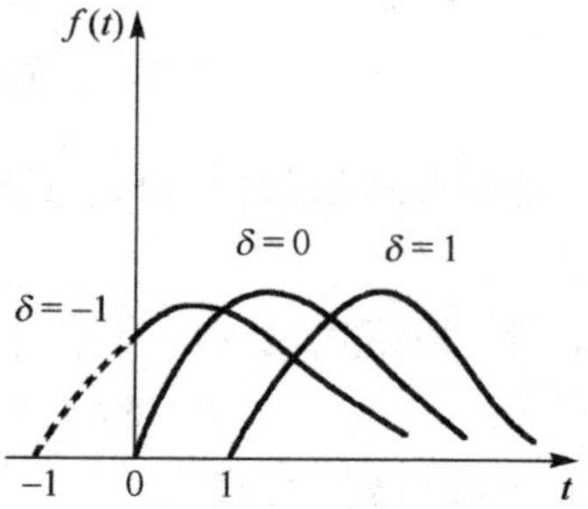

(b) $m=1$、$\eta=1$时不同δ值的失效概率密度函数

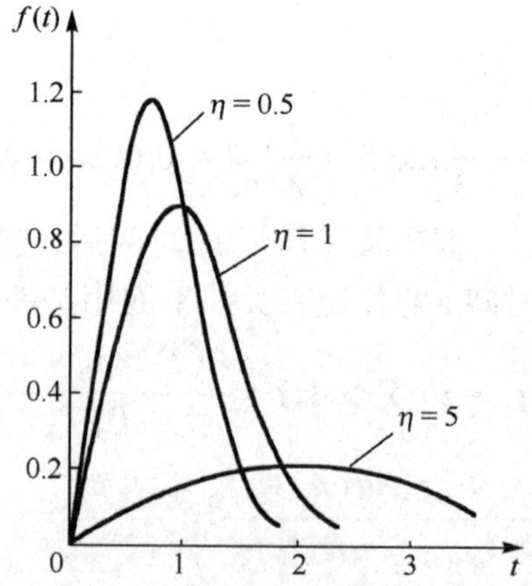

(c) $m=2$、$\eta=0$时不同η值的失效概率密度函数

图 2-6　威布尔分布的失效概率密度函数

2.累积失效概率函数 $F(t)$

$$F(t)=1-e^{-\left(\frac{t-\delta}{\eta}\right)^{m}}\quad(\delta\leqslant t;m,\ \eta>0)\tag{2-25}$$

$\eta=1$、$\delta=1$ 时不同 m 值的累积失效概率函数如图 2-7 所示。

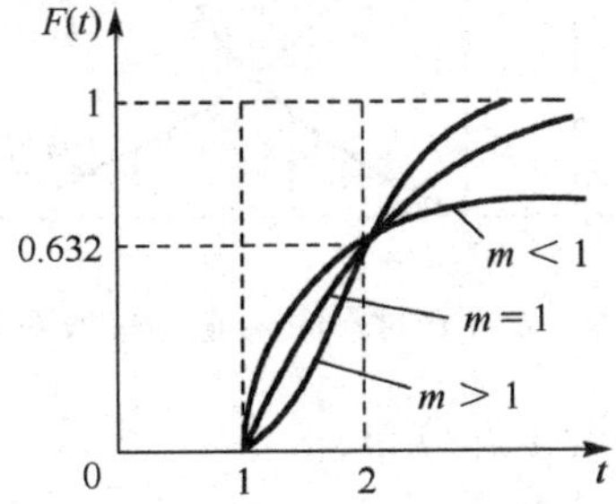

图 2-7 $\eta=1$、$\delta=1$ 时不同 m 值的累积失效概率函数

3.可靠度函数 $R(t)$

$$R(t)=e^{-\left(\frac{t-\delta}{\eta}\right)^{m}}\quad(\delta\leqslant t;m,\ \eta>0)\tag{2-26}$$

$\eta=1$、$\delta=1$ 时不同 m 值的可靠度函数如图 2-8 所示。

4.失效率函数 $\lambda(t)$

$$\lambda(t)=\frac{m}{\eta}\left(\frac{t-\delta}{\eta}\right)^{m-1}\quad(\delta\leqslant t;m,\ \eta>0)\tag{2-27}$$

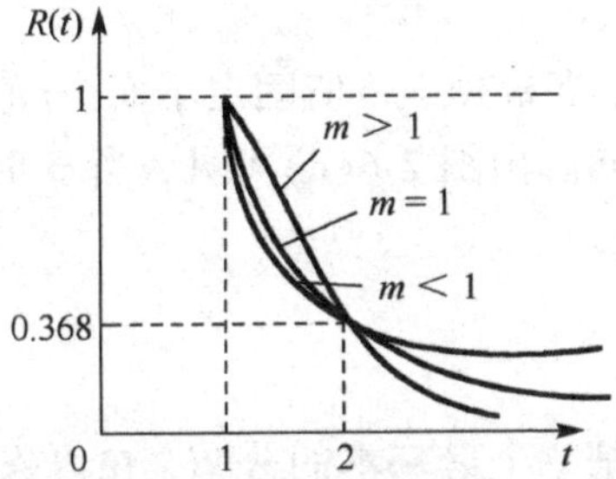

图 2-8 $\eta=1$、$\delta=1$ 时不同 m 值的可靠度函数

$\delta\neq0$ 时不同 m 值的失效率函数如图 2-9 所示。

5.三个参数 $(m,\ \eta,\ \delta)$ 的意义

1)形状参数 m

威布尔分布的失效概率密度曲线、累积失效概率曲线、可靠度曲线以及失效率曲线的形状都随 m 值不同而不同，所以把 m 称为形状参数。各分布曲线如图 2-6~图 2-9 所示。

从图 2-6~图 2-9 可以看出：

当 $m<1$ 时，$f(t)$ 曲线随时间单调下降；

当 $m=1$ 时，$f(t)$ 曲线为指数曲线；

当 $m>1$ 时，$f(t)$ 曲线随时间增加出现峰值而后下降；

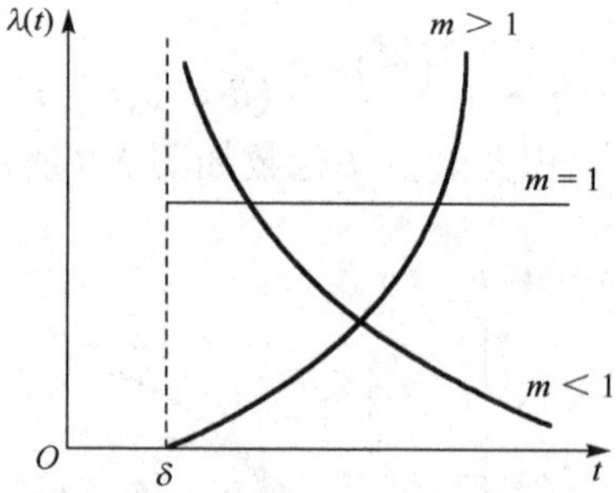

图 2-9　$\delta \neq 0$ 时不同 m 值的失效率函数

当 $m = 3$ 时，$f(t)$ 曲线已接近正态分布；

通常 $m = 3 \sim 4$ 即可当做正态分布。

2) 位置参数 δ

位置参数 δ 决定了分布的起始点。当 m、η 相同，δ 不同时，其失效概率密度曲线是完全相同的，所不同的只是曲线的起始位置有所变动，如图 2-6(b) 所示。

从图 2-6(b) 可以看出，当 $\delta < 0$ 时，产品开始工作时就已失效了，即这些元件在储存期已失效，$f(t)$ 曲线由 $\delta = 0$ 时的位置向左平移 $|\delta|$ 的距离。

当 $\delta = 0$ 时，$f(t)$ 曲线为二参数威布尔分布。

当 $\delta > 0$ 时，表示这些元件在起始时间 δ 内不会失效。

$f(t)$ 曲线由 $\delta = 0$ 时的位置向右平移 $|\delta|$ 的距离。此时，可将 δ 称为最小保证寿命。

3) 尺度参数 η

通常将 η 称为真尺度参数，当 m 值及 δ 值固定不变，η 值不同时威布尔分布的失效概率密度曲线的高度及宽度均不相同。由图 2-6(c) 可见，当 η 值增大时，$f(t)$ 的高度变小而宽度变大，故把 η 称为尺度参数。

三、正态分布

正态分布在数理统计学中是一个最基本的分布，在可靠性技术中也经常用到它，如材料强度、磨损寿命、疲劳失效，同一批晶体管放大倍数的波动或寿命波动等都可看作或近似看作正态分布。在电子元器件可靠性的计算中，正态分布主要应用于元器件耗损和工作时间延长而引起的失效分布，用来预测或估计可靠度有足够的精确性。

由概率论知，只要某个随机变量是由大量相互独立、微小的随机因素的总和所构成，而且每一个随机因素对总和的影响都均匀地微小，那么，就可断定这个随机变量必近似服从正态分布。

1. 失效概率密度函数 $f(t)$

$$f(t) = \frac{1}{\sqrt{2\pi}\sigma} e^{-\frac{(t-\mu)^2}{2\sigma^2}} \quad (-\infty < t < +\infty) \tag{2-28}$$

式中　μ——随机变量的均值；

　　σ——随机变量的标准差。

正态分布的失效概率密度函数如图 2-10 所示。

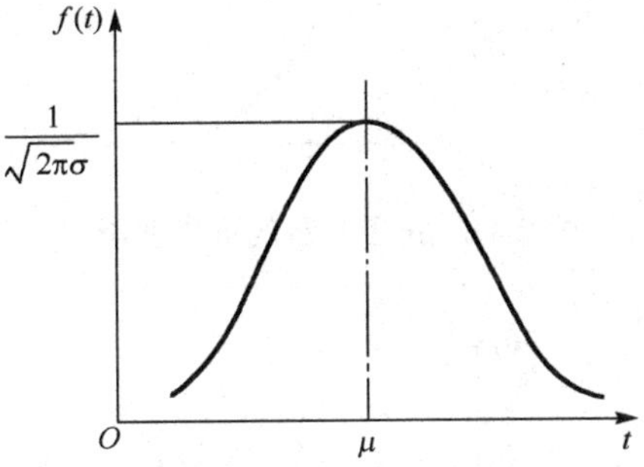

图 2-10　正态分布的失效概率密度函数

2.累积失效概率函数 $F(t)$

$$F(t)=\frac{1}{\sqrt{2\pi}\sigma}\int_{-\infty}^{t}\mathrm{e}^{-\frac{(t-\mu)^2}{2\sigma^2}}\mathrm{d}t \tag{2-29}$$

若将 $z=\dfrac{t-\mu}{\sigma}$ 代入式(2-29)，则可以得到标准化正态分布的累积失效概率函数：

$$F(z)=\phi(z)=\frac{1}{\sqrt{2\pi}}\int_{-\infty}^{z}\mathrm{e}^{-\frac{1}{2}z^2}\mathrm{d}z \tag{2-30}$$

正态分布的累积失效概率函数如图 2-11 所示。正态函数表见附表 1。

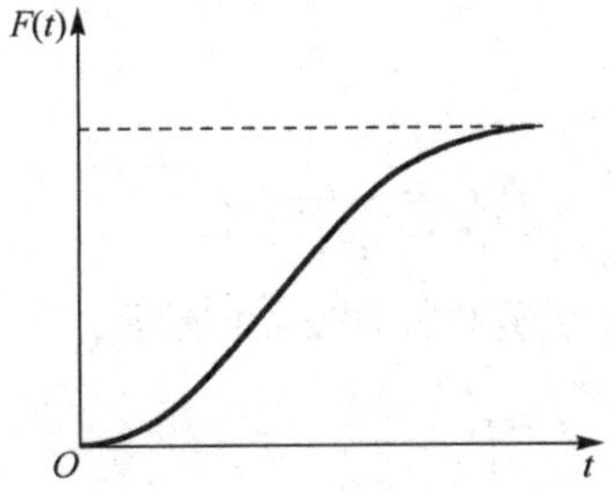

图 2-11　正态分布的累积失效概率函数

3.可靠度函数 $R(t)$

$$R(t)=\frac{1}{\sqrt{2\pi}\sigma}\int_{t}^{\infty}\mathrm{e}^{-\frac{(t-\mu)^2}{2\sigma^2}}\mathrm{d}t \tag{2-31}$$

正态分布的可靠度函数如图 2-12 所示。

4.失效率函数 $\lambda(t)$

$$\lambda(t)=\frac{f(t)}{R(t)}=\frac{1}{\sqrt{2\pi}\sigma}\mathrm{e}^{-\frac{(t-\mu)^2}{2\sigma^2}}\Bigg/\left(\frac{1}{\sqrt{2\pi}\sigma}\cdot\int_{t}^{\infty}\mathrm{e}^{-\frac{(t-\mu)^2}{2\sigma^2}}\mathrm{d}t\right) \tag{2-32}$$

正态分布的失效率函数如图 2-13 所示。

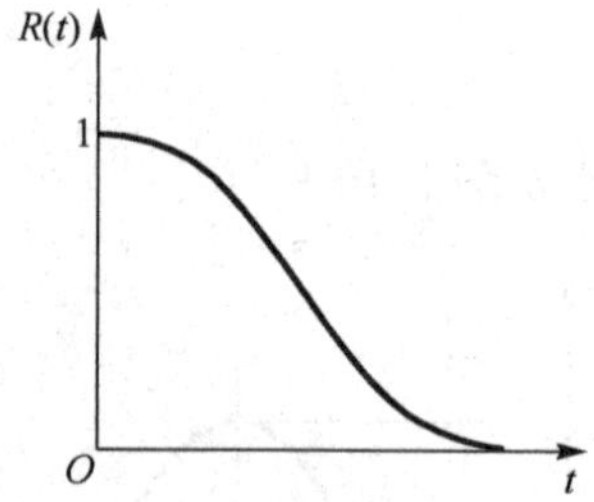

图 2-12　正态分布的可靠度函数

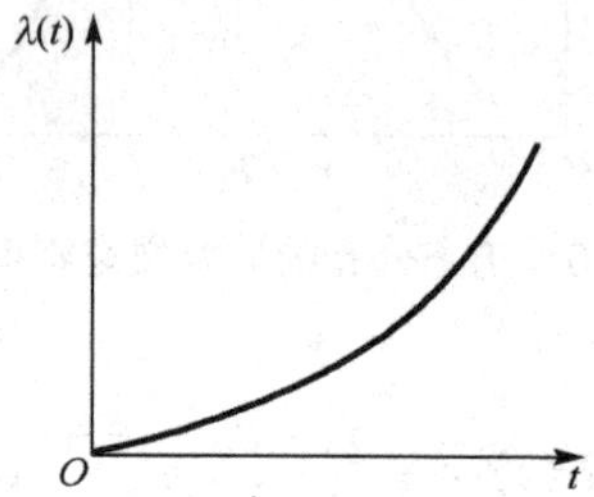

图 2-13　正态分布的失效率函数

四、对数正态分布

随机变量 t 的自然对数 $\ln t$ 服从均值为 μ 和标准差为 σ 的正态分布，称为对数正态分布。这里 μ 和 σ 不是随机变量 t 的均值和标准差，而是 $\ln t$ 的均值和标准差。

1.失效概率密度函数 $f(t)$

$$f(t)=\frac{1}{t\sigma\sqrt{2\pi}}e^{-\frac{(\ln t-\mu)^2}{2\sigma^2}} \tag{2-33}$$

对数正态分布的失效概率密度函数如图 2-14 所示。

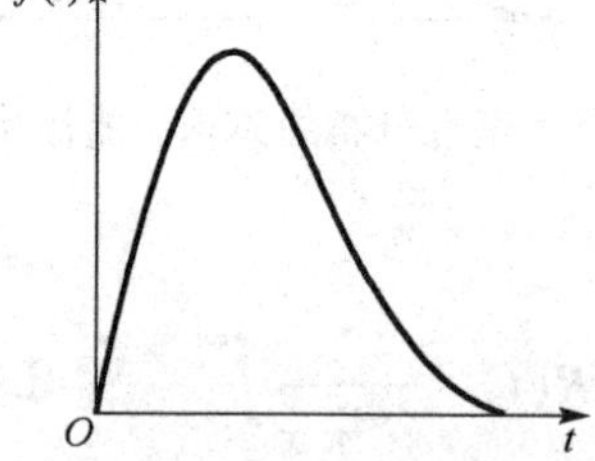

图 2-14　对数正态分布的失效概率密度函数

2.累积失效概率函数 $F(t)$

$$F(t)=\int_0^t \frac{1}{t\sigma\sqrt{2\pi}}e^{-\frac{(\ln t-\mu)^2}{2\sigma^2}}dt \tag{2-34}$$

对数正态分布的累积失效概率函数如图 2-15 所示。

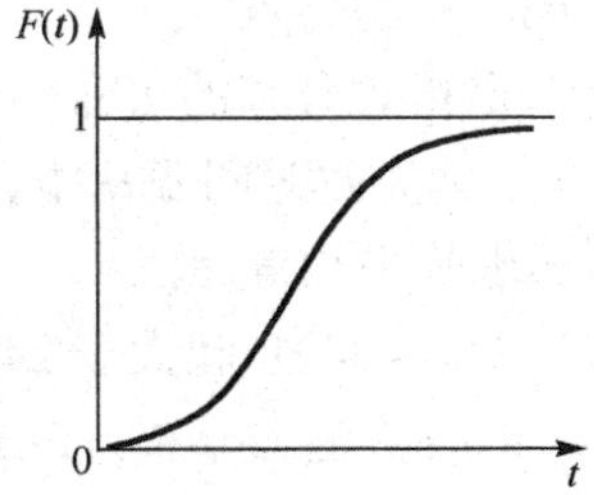

图 2-15　对数正态分布的累积失效概率函数

3. 可靠度函数 $R(t)$

$$R(t)=\int_{t}^{\infty}\frac{1}{t\sigma\sqrt{2\pi}}\mathrm{e}^{-\frac{(\ln t-\mu)^2}{2\sigma^2}}\mathrm{d}t \tag{2-35}$$

对数正态分布的可靠度函数如图 2-16 所示。

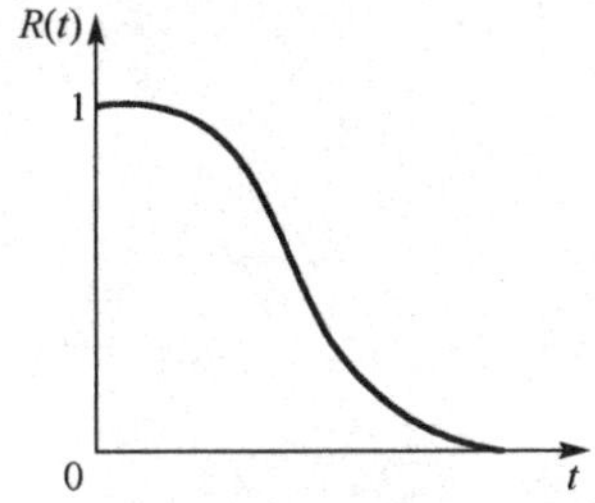

图 2-16　对数正态分布的可靠度函数

4. 失效率函数 $\lambda(t)$

$$\lambda(t)=\frac{f(t)}{R(t)}=\frac{\frac{1}{t}\mathrm{e}^{-\frac{(\ln t-\mu)^2}{2\sigma^2}}}{\int_{t}^{\infty}\frac{1}{t}\mathrm{e}^{-\frac{(\ln t-\mu)^2}{2\sigma^2}}\mathrm{d}t} \tag{2-36}$$

对数正态分布的失效率函数如图 2-17 所示。

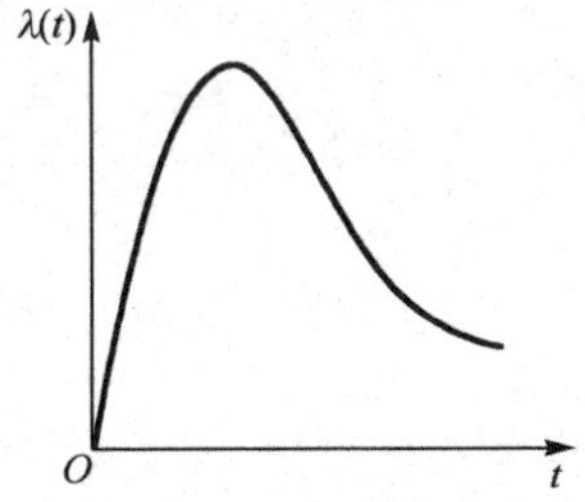

图 2-17　对数正态分布的失效率函数

习题

1. 简述失效分布密度函数与失效率的区别。

2.试分析产品失效曲线各个不同时期的特点。

3.可靠性特征量有哪几个？请写出指数分布的可靠性特征量。

4.某台仪器，在某种应力条件下，其失效时间服从指数分布。有资料表明，此种仪器在1000h工作时间内将有20%失效，试求其平均寿命。

5.电源电压在小于或等于200V、200~240V和大于240V这三种情况下，部件损坏的概率分别为0.1、0.001和0.2。设电压X服从正态分布，$X \sim N(220, 25^2)$。求：电压分别在这三种情况下的概率。

第三章
可靠性模型

在系统的可靠性指标确定后，随之而来的问题是如何落实可靠性，这就提出了建立系统可靠性模型的客观需求。可靠性模型包含两项内容：一是绘制可靠性方框图或网络图；二是建立相应的可靠性数学模型。本章介绍了系统可靠性框图建立方法，逻辑代数的基本概念和运算方法，以及串联系统、并联系统和混联系统的可靠性模型。

第一节 系统的组成及功能逻辑框图

系统是完成特定功能的综合体，是若干工作单元的有机组合。系统和单元的概念是相对的，由许多元器件组成的整机可以看成一个系统，由许多整机和其他设备可以组成大型复杂系统。

要建立系统可靠性模型，首先要进行系统任务分析和结构功能分解。任务分析和结构功能分解的目的是要明确系统的全部任务，对每一个任务确定任务过程、划分任务阶段、确立硬件和软件的运行功能、成功标准、任务周期数、环境应力、工作时间、工作模式；对系统结构进行适当的划分，分解为若干子系统。因为建立可靠性模型和进行可靠性预计的工作是从系统方案论证阶段就开始的，所以任务分析与结构功能分解也应从方案论证阶段开始，并随着产品可行性分析、初步设计、详细设计阶段向前推移。例如，环境条件、设计结构、应力水平等方面的信息会越来越多，任务分析、结构功能分解也应该不断充实和细化，从而保证可靠性模型和预计结果的精确程度不断提高。

任务分析与结构功能分解包括以下六个步骤。

1. 确定系统的全部任务

一个复杂系统往往具有多种功能，即有不同的用途可以完成若干不同的任务。例如，一个柔性制造系统可以完成不同种类的零件加工任务；一架军用飞机可用于侦察、轰炸、扫射或者截击任务。

2. 任务阶段的划分

对每一个任务，按照时间顺序，将任务分成若干阶段。例如，同步轨道自旋稳定通信卫星可以分为卫星与运载火箭分离、卫星起旋、远地点发动机点火、入轨、定点五个阶段。柔性制造系统加工某一工件也可划分为系统准备阶段、装夹工件、运送工件到机床、加工清洗、测量、卸工件、入库等阶段。阶段细分的程度可根据实际需要来确定。

3. 结构分解

按照实际的子系统将系统分解，这样便于子系统的进一步分解。这是系统可靠性分解的第一步，可将系统包括的子系统列一个表。

4. 环境分析

环境分析要把每一个任务阶段里的每一硬件在环境(如温度、振动、冲击、加速、辐射等)应力中预期所处时间列成表，对环境要有准确的描述。

软件无须进行环境分析。软件由各指令组成，指令不随储存工具而改变。因此软件不受环境应力的影响，但储存软件的硬件却常常受环境应力的影响，这属于硬件的问题。

5. 任务周期分析

任务周期分析要反映每个任务阶段系统中每个组成单元的状态(工作、不工作、间歇工作)。任务周期分析包括如下内容。

(1) 每一任务阶段的持续时间、距离、周期数等。

(2) 各单元在每一任务阶段里必须完成的功能，并包括成功标准或故障标准的说明书。

(3) 在各任务阶段里每一状态(工作、不工作、间歇工作)总的预期时间、周期数等。

6. 确定工作模式

系统工作模式一般有功能工作模式和替换工作模式两种。

(1) 功能工作模式：有些多用途产品需要用不同设备或机组完成多种功能。例如，在雷达系统中，探索和跟踪必定是两种功能工作模式。

(2) 替换工作模式：当产品有不止一种方法完成某一特定功能时，它就具有替换工作模式。例如，通常用甚高频发射机发射的信息，也可以用超高频发射机发射，从而作为一种替换工作模式。

以上任务分析和结构功能分解的内容在开展具体研究时可通过建立一些表格来进行，根据这些表的信息来建立可靠性模型。这些信息是开展可靠性分析工作的基础。

第二节　串联系统的可靠性模型

若系统由 n 个子系统组成，当且仅当 n 个子系统全部正常工作时，系统才正常工作，或只要一个子系统故障时，则系统故障，这时称系统是由 n 个子系统构成的可靠性串联系统，其可靠性框图如图 3-1 所示。

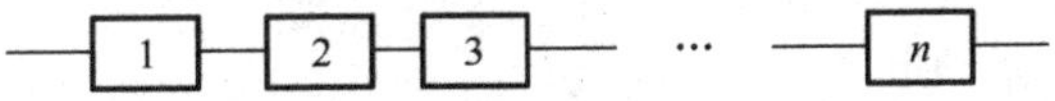

图 3-1　串联系统可靠性框图

令第 i 个子系统的寿命为 X_i，其工作时间 t_i 的可靠度为 $R_i(t)=P\{X_i>t_i\}$，X_i，…，X_n 相互独立，系统寿命为 X_s，工作时间为 t_s，则系统可靠度为

$$\begin{aligned}R_s(t)&=P(X_1>t_1,\cdots,X_n>t_n)\\&=\prod_{i=1}^{n}P(X_i>t_i)\\&=\prod_{i=1}^{n}R_i(t_i)\end{aligned}\tag{3-1}$$

串联系统的可靠度等于子系统可靠度的乘积，可见子系统越多，系统可靠性越低。

若所有子系统故障都服从指数分布，则

$$R_s(t)=\prod_{i=1}^{n}R_i(t_i)=\prod_{i=1}^{n}\mathrm{e}^{-\lambda_i t_1}\tag{3-2}$$

其中，λ_i 为第 i 个子系统的故障率。当工作时间相同时

$$R_s(t)=\prod_{i=1}^{n}\mathrm{e}^{-\lambda_i t}=\mathrm{e}^{-\sum_{i=1}^{n}\lambda_i t}=\mathrm{e}^{-\lambda_s t}\tag{3-3}$$

$$\lambda_s = \sum_{i=1}^{n} \lambda_i \tag{3-4}$$

可见，此时系统仍然是指数分布，λ_s 称为系统的故障率。

当 $\lambda_i = \lambda$，$i = 1, 2, \cdots, n$ 时

$$R_s(t) = e^{-n\lambda t} \tag{3-5}$$

在指数分布下，故障率为常数时的平均寿命为

$$\mathrm{MTTF} = \int_0^{\infty} tf(t)\,\mathrm{d}t = \frac{1}{\lambda} \tag{3-6}$$

所以

$$R_s(t) = e^{-\frac{n}{\mathrm{MTTF}}t} \tag{3-7}$$

当故障率不相等时

$$\begin{cases} R_s(t) = e^{-\sum_{i=1}^{n}\lambda_i t} \\ \mathrm{MTTF}_s = \dfrac{1}{-\sum\limits_{i=1}^{n}}\lambda_i \end{cases} \tag{3-8}$$

若 $R_s(t)$ 按泰勒级数展开得

$$R_s(t) = 1 - \lambda_s t + \frac{1}{2!}(\lambda_s t)^2 - \frac{1}{3!}(\lambda_s t)^3 + \cdots \tag{3-9}$$

当 $\lambda_s t$ 足够小时，式(3-9)可近似为

$$R_s(t) = 1 - \lambda_s t = 1 - \left(\sum_{i=1}^{n}\lambda_i\right)t \tag{3-10}$$

若 $\lambda_i = \lambda$，$i = 1, 2, \cdots, n$，则

$$R_s(t) = 1 - n\lambda t = 1 - \frac{nt}{\mathrm{MTTF}} \tag{3-11}$$

由于 t 比 MTTF 小得多，此近似公式一般可采用。

第三节 并联系统的可靠性模型

一个系统由 n 个单元 A_1，A_2，$\cdots$，A_n 组成，如只要有一个单元工作，系统就能工作，或者说只有当所有单元都失效时，系统才失效，我们称这种系统为并联系统，其可靠性框图如图 3-2 所示，R_1，R_2，$\cdots$，R_n 分别为 n 个单元的可靠性。

在假设各单元相互独立的情况下，有

$$\begin{aligned} F_s(t) &= \prod_{i=1}^{n} F_i(t) \\ R_s(t) &= 1 - F_s(t) = 1 - \prod_{i=1}^{n} F_i(t) \\ &= 1 - \prod_{i=1}^{n}[1 - R_i(t)] \end{aligned} \tag{3-12}$$

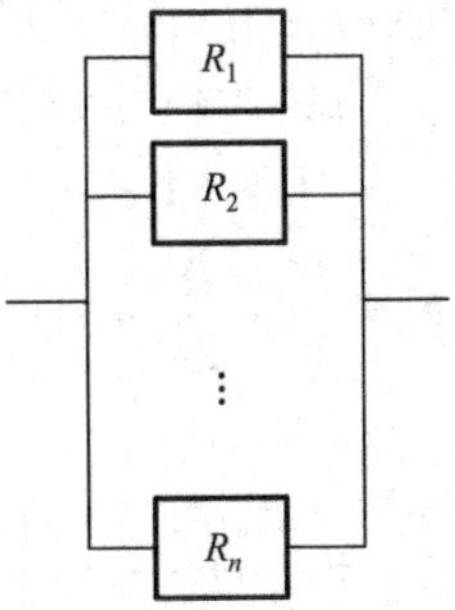

图 3-2 并联系统的可靠性框图

如各单元的寿命分布都是失效率为 λ_i 的指数分布，则

$$R_s(t) = 1 - \prod_{i=1}^{n}(1 - \mathrm{e}^{-\lambda_i t}) \tag{3-13}$$

为求系统的平均寿命，利用

$$P(A_s) = \sum_{i=1}^{n} P(A_i) - \sum_{1 \leqslant i < j \leqslant n} P(A_i A_j) + \cdots + (-1)^{n-1} P(A_1 A_2 \cdots A_n)$$

得

$$R_s(t) = \sum_{i=1}^{n} \mathrm{e}^{-\lambda_i'} - \sum_{1 \leqslant i < j \leqslant n} \mathrm{e}^{-(\lambda_i + \lambda_j)t} + \cdots + (-1)^{n-1} \mathrm{e}^{-(\lambda_1 + \lambda_2 + \cdots + \lambda_n)t}$$

这表明并联系统的寿命分布已不是指数分布，这时系统的平均寿命为

$$\begin{aligned}
\mathrm{MTBF} &= \int_0^{\infty} t f_s(t)\,\mathrm{d}t = \int_0^{\infty} R_s(t)\,\mathrm{d}t \\
&= \int_0^{\infty} \left[\sum_{i=1}^{n} \mathrm{e}^{-\lambda_i t} - \sum_{1 \leqslant i < j \leqslant n} \mathrm{e}^{-(\lambda_i + \lambda_j)t} + \cdots + (-1)^{n-1} \mathrm{e}^{-(\lambda_1 + \lambda_2 + \cdots + \lambda_n)t} \right] \mathrm{d}t \\
&= \sum_{i=1}^{n} \frac{1}{\lambda_i} - \sum_{1 \leqslant i < j \leqslant n} \frac{1}{\lambda_i + \lambda_j} + \cdots + (-1)^{n-1} \frac{1}{\sum_{i=1}^{n} \lambda_i}
\end{aligned} \tag{3-14}$$

当 $n=2$ 时，有

$$R_s(t) = \mathrm{e}^{-\lambda_1 t} + \mathrm{e}^{-\lambda_2 t} - \mathrm{e}^{-(\lambda_1 + \lambda_2)t}$$

$$\mathrm{MTBF} = \frac{1}{\lambda_1} + \frac{1}{\lambda_2} - \frac{1}{\lambda_1 + \lambda_2}$$

$$\lambda_s(t) = \frac{\lambda_1 \mathrm{e}^{-\lambda_1 t} + \lambda_2 \mathrm{e}^{-\lambda_2 t} - (\lambda_1 + \lambda_2)\mathrm{e}^{-(\lambda_1 + \lambda_2)t}}{\mathrm{e}^{-\lambda_1 t} + \mathrm{e}^{-\lambda_2 t} - \mathrm{e}^{-(\lambda_1 + \lambda_2)t}}$$

当 $n=3$ 时，有

$$R_s(t) = \mathrm{e}^{-\lambda_1 t} + \mathrm{e}^{-\lambda_2 t} + \mathrm{e}^{-\lambda_3 t} - \mathrm{e}^{-(\lambda_1 + \lambda_2)t} - \mathrm{e}^{-(\lambda_1 + \lambda_3)t} - \mathrm{e}^{-(\lambda_2 + \lambda_3)t} + \mathrm{e}^{-(\lambda_1 + \lambda_2 + \lambda_3)t}$$

$$\mathrm{MTBF} = \frac{1}{\lambda_1} + \frac{1}{\lambda_2} + \frac{1}{\lambda_3} - \frac{1}{\lambda_1 + \lambda_2} - \frac{1}{\lambda_1 + \lambda_3} - \frac{1}{\lambda_2 + \lambda_3} + \frac{1}{\lambda_1 + \lambda_2 + \lambda_3}$$

值得提醒的是，当单元的寿命分布是指数分布时，即失效率为常数，串联系统的失效率仍是常数，但并联系统的失效率则不是常数，而是时间的函数。

当 n 个单元的失效率相等，都为 λ 时，相应可靠度为

$$R_s(t) = 1 - (e^{-\lambda t})^n \tag{3-15}$$

$$\lambda_s(t) = \frac{n\lambda e^{-\lambda t}(1 - e^{-\lambda t})^{n-1}}{1 - (1 - e^{-\lambda t})^n}$$

$$\mathrm{MTBF} = \frac{1}{\lambda} + \frac{1}{2\lambda} + \cdots + \frac{1}{n\lambda} \tag{3-16}$$

当 n 较大时，有近似公式

$$\mathrm{MTBF} = \frac{1}{\lambda}\left(1 + \frac{1}{2} + \cdots + \frac{1}{n}\right) \approx \frac{1}{\lambda}\ln n$$

这样，当 $n=2$ 时

$$R_s(t) = 1 - (1 - e^{-\lambda t})^2 = 2e^{-\lambda t} - e^{-2\lambda t}$$

$$\lambda_s(t) = \frac{2\lambda(1 - e^{-\lambda t})}{2 - e^{-\lambda t}}$$

$$\mathrm{MTBF} = \frac{1}{\lambda} + \frac{1}{2\lambda} = \frac{3}{2\lambda} = \frac{3}{2}\theta$$

式中　θ——各单元的平均寿命。

当 $n=3$ 时，有

$$R_s(t) = 1 - (1 - e^{-\lambda t})^3 = 3e^{-\lambda t} - 3e^{-2\lambda t} + e^{-3\lambda t}$$

$$\lambda_s(t) = \frac{3\lambda e^{-\lambda t}(1 - e^{-\lambda t})^2}{1 - (1 - e^{-\lambda t})^3}$$

$$\mathrm{MTBF} = \frac{1}{\lambda} + \frac{1}{2\lambda} + \frac{1}{3\lambda} = \frac{11}{6\lambda} = \frac{11}{6}\theta$$

由上述可见，并联系统可靠性大于或至少等于各并联单元可靠性的最大值，即

$$R_s \geqslant \max\{R_i\}$$

从设计角度考虑，除上节谈到的提高串联系统可靠性的三个措施外，还应有一个办法，就是对于可靠性较低的单元采用并联系统。提高并联系统可靠性的措施，除了提高单元的可靠性和等效地缩短任务时间外，还可以增加并联系统单元的数目，但耗费将会大大增加。

【例 3-1】 某液压系统中，采用两支滤油器 1 和 2 装成结构串联系统，如图 3-3 所示。滤油器的故障有两种模式，即滤网堵塞或滤网破损。现假设滤油器两种故障模式的失效率相同，且两支滤网的失效率分别为 $\lambda_1 = 5 \times 10^{-5}\mathrm{h}^{-1}$，$\lambda_2 = 1 \times 10^{-5}\mathrm{h}^{-1}$，工作时间 $t = 10^3\mathrm{h}$。试求：

(1) 在滤网堵塞失效情况下，系统的可靠度、失效率和平均寿命。

(2) 在滤网破损失效情况下，系统的可靠度、失效率和平均寿命。

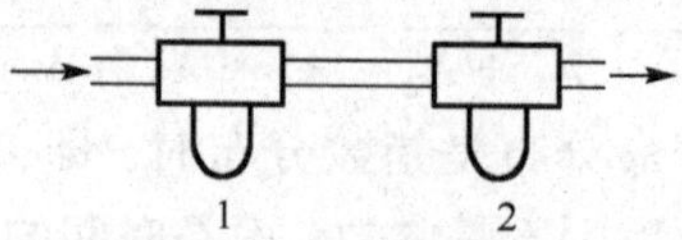

图 3-3　滤油器的结构

解：(1) 由题意可知，滤油器失效率 λ 为常数，故其服从指数分布。滤网的故障模式为堵塞失效时，系统的可靠性框图如图 3-4 所示，即为串联系统。则有

$$\lambda_s = \sum_{i=1}^{n} \lambda_i = 5 \times 10^{-5} + 1 \times 10^{-5} = 6 \times 10^{-5} \text{h}^{-1}$$

$$R_s(1000) = e^{-\lambda_s t} = e^{-6\times 10^{-5}\times 1000} = e^{-0.06} = 0.941\ 76$$

$$\text{MTBF} = \frac{1}{\lambda_s} = \frac{1}{6 \times 10^{-5}} = 16\ 667\text{h}$$

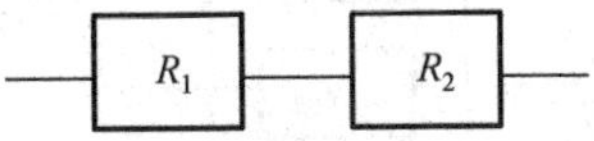

图 3-4　滤网堵塞失效时的可靠性框图

(2) 滤网的故障模式为破损失效时，系统的可靠性框图如图 3-5 所示，即为并联系统。则有

$$\begin{aligned} R_s(1000) &= e^{-\lambda_1} + e^{-\lambda_2 t} - e^{-(\lambda_1+\lambda_2)t} \\ &= e^{-5\times10^{-5}\times1000} + e^{-1\times10^{-5}\times1000} - e^{-(5+1)\times10^{-5}\times1000} \\ &= 0.999\ 25 \end{aligned}$$

$$\begin{aligned} \lambda_s(1000) &= \frac{\lambda_1 e^{-\lambda_1 t} + \lambda_2 e^{-\lambda_2 t} - (\lambda_1+\lambda_2)e^{-(\lambda_1+\lambda_2)t}}{e^{-\lambda_1 t} + e^{-\lambda_2 t} - e^{-(\lambda_1+\lambda_2)t}} \\ &= \frac{5\times10^{-5}e^{-5\times10^{-5}\times1000} + 1\times10^{-5}e^{-1\times10^{-5}\times1000} - (5+1)\times10^{-5}e^{-6\times10^{-5}\times1000}}{e^{-5\times10^{-5}\times1000} + e^{-1\times10^{-5}\times1000} - e^{-6\times10^{-5}\times1000}} \\ &= 0.57\times10^{-7}\text{h}^{-1} \end{aligned}$$

$$\begin{aligned} \text{MTBF} &= \frac{1}{\lambda_1} + \frac{1}{\lambda_2} - \frac{1}{\lambda_1+\lambda_2} = \frac{1}{5\times10^{-5}} + \frac{1}{1\times10^{-5}} - \frac{1}{(5+1)\times10^{-5}} \\ &= 10\ 333.3\text{h} \end{aligned}$$

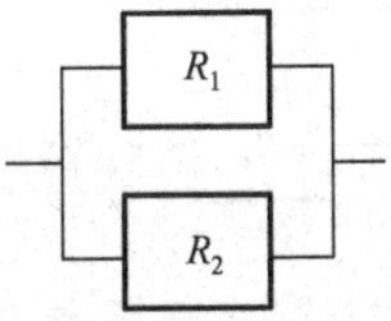

图 3-5　滤网破损失效时的可靠性框图

由例 3-1 可以看出，系统功能逻辑框图不仅与单元的功能有关，还与单元的故障模式有关。所以，在分析系统可靠性时，必须弄清其功能及失效模式，绝不能只从系统结构上认定系统可靠性模型的类型。

第四节　混联系统的可靠性模型

由串联系统和并联系统混合组成的系统称为混联系统。

最常见的混联系统有以下两种。

一、串并联系统(附加单元系统)

一个串并联系统串联了 n 个组成单元，而每个组成单元都由 m 个基本单元并联而成，该串并联系统的可靠性框图如图 3-6 所示。

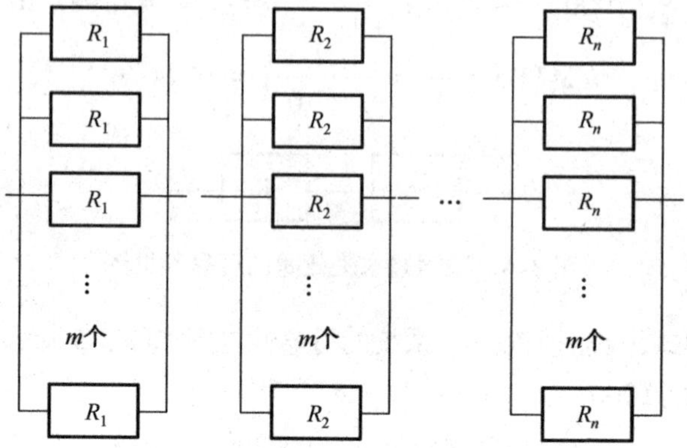

图 3-6　串并联系统的可靠性框图

设每个单元 A_i 的可靠度为 $R_i(t)$，则此系统的可靠度 $R_{s1}(t)$ 为

$$R_{s1}(t)=\prod_{i=1}^{n}[1-(1-R_i(t))^m] \tag{3-17}$$

二、并串联系统(附加通路系统)

一个并串联系统并联了 m 个组成单元，而每个组成单元都由 n 个基本单元串联而成，该并串联系统的可靠性框图如图 3-7 所示。

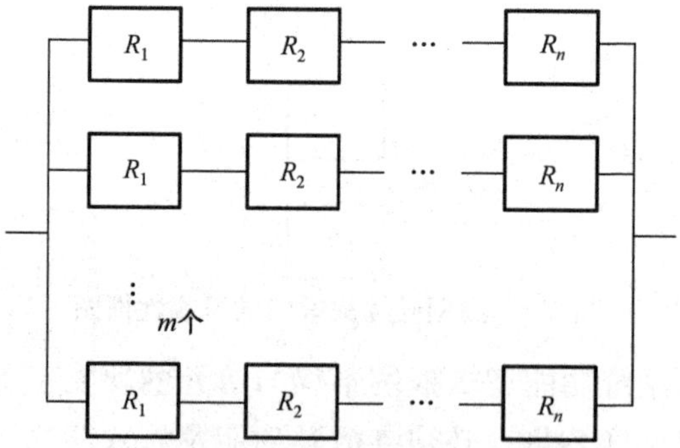

图 3-7　并串联系统的可靠性框图

设每个单元 A_i 的可靠度为 $R_i(t)$，则此系统的可靠度 $R_{s2}(t)$ 为

$$R_{s2}(t)=1-\left[1-\prod_{i=1}^{n}R_i(t)\right]^m \tag{3-18}$$

对于更为复杂的混联系统，如图 3-8 所示，可以利用等效可靠性框图来进行系统可靠度的计算。

设各单元可靠度相互独立，则其等效可靠性框图可以画成如图 3-9 所示，其可靠度计算式分别写在方框内。

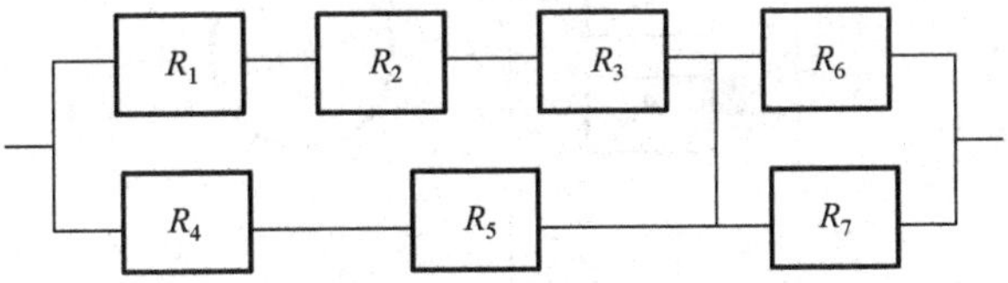

图 3-8 复杂混联系统的可靠性框图

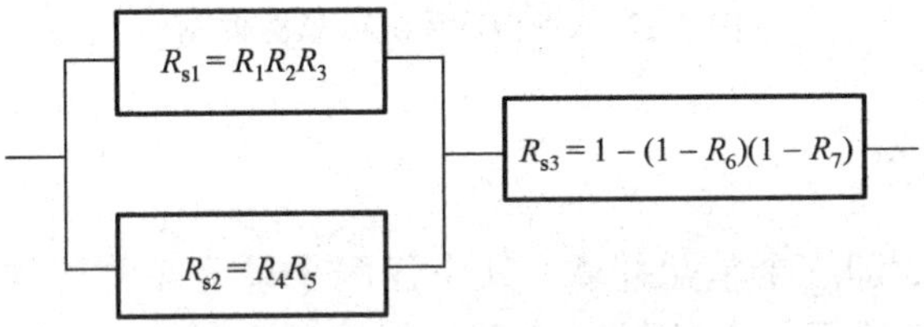

图 3-9 图 3-8 的等效可靠性框图

图 3-9 还可再次等效成图 3-10 所示的形式。

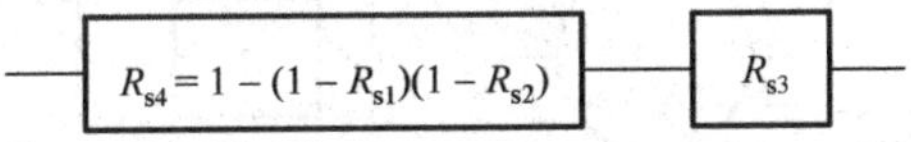

图 3-10 图 3-9 的等效可靠性框图

图 3-10 所示的可靠性框图最后可画成如图 3-11 所示框图。

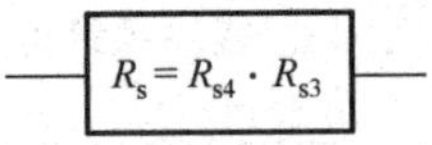

图 3-11 图 3-10 的等效可靠性框图

最终可求得系统的可靠度 R_s 为

$$
\begin{aligned}
R_s &= R_{s4}\cdot R_{s3}\\
&=[1-(1-R_{s1})(1-R_{s2})]\cdot[1-(1-R_6)(1-R_7)]\\
&=[1-(1-R_1R_2R_3)(1-R_4R_5)]\cdot[1-(1-R_6)(1-R_7)]
\end{aligned}
$$

第五节 *n* 中取 *k* 的表决系统的可靠性模型

n 中取 k 的表决系统有两类：一类称为 n 中取 k 好系统，要求组成系统的 n 个单元中有 k 个或 k 个以上完好，系统才能正常工作，记为 $k/n[G]$；另一类称为 n 中取 k 坏系统，其含义是组成系统的 n 个单元中有 k 个或 k 个以上失效，系统就不能正常工作，记为 $k/n[F]$。显然，$k/n[G]$系统即是$(n-k+1)/n[F]$系统，而串联系统是 $n/n[G]$系统，并联系统是 $1/n[G]$系统。$k/n[G]$系统可靠性框图如图 3-12 所示。下面先对 $2/3[G]$系统进行分析。

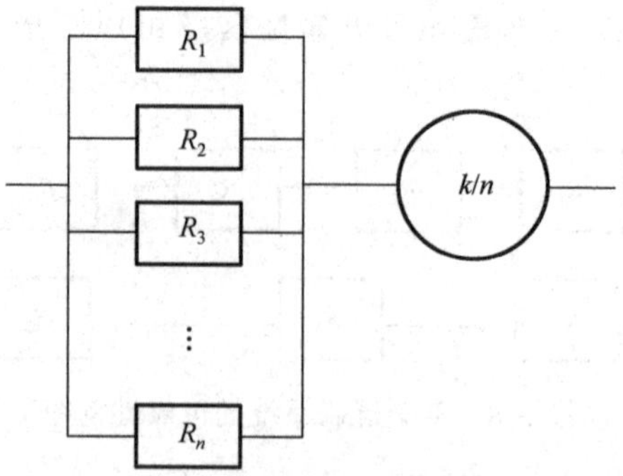

图 3-12　$k/n[G]$系统可靠性框图

一、2/3[G]系统

对于2/3[G]系统，即三个单元并联，其中任两个单元正常工作，系统即能正常工作。其可靠性框图如图 3-13 所示，(b)图是(a)图的等效系统可靠性框图。

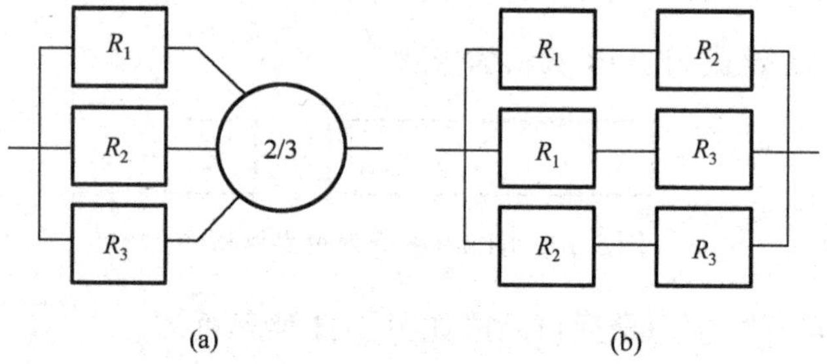

图 3-13　2/3[G]表决系统可靠性框图

若系统的单元为 1，2，3，每个单元可靠度为 $R_i(t)$，第 i 个单元处于正常工作的事件为 A_i，系统处于正常工作的事件为 A_s，则事件 A_s 与 A_1，A_2，A_3 的关系为

$$A_s = A_1A_2A_3 \cup A_1A_2A_3' \cup A_1A_2'A_3 \cup A_1'A_2A_3$$

因而，2/3[G]系统的可靠度为

$$R_s(t) = R_1(t)R_2(t)R_3(t) + R_1(t)R_2(t)F_3(t) + R_1(t)F_2(t)R_3(t) + F_1(t)R_2(t)R_3(t)$$

如各单元的寿命分布为指数分布，即 $R_i(t) = e^{-\lambda_i t}$，则有

$$\begin{aligned} R_s(t) &= e^{-(\lambda_1+\lambda_2+\lambda_3)t} + e^{-(\lambda_1+\lambda_2)t}(1 - e^{-\lambda_3 t}) + e^{-(\lambda_1+\lambda_3)t}(1 - e^{-\lambda_2 t}) + e^{-(\lambda_2+\lambda_3)t}(1 - e^{-\lambda_1 t}) \\ &= e^{-(\lambda_1+\lambda_2)t} + e^{-(\lambda_1+\lambda_3)t} + e^{-(\lambda_2+\lambda_3)t} - 2e^{-(\lambda_1+\lambda_2+\lambda_3)t} \end{aligned}$$

$$\begin{aligned} \text{MTBF} &= \int_0^\infty R_s(t)\,dt = \int_0^\infty [e^{-(\lambda_1+\lambda_2)t} + e^{-(\lambda_1+\lambda_3)t} + e^{-(\lambda_2+\lambda_3)t} - 2e^{-(\lambda_1+\lambda_2+\lambda_3)t}]\,dt \\ &= \frac{1}{\lambda_1+\lambda_2} + \frac{1}{\lambda_2+\lambda_3} + \frac{1}{\lambda_1+\lambda_3} - \frac{1}{\lambda_1+\lambda_2+\lambda_3} \end{aligned}$$

特别当各单元失效率都为 λ，即可靠度 $R(t) = e^{-\lambda t}$ 时，

$$R_s(t) = 3e^{-2\lambda t} - 2e^{-3\lambda t} = 3R^2(t) - 2R^3(t) \tag{3-19}$$

$$\text{MTBF} = \frac{3}{2\lambda} - \frac{2}{3\lambda} = \frac{5}{6\lambda} \tag{3-20}$$

二、(n−1)/n[G]系统

当 n 个单元的可靠度都为 $R(t)$ 时，系统可靠度为

$$R_s(t)=R^n(t)+nR^{n-1}(t)F(t)=nF^{n-1}(t)-(n-1)R^n(t)$$

当 $R(t)=e^{-\lambda t}$ 时，则

$$R(t)=ne^{-(n-1)\lambda t}-(n-1)e^{-n\lambda t}$$

$$\text{MTBF}=\int_0^{\infty}R_s(t)\,dt=\frac{n}{(n-1)\lambda}-\frac{n-1}{n\lambda}=\frac{1}{n\lambda}-\frac{1}{(n-1)\lambda}$$

三、k/n[G]系统

当 n 个单元的可靠度都为 $R(t)$ 时，系统可靠度为

$$R_s(t)=R^n(t)+n\cdot R^{n-1}(t)\cdot[1-R(t)]+\frac{n(n-1)}{2!}\cdot R^{n-2}(t)\cdot[1-R(t)]^2+$$

$$\cdots+\frac{n!}{k!\,(n-k)!}\cdot R^k(t)\cdot[1-R(t)]^{n-k}(k\leqslant n)$$

$$=\sum_{i=k}^{n}C_n^kR^i(t)[1-R(t)]^{n-k} \qquad (3\text{-}21)$$

当单元寿命分布服从指数分布，其失效率均为常数 λ 时，则

$$R_s(t)=\sum_{i=1}^{n}C_n^ke^{-i\lambda t}(1-e^{-\lambda t})^{n-k} \qquad (3\text{-}22)$$

系统的平均寿命为

$$\text{MTBF}=\int_0^{\infty}R_s(t)\,dt=\sum_{i=k}^{n}\frac{1}{i\lambda} \qquad (3\text{-}23)$$

【例 3-2】 设每个单元的可靠度为 $R(t)=e^{-\lambda t}$，且 $\lambda=0.001\text{h}^{-1}$，求 $t=100\text{h}$ 时：

(1) 一个单元的系统。

(2) 两个单元串联系统。

(3) 两个单元并联系统。

(4) 2/3[G]表决系统的可靠度 R_1，R_2，R_3 和 R_4。

解：$t=100\text{h}$ 时，四个系统的可靠度如下。

一个单元系统的可靠度为

$$R_1(100)=e^{-0.001\times100}=e^{-0.1}=0.905$$

由式(3-9)可得两个单元串联系统的可靠度为

$$R_2=R_1^2=(e^{-0.1})^2=0.819$$

由式(3-13)可得两个单元并联系统的可靠度为

$$R_3=1-(1-R_1)^2=1-(1-e^{-0.1})^2=0.991$$

由式(3-20)可得 2/3[G]表决系统的可靠度为

$$R_4=3R_1^2-2R_1^3=3e^{-0.2}-2e^{-0.3}=0.975$$

下面讨论以上四种系统可靠度的大小。若 $t=1000\text{h}$，四种系统的可靠度 R_1，R_2，R_3，R_4 为

$$R_1=R(1000)=\mathrm{e}^{-0.001\times1000}=\mathrm{e}^{-1}=0.368$$

$$R_2=R_1^2=\mathrm{e}^{-2}=0.135$$

$$R_3=1-(1-R_1)^2=1-(1-\mathrm{e}^{-1})^2=0.600$$

$$R_4=3R_1^2-2R_1^3=3\mathrm{e}^{-2}-2\mathrm{e}^{-3}=0.306$$

可见，当 $R_1=0.905$ 时，有 $R_2<R_1<R_4<R_3$；当 $R_1=0.368$ 时，有 $R_2<R_4<R_1<R_3$。

实际上可以论证：

当 $R_1>0.5$ 时，有 $R_2<R_1<R_4<R_3$；

当 $R_1=0.5$ 时，有 $R_2<R_1=R_4<R_3$；

当 $R_1<0.5$ 时，有 $R_2<R_4<R_1<R_3$。

上述关系可画成图，如图 3-14 所示。

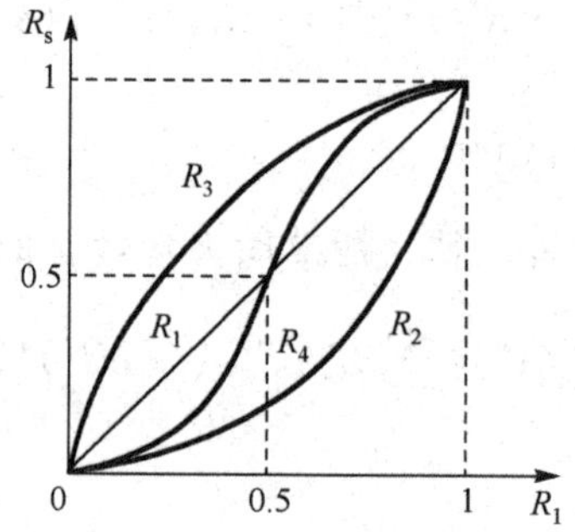

图 3-14　四种系统的可靠度比较

由此可见，两个单元的串联系统可靠度最低，两个单元的并联系统可靠度最高。当单元可靠度 R_1 小于 0.5 时，2/3[G]系统的可靠度 R_4 甚至不如一个单元的系统，因此为了改善 2/3[G]系统的可靠度特性，必须采取措施。可见表决系统在可靠性方面优越性不大，但表决系统往往是从功能的需要建立的，所以也要掌握该系统的可靠度计算方法。

第六节　储备系统的可靠性模型

为了提高系统的可靠性，还可以储备一些单元，以便当工作单元失效时，立即能由储备单元接替，这种系统称为储备系统，其可靠性框图如图 3-15 所示。

储备系统一般有冷储备（无载储备）、热储备（满载储备）和温储备（轻载储备）之分。热储备单元在储备中的失效率和在工作时的一样，冷储备单元在储备中不会失效，而温储备单元的储备失效率大于零而小于工作失效率。

一、冷储备系统

冷储备系统通常由 $n+1$ 个单元和一个高可靠转换开关组成，一个单元在工作，n 个单元作为储备。当工作单元失效时，转换开关把一个储备单元接入，系统继续工作。这样直到所有单元都失效时，系统才失效。假定转换开关完全可靠，各单元平均寿命为 m_i，$i=1\sim n+1$，则系统平均寿命显然等于各单元平均寿命之和，即

$$m_s = \sum_{i=1}^{n+1} m_i \tag{3-24}$$

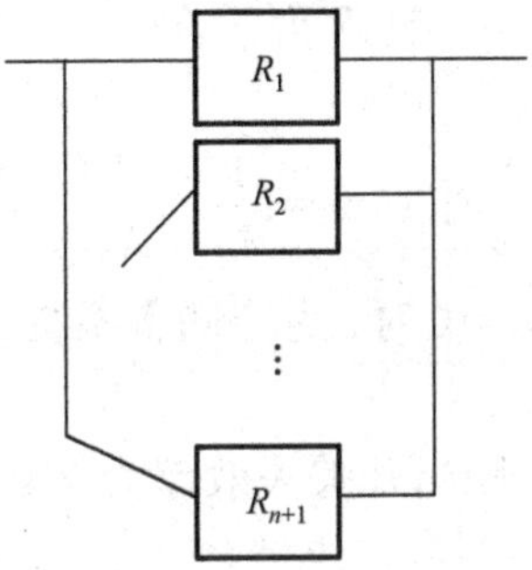

图 3-15 储备系统的可靠性框图

当所有单元都服从指数分布时，有

$$m_s = \sum_{i=1}^{n+1} \frac{1}{\lambda_i} \tag{3-25}$$

而系统可靠性为

$$R_s(t) = \sum_{k=1}^{n+1} \left(\prod_{\substack{i=1 \\ i \neq k}}^{n+1} \frac{\lambda_i}{\lambda_i - \lambda_k} \right) e^{-\lambda_k t} \tag{3-26}$$

在各单元失效率相同为 λ 的条件下，有

$$R_s(t) = \prod_{k=0}^{n} e^{-\lambda t} \cdot (\lambda t)^k / k! \tag{3-27}$$

式(3-27)右端求和号后面是泊松分布，是在 t 时间内发生 k 次故障的概率。$n+1$ 个单元的冷储备系统(其中一个单元在工作)允许在 t 时间内最多发生 n 次故障而仍能保持系统正常工作，所以系统可靠性是单元发生零次故障到发生 n 次故障的概率和。

如果转换开关不完全可靠，假设它的寿命也服从指数分布，具有常数失效率 λ_{SW}，以两个单元冷储备系统为例，有

$$R_s(t) = e^{-\lambda_1 t} + \frac{\lambda_1}{\lambda_{SW} + \lambda_1 - \lambda_2} \left[e^{-\lambda_2 t} - e^{-(\lambda_{sw} + \lambda_1) t} \right] \tag{3-28}$$

$$m_s = \int_0^{\infty} R_s(t)\,dt = \frac{1}{\lambda_1} + \frac{1}{\lambda_2(\lambda_{SW} + \lambda_1)} \tag{3-29}$$

如果转换开关可靠度是常数 R_{SW}，则相应公式为

$$R_s(t) = e^{-\lambda_1 t} + R_{SW} \frac{\lambda_1}{\lambda_1 - \lambda_2} (e^{-\lambda_2 t} - e^{-\lambda_1 t}) \tag{3-30}$$

$$m_s = \frac{1}{\lambda_1} + R_{SW}\frac{1}{\lambda_2} \tag{3-31}$$

二、热储备和温储备系统

热储备和温储备一般比冷储备系统复杂，我们来考虑最简单的两个单元的储备系统。设工作部件失效率为常数 λ_1，储备部件的储备失效率为常数 η_2，转入工作后的失效率为 λ_2，则当转换开关完全可靠时的系统可靠性为

$$R_s(t) = e^{-\lambda_1 t} + \frac{1}{\lambda_1 + \eta_2 - \lambda_2}[e^{-\lambda_2 t} - e^{-(\lambda_1+\eta_2)t}] \tag{3-32}$$

系统平均寿命为

$$m_s = \int_0^{\infty} R_s(t)\,dt = \frac{1}{\lambda_1} + \frac{1}{\lambda_2}\left(\frac{\lambda_1}{\lambda_1 + \eta_2}\right) \tag{3-33}$$

当 $\eta_2 = \lambda_2$ 时，为热储备系统；当 $\eta_2 = 0$ 时，为冷储备系统；而当 $0 < \eta_2 < \lambda_2$ 时，则为温储备系统。

如果转换开关不是完全可靠，则当开关失效率为常数 λ_{SW} 时

$$R_s(t) = e^{-\lambda_1 t} + \frac{1}{\lambda_{SW} + \lambda_1 + \eta_2 - \lambda_2}[e^{-\lambda_2 t} - e^{-(\lambda_{sw}+\lambda_1+\eta_2)t}] \tag{3-34}$$

$$m_s = \frac{1}{\lambda_1} + \frac{\lambda_1}{\lambda_2(\lambda_{SW} + \lambda_1 + \eta_2)} \tag{3-35}$$

当开关可靠性为常数 R_{SW} 时

$$R_s(t) = e^{-\lambda_1 t} + R_{SW}\frac{\lambda_1}{\lambda_1 + \eta_2 - \lambda_2}[e^{-\lambda_2 t} - e^{-(\lambda_1+\eta_2)t}] \tag{3-36}$$

$$m_s = \frac{1}{\lambda_1} + R_{SW}\frac{\lambda_1}{\lambda_2(\lambda_1 + \eta_2)} \tag{3-37}$$

这里举一个温储备的例子说明一下。在正常情况下，6 台液体火箭发动机可以满足“土星”火箭第一级的推力要求，但为提高可靠性采用 8 台发动机一起工作。由于储备发动机在飞行中点火来不及，因此不能采用冷储备方案；而 8 台发动机按正常推力一起点火又超过第一级推力要求，因此不能采用热储备(并联工作)方案。为此，在“土星”火箭起飞时，使 8 台发动机都降负荷工作，使总推动力等于 6 台发动机正常推力。一旦有一台发动机发生故障，则通过高度可靠的测量设备测出故障点，通过高可靠转换装置关掉故障发动机及其对称位置的一台发动机，而使其余 6 台发动机满载工作，这就是温储备。

第七节　网络系统的可靠性模型

系统除具有前面介绍的串联、并联和表决等典型模型之外，还有一种一般网络模型，如通信网络、交通网络、电路网络等，本节讨论这类网络模型常用的可靠性分析方法。

下面根据网络系统的节点失效和不失效的情况，来分别讨论网络系统的可靠性模型。

一、节点不失效的网络系统可靠性模型

网络系统由节点和节点间的连线(弧或单元)连接而成。节点不失效的情况下，一般讨论两终端问题。这类问题可描述如下：

设 G 是一个给定的网络，v_1、v_2 是指定的两个节点，求从 v_1 到达 v_2 的概率，即 $R=P\{v_1$ 可以到达 $v_2\}$，称为两终端问题。

基本假定：

①弧(或单元)和系统只有两种可能状态，即正常或失效；

②节点不失效；

③弧(或单元)之间相互独立。

下面介绍这个问题的基本求解方法。

1. *真值表法*

真值表法也称穷举法，n 个部件构成的系统具有 2^n 个微观状态，又可归纳为系统正常或失效两个状态，系统正常的概率即为所有正常的微观状态概率之和，因为这些微观状态是互斥的，当 n 较小时此法可用。

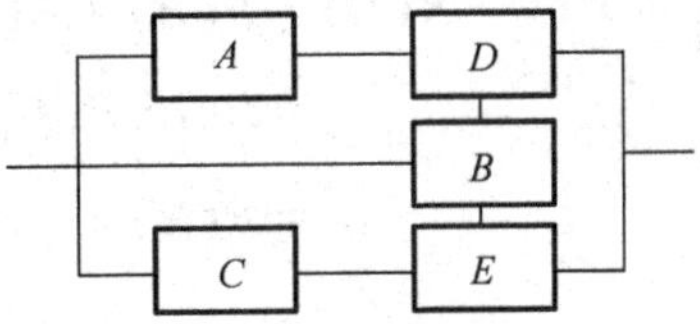

图 3-16　网络

【例 3-3】如图 3-16 所示网络，若已知各单元的成功概率为 $P_A=0.9$，$P_B=0.7$，$P_C=0.9$，$P_D=0.8$，$P_E=0.8$，求网络的可靠度。

解：设 0 表示失效，1 表示正常，列出系统状态的真值表如表 3-1 所示。

表 3-1　网络的布尔真值表

序号	A B C D E	S	系统状态概率	序号	A B C D E	S	系统状态概率
0	0 0 0 0 0	0		16	1 1 0 0 0	0	
1	0 0 0 0 1	0		17	1 1 0 0 1	1	0.010 08
2	0 0 0 1 1	0		18	1 1 0 1 1	1	0.040 32
3	0 0 0 1 0	0		19	1 1 0 1 0	1	0.010 08
4	0 0 1 1 0	0		20	1 1 1 1 0	1	0.090 72
5	0 0 1 1 1	1	0.017 28	21	1 1 1 1 1	1	0.362 88
6	0 0 1 0 1	1	0.004 32	22	1 1 1 0 1	1	0.090 72
7	0 0 1 0 0	0		23	1 1 1 0 0	0	
8	0 1 1 0 0	0		24	1 0 1 0 0	0	
9	0 1 1 0 1	1	0.010 08	25	1 0 1 0 1	1	0.038 88
10	0 1 1 1 1	1	0.040 32	26	1 0 1 1 1	1	0.155 52
11	0 1 1 1 0	1	0.010 08	27	1 0 1 1 0	1	0.038 88
12	0 1 0 1 0	1	0.001 12	28	1 0 0 1 0	1	0.004 32
13	0 1 0 1 1	1	0.004 48	29	1 0 0 1 1	1	0.017 28
14	0 1 0 0 1	1	0.001 12	30	1 0 0 0 1	0	
15	0 1 0 0 0	0		31	1 0 0 0 0	0	

由此得到对应于系统完好的 19 个微观状态，求各状态的概率，如序号 14 的状态有 $P(\bar{A}B\bar{C}\bar{D}E) = 0.001\ 12$，这样 19 项概率相加得系统正常的概率 $R_s = 0.948\ 8$。

2. 全概率分解法

应用全概率公式，选择分解元，对复杂网络进行分解。化简为一般的串并联系统，从而计算其成功概率，这叫全概率分解法。设 G 为系统正常事件，x 为被选分解单元正常事件，$\bar{x}$ 表示被选分解单元失效事件，由全概率公式知

$$R(G) = P(x)P(G|x) + P(\bar{x})P(G|\bar{x}) \tag{3-38}$$

其中，$P(G|x)$ 表示在单元 x 正常的条件下系统正常工作的概率；$P(G|\bar{x})$ 表示在单元 x 失效条件下系统正常工作的概率。

这种方法首先要选分解元，分解元的选取方法如下。

(1) 任一无向单元都可作为分解元。

如图 3-16 所示系统，任一单元都可作为分解元。

若选 B 为分解元，则得 G_1，G_2 均为简单网络，B 正常时，G 中的 A、C 成为无用单元被去掉，如图 3-17 所示。

$$\begin{aligned} R(G) &= P(B) \cdot P(G|B) + P(\bar{B}) + P(G|\bar{B}) \\ &= P(B)P(G_1) + P(\bar{B})P(G_2) \\ &= P(B) \cdot [1 - P(\bar{D})P(\bar{E})] + P(\bar{B}) \cdot [1 - P(\overline{AD})P(\overline{CB})] \end{aligned} \tag{3-39}$$

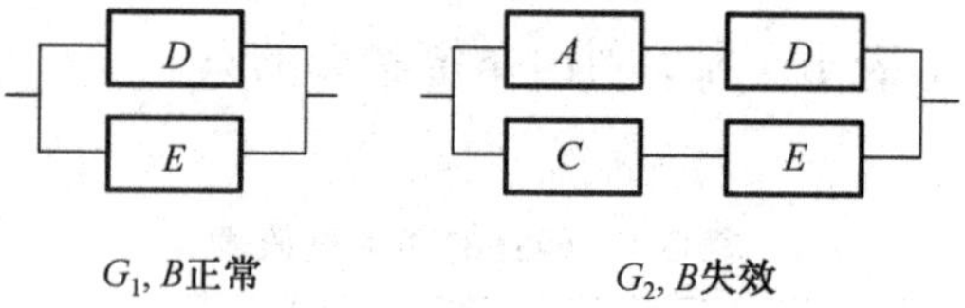

图 3-17　部件 B 正常或失效时的系统图

(2) 任一有向单元，若其两端点中有一端只有流出(或流入)单元，则此单元可作为分解单元。

如图 3-18 中的 x 可作为分解单元，而 y 则不行。

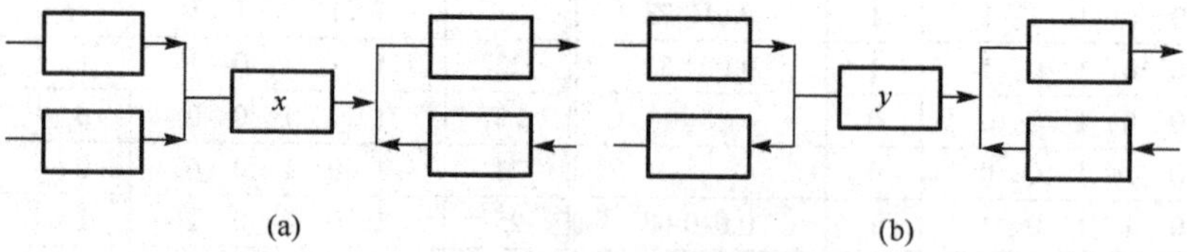

图 3-18　有向分解单元的选取

分解单元若选得好，会加快分解速度，迅速得到简化的结果；若选得不好，则可能要多分解几次才得到简化的最终结果。

例如，对图 3-19 所示的可靠性框图，单元 e 不能作为分解元，若选 e 作为分解元，则当 e 正常时，得到的图 $G_1(G|e)$ 中将多了一条成功的路径 cb，这与原网络不符。选 a 作为分解单元时，得到如图 3-20 所示的等效框图。

$$R(G)=P(a)P(G_1)+P(\bar{a})P(G_1)$$
$$=P(a)[1-P(\bar{b})P((e+c)\bar{d})]+P(\bar{a})P(cd) \tag{3-40}$$

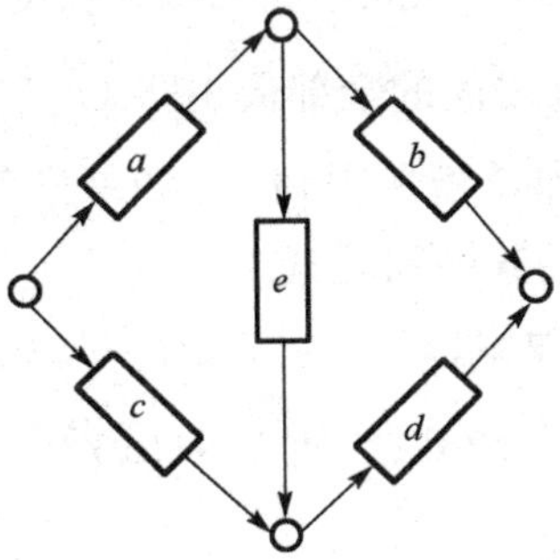

图 3-19 可靠性框图

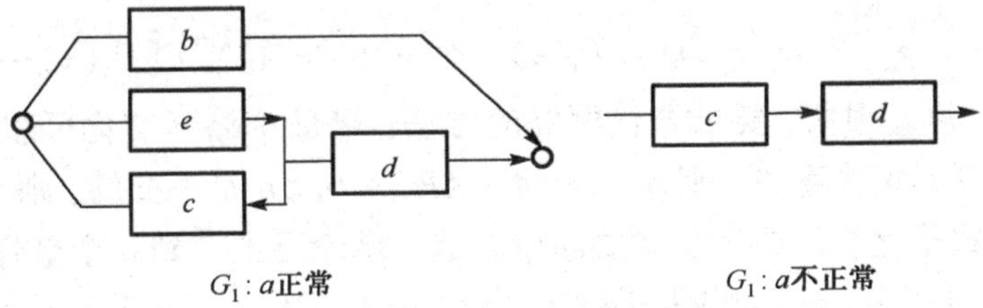

图 3-20 图 3-19 的等效框图

3. 最小路集法

以上的真值表法适用于小型网络，全概率分解法难以计算机化，所以作为网络可靠性的一般算法目前多用最小路集法。

路集是由网络中的部分单元组成的集合，当集合中的单元全部正常时，则网络系统正常，这样的集合称为路集。当路集中去掉一个单元时，该集合则不成为路集，则称此路集为最小路集。

下面介绍求最小路集的邻接矩阵法。

给定一个有 m 个节点的网络 S(有向、无向或者混合型)，定义相应的 m 阶矩阵 $C=[c_{ij}]_{m\times m}$，其中

$$c_{ij}=\begin{cases}0, & \text{若节点 } i,\ j \text{ 之间无弧直接相连}\\ x, & \text{若节点 } i,\ j \text{ 之间有弧 } x \text{ 相连}\end{cases} \tag{3-41}$$

称 C 为网络 S 的邻接矩阵。

再定义矩阵的乘法运算

$$C^2=[c_{ij}^{(2)}] \tag{3-42}$$

其中，$c_{ij}^{(2)}=\bigcup_{k=1}^{m} c_{ik}c_{kj}$，$i,\ j=1,\ \cdots,\ m; i\neq j$。

显然，$c_{ij}^{(2)}$ 表示节点 i 到 j 的长度为 2 的最小路全体(注意长度为 1 的不算)。

相似地，可以定义 C^r，$r=1,\ 2,\ \cdots$，其中 $c_{ij}^{(r)}$ 表示节点 i, j 之间的长度为 r 的所有最小路集。

注意，$i \neq j$，而且长度为 r 的路集中，若有重复弧或重复地经过同一节点的路集应舍去，因为它不是最小路集。

在 m 个节点的网络中，任意两节点间小路的最大长度为 $m-1$，所以如求出 C，C^2，…，C^{m-1}，则可以得到任意两节点 i，j 之间的全部最小路 $\bigcup_{r=1}^{m-1} c_{ij}^r$，由于有递推公式 $C^r = CC^{r-1}$，其中 $C_{ij}^{(1)} = C_{ij}$，故只需做多次矩阵乘法就可得到 c_{ij}^r，如果只考虑输入、输出之间的最小路，则只要求出 $[C]^2$，…，$[C]^{m-1}$ 中的某一列元素。

若已知系统的最小路集，设为 $D_j(x)$，$j = 1, 2, \cdots, k$，则系统可表示为

$$R(G) = P[\bigcup_{j=1}^{k} D_j(x)]$$

由容斥原理得

$$R(G) = \sum_{j=1}^{k} P(D_j(x)) - \sum^{1 \leqslant i < j \leqslant k} P[D_i(x)D_j(x)]$$
$$+ \sum^{1 \leqslant i < j \leqslant k} P[D_i(x)D_j(x)D_i(x)] + \cdots + (-1)^{k-1}P[D_1(x)\cdots D_k(x)] \quad (3\text{-}43)$$

当 k 较大时计算量很大，要求寻找更好的方法，将最小路不交化可减少计算量。在布尔代数中，若 A、B 是两个事件，则 $A + B = A + \bar{A}B$，A 与 $\bar{A}B$ 是不交的，则 $P(A + B) = P(A) + P(\bar{A}B)$。这个式子比容斥原理公式要简单。这一结论可推广到 n 个事件的集合上去，即设有 n 个事件 A_1，A_2，…，A_n，对其和进行不交化，得 $A_1 + A_2 + \cdots + A_n = A_1 + \bar{A}_1A_2 + \bar{A}_1\bar{A}_2A_3 + \cdots \bar{A}_1\cdots\bar{A}_{n-1}A_n$，则

$$P(A_1 + A_2 + \cdots + A_n) = P(A_1) + P(\bar{A}_1A_2) + P(\bar{A}_1\bar{A}_2A_3) + \cdots + P(\bar{A}_1\bar{A}_2\cdots\bar{A}_{n-1}A_n) \quad (3\text{-}44)$$

利用式(3-44)，可将最小路集不交化后求系统成功的概率，计算量比按容斥原理计算要大大减少。

4. 网络系统可靠度的 BDD 算法

BDD (Binary Decision Diagram)是由 A1kers 首先提出，后经 Bryant 等人完善并加以形式化描述的一种布尔函数表示的图形方式，可以直观地反映出函数的逻辑结构，是布尔函数的一种不交化形式。下面介绍由武小悦提出的一种算法。

1) BDD 的基本原理

BDD 采用二叉树形式表示一个布尔逻辑函数。二叉树是节点的有限集合，这个有限集合或者为空集，或者由一个根节点及两棵不相交的分别称作这个根的左子树和右子树的二叉树组成，如图 3-21 所示。

定义 1 BDD 是有向的、节点具有标号的二叉树(v, N)。其中，v 为节点集，N 为标号集。v 中包含两类节点：一类是具有节点值 $\text{value}(v) \in \{0, 1\}$ 的叶节点，另一类是具有标号 $\text{index}(v) \in N$ 的节点，这类节点具有两个子节点 $\text{low}(v)$，$\text{high}(v) \in V$，规定右子节点为 $\text{low}(v)$，左子节点为 $\text{high}(v)$。

定义 2 一个 BDD 中，以节点 v 为根的子树表示的布尔逻辑函数 $f_v(x_1, x_2, \cdots, x_n)$ 为

① 当 v 是叶节点时，$f_v = \text{value}(v)$；

② 当 v 是具有标号 index(v)= i 时，

$$f_v(x_1,\ x_2,\ \cdots,\ x_n) = \bar{x}_i f_{low(v)}(x_1, x_2, \cdots, x_n) + x_i f_{high(v)}(x_1, x_2, \cdots, x_n)$$

由上述定义可以看出，BDD 是有根节点的有序二叉树，每个分支代表节点变量的一次取值(左枝取 1，右枝取 0)。从根节点出发到叶节点的每条路都表示布尔函数中各变量的一次赋值(即取对应叶节点的值)。因此，从根节点至叶节点的过程就是由变量输入值获得输出值的过程。例如，图 3-21 所示为函数 $f = AB + AED + CEB + CD$ 的 BDD。

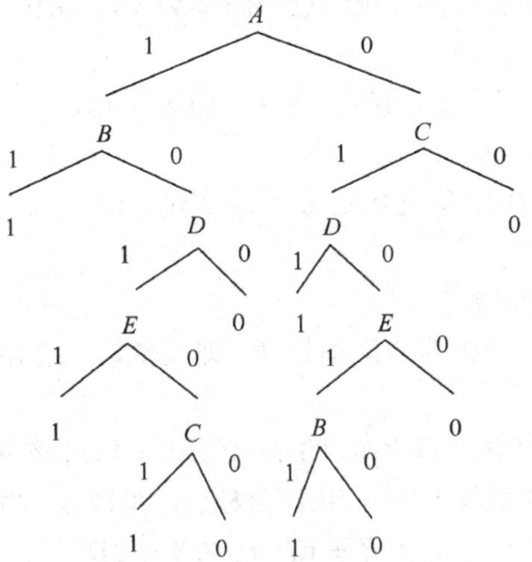

图 3-21　桥型系统的 BDD

2) 网络系统可靠度的 BDD 算法

设某有向网络的节点集为 $S = \{S_1,\ \cdots,\ S_n\}$，现在求 S_1 到 S_n 的可靠度，算法步骤如下。

第一步：采用邻接矩阵法求出 S_1 到 S_n 的最小路集。设已经求出最小路集为 $\{\mathrm{MP}_1,\ \cdots,\ \mathrm{MP}_m\}$，则得到网络系统逻辑结构函数的积之和形式为

$$f = \sum_{k=1}^{m} \mathrm{MP}_k \tag{3-45}$$

式中，MP_k 为第 k 条最小路集，且 MP_k 为各边的乘积形式。

第二步：将 f 用 BDD 表示。

第三步：在 BDD 上搜索从根节点到叶节点为 1 的路径，则可获得 f 的不交化最小路集为 $\{\mathrm{NMP}_1,\ \cdots,\ \mathrm{NMP}_t\}$，即

$$f = \sum_{k=1}^{t} \mathrm{NMP}_k \tag{3-46}$$

第四步：网络的可靠度可用下面的概率和公式直接计算得到：

$$R = \sum_{k=1}^{t} P(\mathrm{NMP}_k) \tag{3-47}$$

【例 3-4】已知某桥型网络系统如图 3-22 所示。试用 BDD 算法求网络节点 1~2 的可靠度。

解：依据上述的算法进行运算。

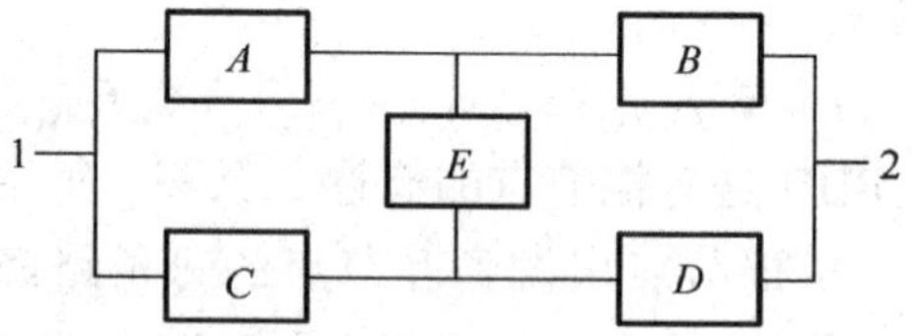

图 3-22 桥型网络系统

第一步：利用邻接矩阵法求得系统的最小路集为 AB、AED、CEB、CD，因此系统的布尔结构函数为

$$f = AB + AED + CEB + CD \tag{3-48}$$

第二步：将 f 用 BDD 表示。

对 f 进行分解，画出 BDD，应先确定分解的变量，然后依次按定义 2 中的公式进行分解。具体步骤如下。

（1）先定义各变量的长度 L。

L 为该变量在式(3-48)中积项的最小长度，即变量数，则 $L(A)=2$，$L(B)=2$，$L(C)=2$，$L(D)=2$，$L(E)=3$。

（2）任取长度最短的变量进行 BDD 的 1—0 分枝(即对该变量赋值)。当长度相等时，取在 f 项中出现次数最多的变量先进行 BDD 分枝，这里取 A，则

$$f_1 = B + ED + CEB + CD$$

$$f_0 = CEB + CD$$

（3）对 f_1，f_0 分别再依各变量的长度分枝。如对 f_1，取 B 分解，则

$$f_{11} = 1 + CE = 1$$

$$f_{10} = ED + CD$$

（4）依次进行上述过程，直到 f 能取确定值为止，最终得到的 BDD 如图 3-21 所示。

第三步：从根节点开始搜索到叶节点为 1 的路径，得不交化最小路集为 AB，$A\bar{B}DE$，$A\bar{B}D\bar{E}C$，$\bar{A}CD$，$\bar{A}C\bar{D}EB$，则

$$f = AB + A\bar{B}DE + A\bar{B}D\bar{E}C + \bar{A}CD + \bar{A}C\bar{D}EB$$

第四步：将各边的可靠度代入概率和公式，则桥型系统的可靠度为

$$R = R(AB) + R(A\bar{B}DE) + R(A\bar{B}D\bar{E}C) + R(\bar{A}CD) + R(\bar{A}C\bar{D}EB)$$

二、节点可失效的网络系统可靠性模型

节点可失效的可靠性模型是以图论作为理论工具，将复杂系统简化为由节点和边(有向图中称为孤)构成的拓扑图，如图 3-23 所示，是直接由实际网络简化或抽象而来的。在该模型中，节点和连线都具有物理意义，都具有能否正常工作的概率。

通常，节点可失效网络的可靠性包括网络的抗毁性、生存性，抗毁性又包括连接度、粘聚度，生存性又包括端端可靠度、k 端可靠度和全端可靠度等。

1. 网络的抗毁性

网络的抗毁性是指在拓扑结构完全确定的网络中，在确定性破坏作用下，网络能够保

持通信连通的能力。所谓确定性破坏是指破坏者具有关于网络结构的全部资料，并采用一种确定的破坏策略。对于一个抽象网络，网络的抗毁性是指至少需要破坏几个节点或几条链路才能中断部分节点之间的联系，即指出破坏一个网络的困难程度。抗毁性指标是确定性的，仅仅和网络的拓扑结构有关，常用的测度指标有连接度和粘聚度。

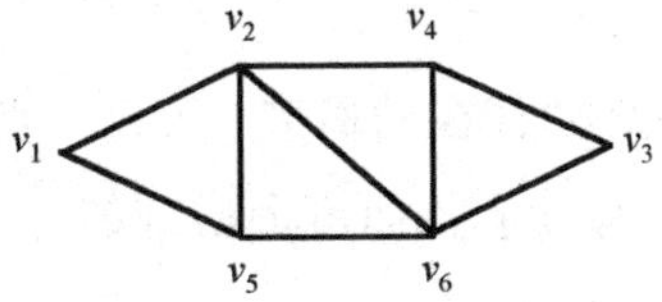

图 3-23　网络可靠性模型

1）连接度

连接度是指点连通度，是使网络不连通所应去掉的最少节点数。对于一连通网络 G，设 CN_{ij} 为断开节点对(i, j)所有通路所需去掉的最少节点数，那么网络的连接度表达式为

$$CN = \min\{CN_{ij}\} \tag{3-49}$$

在实际应用当中，有时用下面的定义代替上面的连接度，即对于网络直径为 k 的网络，为使网络直径 k 超过阈值 k_m 时必须去掉的最少节点数。其中，网络直径是指网络中所有两两节点之间最短径长的最大值。

2）粘聚度

粘聚度又称为结合度，是指边连通度，是使网络不连通所应去掉的最少边(弧)数。对于一连通网络 G，设 CH_{ij} 为断开节点对(i, j)所有通路所需去掉的最少边(弧)数，那么网络的连接度表达式为

$$CH = \min\{CH_{ij}\} \tag{3-50}$$

在实际应用当中，也有一替代定义，即对于网络直径为 k 的网络，为使网络直径 k 超过阈值 k_m 时必须去掉的最少边(或弧)数。

2. 网络的生存性

网络的生存性是指对于节点或链路具有一定故障概率的网络，在随机性破坏作用下，能够保持网络连通的概率。它是基于概率论和图论的知识提出来的，描述了随机性破坏以及网络拓扑结构对网络可靠性的影响。随机性破坏是指网络部件的自然失效或破坏者只具有关于结构的部分资料，并采用一种随机的破坏策略进行破坏。生存性指标也是概率性的，它不仅和网络的拓扑结构有关，也和网络部件的故障概率、外部故障以及维修策略等有关。常用的测度指标是连通可靠度，是指在规定的时间内网络一直保持连通的概率。针对分析的范围不同，其可靠度的意义也有所不同，主要包括端端可靠度、k 端可靠度和全端可靠度。

1）端端可靠度

端端可靠度是衡量网络保持两个端点之间连通的能力，即网络中任意给定的两个无故障端点之间至少存在一条路径的概率。

假设 i 到 j 有 m 条不同的路径 S_{ij}^1, S_{ij}^2, …, S_{ij}^m，那么端 i 与端 j 的可靠度 R_{ij} 为

$$R_{ij}=P(\bigcup_{k=1}^{m}S_{ij}^{k})=\sum_{l=1}^{m}(-1)^{l-1}\sum_{1\leqslant k_1<\cdots<k_l\leqslant m}P(\bigcap_{h=1}^{l}S_{ij}^{k_h})$$
$$=\sum_{k=1}^{m}P(S_{ij}^{k})-\sum_{\forall k_1、k_2,\,k_1\neq k_2}P(S_{ij}^{k_1}\cap S_{ij}^{k_2})+\cdots+(-1)^{m-1}P(S_{ij}^{1}\cap S_{ij}^{2}\cap\cdots\cap S_{ij}^{m}) \tag{3-51}$$

式中，$P(\bigcup_{k=1}^{m}S_{ij}^{k})$ 表示至少有一条路径存在的概率，$P(S_{ij}^{k})$ 表示路径 S_{ij}^{k} 存在的概率，$P(S_{ij}^{k_1}\cap S_{ij}^{k_2})$ 表示路径 $S_{ij}^{k_1}$，$S_{ij}^{k_2}$ 同时存在的概率；其他可类似理解。

2)k 端可靠度

k 端可靠度是指网络保持 k 个端点之间连通的能力，即网络中任意给定的节点子集 k 中各节点均处于工作状态，且各节点之间均至少存在一条路径的概率。

计算 k 端可靠度可用 Reduce&Factor 算法。该方法假设网络中的节点都正常，通过化简网络图 G 和运用 Factor 定理，计算 G 的 k 端可靠度。

Factor 定理的基本内容可表示为

$$\mathrm{Rel}(G)=p\mathrm{Rel}(G\cdot e)+(1-p)\mathrm{Rel}(G-e) \tag{3-52}$$

式中，G 为一无向网络，e 为网络中随机选取的一条边，P 为边 e 的生存概率，$G\cdot e$ 为收缩边 e 后得到的网络图，$G-e$ 为删去边 e 后得到的网络图。

在计算时，采用的是逐步化简的方法，可对度数为 1 或 2 的节点进行化简。所谓节点的度数是与该节点直接相连接的边的数目。具体化简的方法如下。

对于度数为 1 的节点：

① 如果该节点不在子集 k 中，则删去该节点和它相邻的边，k 端可靠度不变。

② 如果该节点在子集 k 中，则删去该节点后，与它相邻的节点必在子集 k 中，且原图的 k 端可靠度为化简后的 k 端可靠度乘以删去边的生存概率。

对于度数为 2 的节点：

① 当该节点不在子集 k 中时，可用一条边代替该节点和它相邻的两条边，该边的生存概率为原来两条边的生存概率之积，k 端可靠度不变。

② 当该节点和与它相邻的两个节点均在子集 k 中时，可用一条边代替度数为 2 的节点和与它邻接的两条边，该边的生存概率为原来两条边中至少有一条边可靠的条件下，原来两条边都可靠的条件概率。原网络的 k 端可靠度为化简后的网络的 k 端可靠度乘以原来两条边中至少有一条边可靠的概率。

【例 3-5】如图 3-24 所示，是由五个节点和四条边构成的简单网络，各节点的度数最大为 2，试用上述方法求出含有节点 a、b、c 的 $k(=3)$ 端可靠度。

解：设网络模型的 3 端可靠度为 $R(a,\ b,\ c)$。

(1) 先考虑节点 e，e 的度数为 1，并且不在子集 k 中，则删去节点 e，网络的 3 端可靠度不变。

(2) 在图 3-24(b)中，考虑节点 d，同(1)，网络的 3 端可靠度不变。

(3) 在图 3-24(c)中，考虑节点 c，c 的度数为 1，并且在子集 k 中，删去该节点后，与它相邻的节点在子集 k 中，则网络的 3 端可靠度变为

$$R(a, b, c) = R(a, b)R(e_2)$$

(4) 在图 3-24(d)中，考虑节点 b，同(3)，则网络的 3 端可靠度变为

$$R(a, b, c) = R(a)R(e_2)R(e_1)$$

(5) 考虑节点 a，是单节点构成的图，依据假设的前提，节点可靠，故原网络的 3 端可靠度为

$$R(a, b, c) = R(e_2)R(e_1)$$

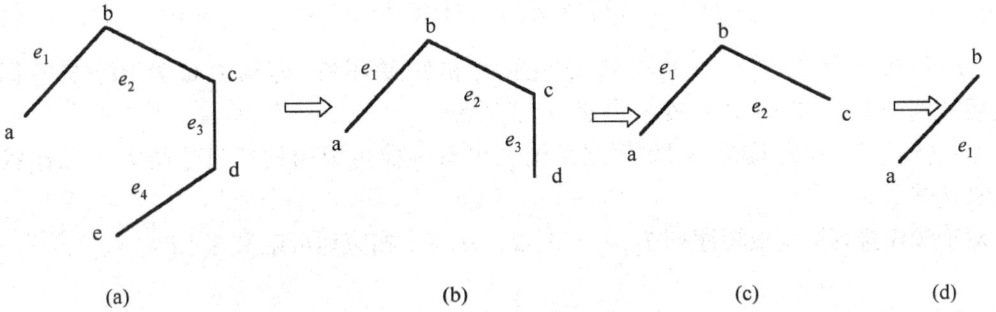

图 3-24　简单网络可靠性模型

3) 全端可靠度

全端可靠度是指网络在故障情况下的生存能力。即网络中所有的节点均处于工作状态，节点集 v 中各节点之间均至少存在一条路径的概率。

生成树法是由 Aggrawa 提出的计算网络全端可靠度的一种算法。所谓生成树是从某一节点出发，遍历连通图中所有节点(必须且只能一次)加上经过的边所构成的图。它是使原图中各节点均相互连通的最小连通子图。

生成树法的基本原理：生成树是使节点均相互连通的最小连通子图，如果网络中各节点均相互连通，即全端可靠，则网络中至少有一棵生成树的所有边均处于工作状态。

已知网络 $G=(v \cdot E)$，$n=|v|$，当 n 个节点都处于工作状态的时候，设网络的全端可靠度为 R_s。如果节点不可靠，则全端可靠度为所有节点的可靠度乘以 R_s。

计算 R_s 的方法与步骤如下。

第一步：计算所有生成树的集合。

假设网络 G 有 N 棵不同的生成树 T_i，$i=1, 2, \cdots, N$，由这 N 棵生成树组成的集合表示为 C^*。计算所有生成树集合的方法有许多，这里采用一种比较好的方法：改进的 Minty 方法，这是一种深度优先搜索算法。

具体操作：先在原图中任选一边 e，把原图分为两个子图 G_1 和 G_2，其中，G_1 含有边 e 并被染成红色，G_2 中则把边 e 去掉，这样，原图中含有边 e 的树都在图 G_1 中，不含有边 e 的树都在图 G_2 中。再选一条边 f，把每一个图一分为二，依次进行上述处理。对每一个图，当出现完全由红色边组成的回路时，则去掉该图；当某子图已经为树时，则该图已处理完毕，并记录该图为一棵生成树。记录所有的生成树，即为生成树的集合 C^*。

根据全端可靠度的定义和生成树的集合 C^*，就可以用前面介绍的直接不交化方法、

BDD 方法和容斥定理等求得系统的全端可靠度。下面的计算步骤是为方便将计算过程计算机化而采用的。

第二步：对生成树进行距离排序。

在 C^* 中任选一项作为 T_1，把 C^* 中的其余项按照与 T_1 的距离大小，按递增顺序排列，得到生成树序列 T_i，$i=1, 2, \cdots, N$。

生成树 T_i 和 T_1 的距离 d_{i1} 定义为

$$d_{i1}=\frac{1}{2}\mid T_i \oplus T_1 \mid \tag{3-53}$$

式中，$T_i \oplus T_1=(T_i \cup T_1)-(T_i \cap T_1)$，表示 T_i 和 T_1 的环和，即从 $T_i \cup T_1$ 中去掉它们的公共边后得到的图；$\mid T_i \oplus T_1 \mid$ 表示 $T_i \oplus T_1$ 的边数。

第三步：引入排除算符，得到网络系统至少有一棵生成树的所有边均处于工作状态事件的表达式。

对于顺序排列的生成树序列 T_i，$i=1, 2, \cdots, N$，相应地可定义 F_i，$i=1, 2, \cdots, N$：

$$F_1=T_1$$

$$F_i=T_1 \cup T_2 \cup \cdots \cup T_{i-1} \mid_{\text{其中的每条边取布尔值1}}, 2 \leqslant i \leqslant N$$

利用生成树的基本原理，用 S 表示网络系统中至少有一棵生成树的所有边均处于工作状态的事件，则

$$S=T_1 \cup T_2 \cup \cdots \cup T_N$$

设 ζ 为排除算符，$\zeta(F_i)$ 为 F_i 中的元素，均为故障，则利用 ζ，可用不相交项来表示 S：

$$S(\text{不相交})=T_1 \bigcup_{i=2}^{N} T_i\zeta(F_i) \tag{3-54}$$

式(3-54)中的各项均是相互不交的。

第四步：计算全端可靠度 R_s。

因为式(3-54)中各项均相互不交，因此，若把式(3-54)中边无故障的逻辑符改为该边的无故障概率，边故障的逻辑符改为该边的故障概率，则可得到网络全端可靠度 R_s 的表达式，即

$$R_s=S(\text{不相交}) \mid_{X_i(X_i') \to p_i(q_i)} \tag{3-55}$$

式中 X_i——边 x_i 逻辑无故障；

X'_i——边 x_i 逻辑故障；

p_i——边 x_i 的无故障概率；

q_i——边 x_i 的故障概率。

【例 3-6】 如图 3-25 所示，是为由四个节点和四条边构成的简单网络，试用上述方法求出该网络的全端可靠度。

解：第一步：计算所有生成树的集合。

应用改进的 Minty 方法，计算生成树集合。

具体操作：先在图 3-25 中任选一边 a，把原图分为两个子图，如图 3-26(a)所示，该子图的上图含有边 a，把边 a 染成红色(用粗黑线代替)，该子图 3-26(a)的下图则去掉边 a，这样，原图中含有边 a 的树都在图 3-26(a)的上图中，不含有边 a 的树都在图 3-26(a)的下

图中；再把图 3-26(a)的上图看作原图，依次进行上述处理。当出现完全由红色边组成的回路，则去掉该图，如图 3-26(d)的上图。然后依次选图 3-26(a)、(b)、(c)、(d)的下图进行上述处理，当某子图已经为树时，则该图已处理完毕，并记录该图为一棵生成树。

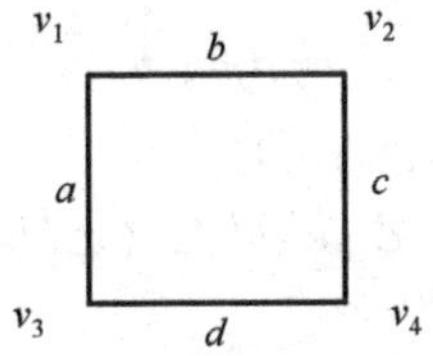

图 3-25　网络模型示例

这样，例图的生成树集合 C^* 为 $\{(a, b, c), (a, d, c), (a, b, d), (b, c, d)\}$。

第二步：对所有生成树进行距离排序。

任选一棵树 $T_1 = (a, b, c)$，其余树表示为 $t_2 = (a, d, c)$，$t_3 = (a, b, d)$，$t_4 = (b, c, d)$，则它们与 T_1 的距离分别为

$$d_{21} = \frac{1}{2} | t_2 \oplus T_1 | = 1$$

$$d_{31} = \frac{1}{2} | t_3 \oplus T_1 | = 1$$

$$d_{41} = \frac{1}{2} | t_4 \oplus T_1 | = 1$$

这样就得到生成树序列：$T_2 = (a, d, c)$，$T_3 = (a, b, d)$，$T_4 = (b, c, d)$。

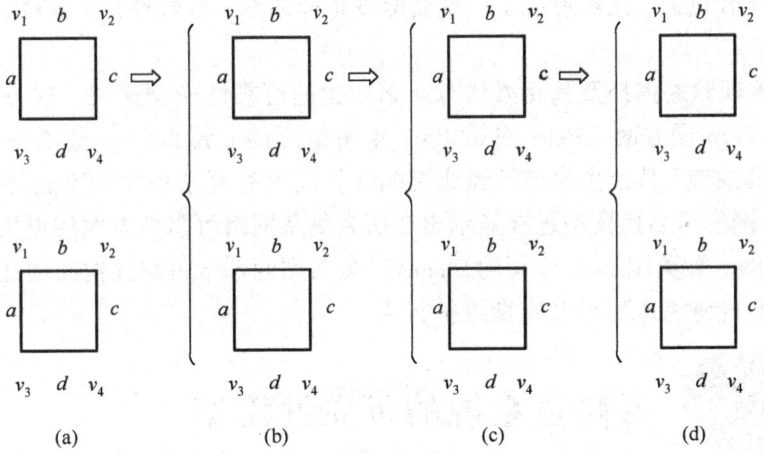

图 3-26　网络模型示例

第三步：引入排除算符。

对应生成树序列 T_i，得到 F_i 为

$$F_1 = T_1 = (a, b, c)$$

$$F_2 = T_1 = (a, b, c)$$

$$F_3 = T_1 \cup T_2 = (a, b, c, d)$$

$$F_4 = T_1 \cup T_2 \cup T_3 = (a, b, c, d)$$

引入排除算符 ζ，则 S 为

$$\begin{aligned} S(\text{不相交}) &= T_1 \bigcup_{i=2}^{4} T_i \zeta(F_i) \\ &= (a, b, c) \cup (a, d, c)(a, b, c)' \cup (a, b, d)(a, b, c, d)' \cup \\ &\quad (b, c, d)(a, b, c, d)' \\ &= (a, b, c) \cup (a, d, c)b' \cup (a, b, d)c' \cup (b, c, d)a' \end{aligned}$$

第四步：计算全端可靠度。

因为上式中各项互不相交，假如各边可靠度均相等且为 $R=0.8$，则全端可靠度为

$$\begin{aligned} R_s &= R^3 + R^3(1-R) + R^3(1-R) + R^3(1-R) \\ &= 0.8^3 + 0.8^3 \times 0.2 + 0.8^3 \times 0.2 + 0.8^3 \times 0.2 = 0.819\,2 \end{aligned}$$

三、网络系统可靠性的有关问题

上面所讲的节点不失效的可靠性模型分析和节点可失效的可靠性模型分析都是网络可靠性的共性技术，前者已经比较成熟，而后者尚处于发展之中，还没有非 NP 问题的求解算法。另外，上述模型只考虑了网络元素的可靠性，尚不能表示出元素因维修等原因导致的状态转移等。

目前，网络可靠性模型研究的方向大体有以下两个。

(1)对于节点可失效的可靠性模型，在分析网络可靠性时与具体的业务相结合，这样能够使其在具体的应用背景下得到进一步的研究进展。在这方面，网络可靠性模型和通信相结合，发展比较迅速，已经形成了一整套测度指标体系：抗毁性、生存性、可用性、完成性和完整性等。

(2)能够体现网络拓扑及其元素状态动态变化的可靠性模型研究。这方面的许多研究都致力于挖掘 Petri 网方面。Petri 网是 1962 年由德国的 c.A.Petri 在他的博士论文中提出的，经过多年的发展，其衍生模型已经成为能够处理具有复杂系统动态行为的一种图形工具，基于 Petri 网的可靠性模型正在显示出在研究复杂网络可靠性方面的潜力。当然，在其他方面也有发展。如英国 Item 公司的 SimuAV$^+$是典型的基于可靠性框图描述的系统可靠性分析工具，并且能够考虑维修和定期维护行为。

第八节 可修复系统的可靠性模型

实际系统中，大多数都属于可以修复的系统。如果工作或维修都服从指数分布，就可以借助马尔可夫过程来描述。马尔可夫过程是一类无“后效性”的随机过程，简单地说，在这种过程中系统将来的状态只与现在的状态有关，而与过去的状态无关。或者说，若已知系统在 t_0 时刻所处的状态，那么 $t>t_0$ 时的状态仅与 t_0 时刻的状态有关。其数学表述为：

设 $\{X(t), t \geqslant 0\}$ 是取值在 $E=\{0, 1, 2, \cdots\}$ 或 $E=\{0, 1, 2, \cdots, N\}$ 上的一个随机过

程。若对任意自然数 n，及任意 M 个时刻点 $0 \leqslant t_1 < t_2 < \cdots < t_n$，均有

$$P\{X(t_n)=i_n \mid X(t_1)=i_1, X(t_2)=i_2, \cdots, X(t_{n-1})=i_{n-1}\}$$
$$=P\{X(t_n)=i_n \mid X(t_{n-1})=i_{n-1}\}, i_1, i_2, i_3, \cdots i_n \in E \tag{3-56}$$

则称 $\{X(t), t \geqslant 0\}$ 为离散状态空间状态 E 上的连续时间马尔可夫过程。

特别是当 t, $\Delta t>0$ 时，公式

$$P\{X(t+\Delta t)=j \mid X(t)=i\} = P_{ij}(\Delta t) \tag{3-57}$$

对于任意 $i, j \in S$ 成立，则称该马氏过程是齐次的，P_{ij} 为转移概率。

由转移概率全体组成的矩阵称为转移矩阵。

$$P_{ij}=\begin{bmatrix} p_{11}p_{12}\cdots p_{1n} \\ p_{21}p_{22}\cdots p_{2n} \\ \vdots \\ p_{n1}p_{n2}\cdots p_{nn} \end{bmatrix}$$

对于齐次的马氏过程有下列关系式：

$$\begin{cases} P_{ij}(\Delta t) \geqslant 0 \\ \sum_{j=1}^{n} P_{ij}(\Delta t)=1 \end{cases} \tag{3-58}$$

对可修复系统，我们要研究的特征量有：

①系统在指定时刻的可靠度 $R(t)$ 和不可靠度 $F(t)$，$F(t)$ 也称为系统首次故障的时间分布；

②系统首次故障前的平均时间 MTTF；

③系统在指定时刻的可用度 $A(t)$ 和不可用度 $Q(t)$；

④系统平稳状态下的可用度 A 和不可用度 Q；

⑤系统的平均持续工作时间 MTBF。

为了使分析简化，我们做以下假定。

(1) λ, μ 为常数，即寿命和维修时间服从指数分布。

这条假设的道理是很清楚的，指数分布的一个重要性质就是“无记忆性”，只有这样才能用马氏过程来描述。下面我们来证明一下。

设该产品的寿命 T 服从指数分布，则对于任意两个正数 τ 和 t，有

$$P(T>\tau+t \mid T>\tau)=\frac{P(T>\tau+t, T>\tau)}{P(T>\tau)}$$
$$=\frac{P(T>\tau+t)}{P(T>\tau)}=\frac{R(\tau+T)}{R(\tau)}$$
$$=\frac{\mathrm{e}^{-\lambda(\tau+t)}}{\mathrm{e}^{-\lambda\tau}}=\mathrm{e}^{-\lambda t}=R(t)=P(T>t)$$

这就完全符合了马氏过程的定义。

若系统中部件的寿命或修理时间不是指数分布，而是正态、威布尔分布或其他分布，它们不具有“无记忆性”，因此不能用马氏过程来描述。同时这个假定也包含了修复如新的内容。

（2）部件和系统取正常和故障两状态。

（3）在相当小的 Δt 内，发生两个及两个以上部件同时进行状态转移的概率是 Δt 的高阶无穷小，此概率可以忽略。

下面我们介绍一些典型的马尔可夫可修复系统。

一、单部件可修复系统

我们从最简单的一个部件组成的系统来研究马尔可夫过程及各种可靠性特征量计算公式，对单部件可修复系统也分几步来研究，首先研究只考虑故障不考虑修复的情形，从而归纳出求状态方程的步骤；其次，考虑维修，将两种状态转移同时考虑。

1. 不考虑维修的单部件系统

单部件系统的故障过程的马尔可夫状态转移图如图 3-27 所示。

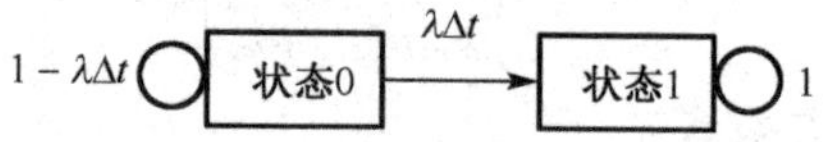

图 3-27　单部件系统的故障过程的马尔可夫状态转移图

图 3-27 中，状态 0 为正常状态，状态 1 为故障状态。没有考虑维修，系统坏了以后，停留在状态 1 的概率为 1。

当系统一旦开始工作以后，它也就可能开始向故障状态 1 转移，若部件的失效率为 λ，在 Δt 时间内，它由状态 0 向状态 1 转移的概率就是 $\lambda\Delta t$，因而仍停留在状态 0 的概率就是 $(1-\lambda\Delta t)$，一旦系统达到状态 1 后，由于不考虑维修，它就停留在状态 1，不再向别的状态转移，故停留在状态 1 的概率就等于 1。

令 $p_0(t)$ 及 $p_0(t+\Delta t)$ 分别代表系统在 t 时刻和 $t+\Delta t$ 时刻处于状态 0 的概率，$p_1(t)$ 及 $p_1(t+\Delta t)$ 代表系统在 t 和 $t+\Delta t$ 时刻处于状态 1 的概率，由系统的状态转移规律，可得如下状态转移方程：

$$\begin{cases} p_0(t+\Delta t) = p_0(t) - \lambda\Delta t p_0(t) \\ p_1(t+\Delta t) = \lambda\Delta t p_0(t) + p_1(t) \end{cases} \tag{3-59}$$

将此方程组写成矩阵形式为

$$\begin{bmatrix} p_0(t+\Delta t) \\ p_1(t+\Delta t) \end{bmatrix} = \begin{bmatrix} 1-\lambda\Delta t & 0 \\ \lambda\Delta t & 1 \end{bmatrix} \begin{bmatrix} p_0(t) \\ p_1(t) \end{bmatrix} \tag{3-60}$$

将方程组变形得

$$\begin{cases} \dfrac{p_0(t+\Delta t) - p_0(t)}{\Delta t} = -\lambda p_0(t) \\ \dfrac{p_1(t+\Delta t) - p_1(t)}{\Delta t} = \lambda p_0(t) \end{cases} \tag{3-61}$$

当 $\Delta t \to 0$ 时，可以变成

$$\begin{cases} p_0'(t) = -\lambda p_0(t) \\ p_1'(t) = \lambda p_0(t) \end{cases} \tag{3-62}$$

将此方程组写成矩阵形式为

$$\begin{bmatrix} \dot{p}_0(t) \\ \dot{p}_1(t) \end{bmatrix} = \begin{bmatrix} -\lambda & 0 \\ \lambda & 0 \end{bmatrix} \begin{bmatrix} p_0(t) \\ p_1(t) \end{bmatrix} \tag{3-63}$$

式(3-63)称为状态方程。

给定方程的初始条件：

$$p_0(0) = 1,\ p_1(0) = 0$$

由式(3-62)可解方程得

$$\ln p_0(t) \mid_0^t = \lambda t \mid_0^t$$

$$\ln p_0(t) = -\lambda t$$

所以

$$p_0(t) = \mathrm{e}^{-\lambda t}$$

$$\frac{\mathrm{d}p_1(t)}{\mathrm{d}t} = \lambda \mathrm{e}^{-\lambda t}$$

所以

$$p_1 = 1 - \mathrm{e}^{-\lambda t}$$

$$\begin{cases} p_0(t) = \mathrm{e}^{-\lambda t} \\ p_1(t) = 1 - \mathrm{e}^{-\lambda t} \end{cases} \tag{3-64}$$

这就是单部件系统的可靠度 $R(t) = p_0(t)$ 和不可靠度 $F(t) = p_1(t)$，由此可求得单部件系统的首次出现故障的平均时间 MTTF：

$$\mathrm{MTTF} = \int_0^\infty R(t)\,\mathrm{d}t = \int_0^\infty p_0(t)\,\mathrm{d}t = \frac{1}{\lambda} \tag{3-65}$$

至此可以归纳出求状态方程的四步：

①画出系统的状态空间图。

②根据状态转移空间图，写出状态转移概率矩阵 $\boldsymbol{T}$。

③规定一个新矩阵 $\boldsymbol{A}$，称为状态方程系数矩阵，$\boldsymbol{A}$ 的定义是

$$\boldsymbol{A} = [T - I]$$

式中，$\boldsymbol{I}$ 是 $\boldsymbol{T}$ 的同阶单位矩阵，$\boldsymbol{A}$ 又称为转移率矩阵。

④写出状态方程式为

$$\dot{P} = A \cdot P$$

式中　P——各状态概率的列向量；

　　$\dot{P}$——各状态概率导数的列向量。

2. 单部件系统故障修复的联合过程及状态方程

这个过程的状态空间图如图 3-28 所示。

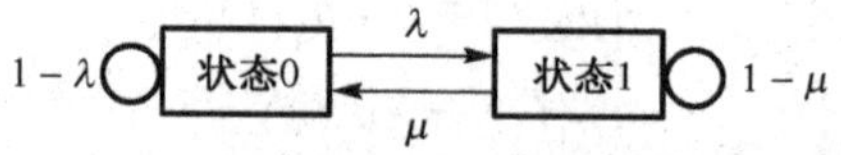

图 3-28　单部件故障修复过程状态空间图

状态转移矩阵为

$$T=\begin{bmatrix}1-\lambda & \mu \\ \lambda & 1-\mu\end{bmatrix} \tag{3-66}$$

状态方程的系数矩阵为

$$A=[T-I]=\begin{bmatrix}-\lambda & \mu \\ \lambda & -\mu\end{bmatrix} \tag{3-67}$$

状态方程为

$$\begin{bmatrix}\dot{p}_0(t) \\ \dot{p}_1(t)\end{bmatrix}=\begin{bmatrix}-\lambda & \mu \\ \mu & -\lambda\end{bmatrix}\begin{bmatrix}p_0(t) \\ p_1(t)\end{bmatrix} \tag{3-68}$$

初始条件为

$$p_0(0)=1,\ p_1(0)=0$$

展开状态方程为

$$\begin{cases}\dot{p}_0(t)=-\lambda p_0(t)+\mu p_1(t) \\ \dot{p}_1(t)=\lambda p_0(t)-\mu p_1(t)\end{cases} \tag{3-69}$$

对式(3-69)进行拉氏变换得线性方程组为

$$\begin{cases}sp_0(s)-p_0(0)=-\lambda p_0(s)+\mu p_1(s) \\ sp_1(s)-p_1(0)=\lambda p_0(s)-\mu p_1(s)\end{cases} \tag{3-70}$$

由此式解出

$$\begin{cases}p_0(s)=\dfrac{s+\mu}{s(s+\lambda+\mu)} \\ p_1(s)=\dfrac{\lambda}{s(s+\lambda+\mu)}\end{cases} \tag{3-71}$$

将式(3-71)进行反拉氏变换得

$$\begin{cases}A(t)=p_0(t)=\dfrac{\mu}{\lambda+\mu}+\dfrac{\lambda}{\lambda+\mu}e^{-(\lambda+\mu)t} \\ Q(t)=p_1(t)=\dfrac{\lambda}{\lambda+\mu}-\dfrac{\lambda}{\lambda+\mu}e^{-(\lambda+\mu)t}\end{cases} \tag{3-72}$$

$A(t)$是t时刻系统处于正常的可用状态的概率，称为可用度；$Q(t)$是t时刻系统处于不能工作状态的概率，称为不可用度。从式(3-72)可以看出，当$t\to\infty$时，即系统处于稳态时，第二项都趋于0，这时就得到稳态时的可用度A和不可用度Q：

$$\begin{cases}A=p_0(\infty)=\dfrac{\mu}{\lambda+\mu} \\ Q=p_1(\infty)=\dfrac{\lambda}{\lambda+\mu}\end{cases} \tag{3-73}$$

二、串联可修复系统

1.N 个相同部件组成的串联系统

系统只有两种状态，一种是 N 个部件全正常，此时系统处于正常状态，另一种是 N 个相同部件中任何一个故障，系统即处于故障状态。由于这 N 个部件相同，从数学上无法区别，可以把任何一个部件故障看成为一个状态，其次，一旦任何一个部件故障之后，系统停止工作，其他完好的部件不会继续故障，所以不会出现两个以上部件故障的状态，其状态空 μ_0 间图如图 3-29 所示。

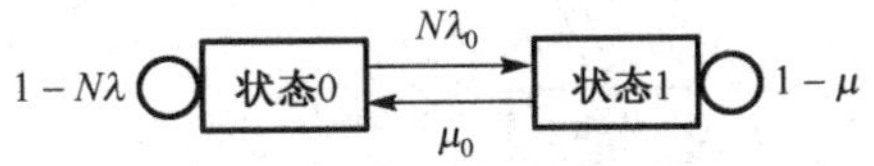

图 3-29　N 个相同部件串联系统状态空间图

状态转移矩阵为

$$T=\begin{bmatrix}1-N\lambda & \mu\\ N\lambda & 1-\mu\end{bmatrix} \tag{3-74}$$

状态方程的系数矩阵为

$$A=[T-I]=\begin{bmatrix}-N\lambda & \mu\\ N\lambda & -\mu\end{bmatrix} \tag{3-75}$$

状态方程为

$$\begin{bmatrix}\dot{p}_0(t)\\ \dot{p}_1(t)\end{bmatrix}=\begin{bmatrix}-N\lambda & \mu\\ N\lambda & -\mu\end{bmatrix}\begin{bmatrix}p_0(t)\\ p_1(t)\end{bmatrix} \tag{3-76}$$

初始条件为

$$p_0(0)=1,\ p_1(0)=0$$

式(3-75)和(3-67)形式上完全与单部件相同，只是用 $N\lambda$ 替换 λ，因此可得到相应的结果：

$$A(t)=\frac{\mu}{N\lambda+\mu}+\frac{N\lambda}{N\lambda+\mu}e^{-(N\lambda+\mu)t} \tag{3-77}$$

$$A=\frac{\mu}{N\lambda+\mu} \tag{3-78}$$

$$R(t)=e^{-N\lambda t} \tag{3-79}$$

$$\text{MTTFF}=\frac{1}{N\lambda} \tag{3-80}$$

2. N 个不相同部件组成的串联系统

设 N 个部件的故障率和修复率分别为 λ_i 和 μ_i，$i=1, 2, \cdots, N$ 系统可以处于 $(N+1)$ 个状态：

状态 0：全部 N 个部件均正常；

状态 1：第一个部件故障，其余正常；

状态 2：第二个部件故障，其余正常；

……

状态 N：第 N 个部件故障，其余正常。

相应的状态空间图如图 3-30 所示。

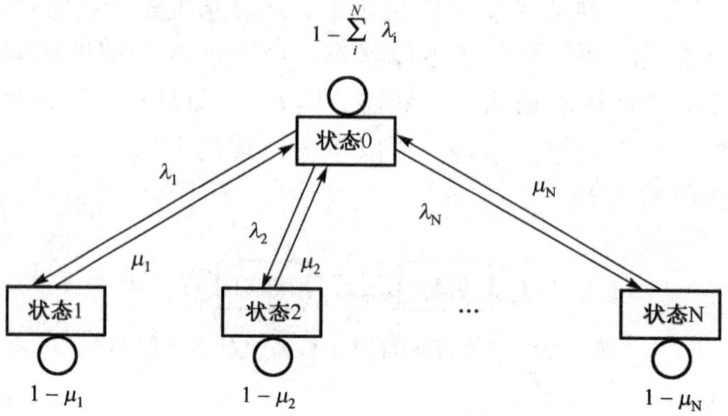

图 3-30　N 个不同部件串联系统状态空间图

状态转移矩阵为：

$$T=\begin{bmatrix} 1-\sum_{i=1}^{N}\lambda_i & \mu_1 & \mu_2 & \cdots & \mu_N \\ \lambda_1 & 1-\mu_1 & 0 & \cdots & 0 \\ \lambda_2 & 0 & 1-\mu_2 & \cdots & 0 \\ \cdots & \cdots & \cdots & \cdots & \cdots \\ \lambda_N & 0 & 0 & \cdots & 1-\mu_N \end{bmatrix}$$

状态方程为

$$P(t)=(T-I)P(t)$$

$$\begin{bmatrix} \dot{p}_0(t) \\ \dot{p}_1(t) \\ \dot{p}_2(t) \\ \vdots \\ \dot{p}_N(t) \end{bmatrix}=(T-I)\begin{bmatrix} p_0(t) \\ p_1(t) \\ p_2(t) \\ \vdots \\ p_N(t) \end{bmatrix} \tag{3-81}$$

给定初始条件，解此方程组即可求得可用度、可靠度。

三、两个相同部件的并联系统

系统可能具有如下状态。

(1) 0 状态：两个部件都正常，系统正常。

(2) 1 状态：任意一个部件故障，系统正常。

(3) 2 状态：两个部件都故障，系统故障。

由于是相同部件，故障率和修复率均为 λ 和 μ，对于只有一个修理工而言，其系统状态空间图如图 3-31 所示。

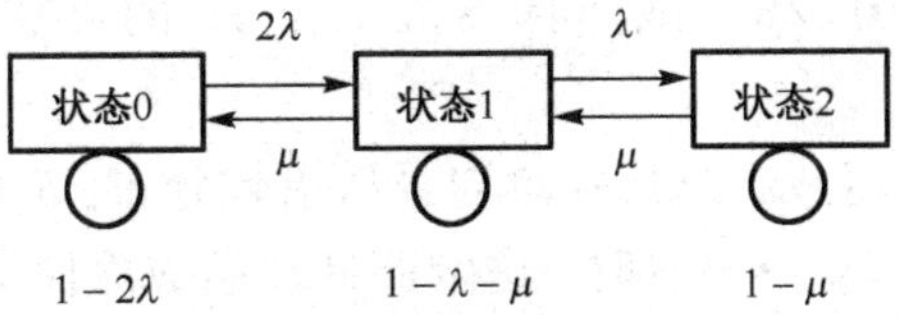

图 3-31　两个相同部件并联系统状态空间图

状态转移概率矩阵为

$$T=\begin{bmatrix}1-2\lambda & \mu & 0\\ 2\lambda & 1-\lambda-\mu & \mu\\ 0 & \lambda & 1-\mu\end{bmatrix}$$

状态方程系数矩阵为

$$A=\begin{bmatrix}-2\lambda & \mu & 0\\ 2\lambda & -\lambda-\mu & \mu\\ 0 & \lambda & -\mu\end{bmatrix}$$

状态方程为

$$\begin{bmatrix}\dot{p}_0(t)\\ \dot{p}_1(t)\\ \dot{p}_2(t)\end{bmatrix}=A\begin{bmatrix}p_0(t)\\ p_1(t)\\ p_2(t)\end{bmatrix} \tag{3-82}$$

习题

1.某容错计算机由 60 片集成电路芯片组成，每一片上有 25 个焊点，15 个金属化孔。这 60 片集成电路芯片分别装在两块板上，每块板平均有 80 个插件接头。设各部件服从指数分布：集成电路芯片的故障率为 $\lambda_1=1\times10^{-7}/\mathrm{h}$，焊点的故障率为 $\lambda_2=1\times10^{-9}/\mathrm{h}$，金属化孔的故障率为 $\lambda_3=5\times10^{-9}/\mathrm{h}$，插件接头的故障率为 $\lambda_4=1\times10^{-8}/\mathrm{h}$。求系统工作 2h 的可靠度和平均无故障工作时间。

2.某飞控系统由三通道并联组成，设单通道服从指数分布，故障率为 $\lambda=1\times10^{-3}/\mathrm{h}$，求系统工作 1h 的可靠度、故障率和平均寿命。

3.设系统由四个部件组成，每个部件的可靠度均为 $R_i=0.9(i=1,2,3,4)$，试分析图 3-32(a)、(b)所示的两种形式构成的系统的可靠度。

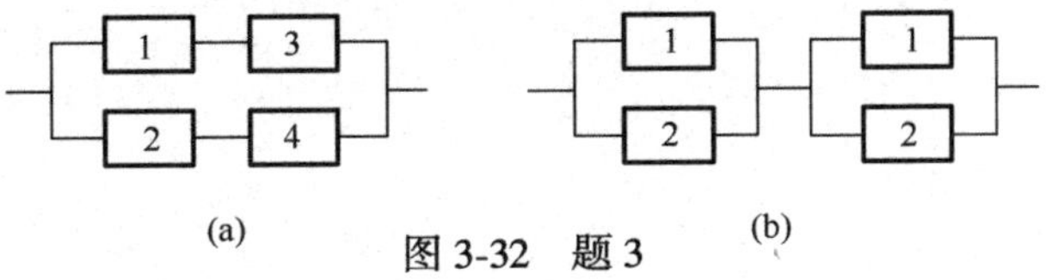

图 3-32　题 3

4.设某种喷气飞机具有三台发动机，这种喷气飞机至少需要有两台发动机正常工作才能安全飞行。假定这种飞机的事故仅由发动机引起，并设飞机起飞、降落和飞行期间的故障率均为同一常数 $\lambda = 1\times10^{-3}/\mathrm{h}$。试计算飞机工作 1h 的可靠度以及飞机的平均寿命为多少？

5.一个系统由两个部件组成，设其寿命均服从指数分布：$R_1(t) = \mathrm{e}^{-\lambda_1 t}$，$R_2(t) = \mathrm{e}^{-\lambda_2 t}$，$\lambda_1 = \lambda_2 = 0.01/\mathrm{h}$，$\mu = 0.01/\mathrm{h}$。求 $t = 10\mathrm{h}$ 时，这两部件在组成冷储备和热储备(开关完全可靠)两种情况下系统的可靠度和平均寿命。

第四章
系统可靠性的预计与分配

可靠性预计是根据以往积累的信息，运用自下而上综合的方法对未来产品的可靠性进行预先计算的过程。系统可靠性分配是根据一定的原则和方法，将系统可靠性指标自上而下逐级分配到下属各级产品的过程，也是人力、物力、财力合理使用的过程。它们都是可靠性设计中的重要内容。本章介绍产品可靠性预计方法和可靠性分配方法及其在工程中的实际应用。

第一节 可靠性预计与分配概述

可靠性预计与分配是可靠性设计与分析中的重要任务之一。

可靠性预计实际上是一种动态的逐步求精的预计过程，当系统的设计方案还处在初期阶段时，由于此时系统尚未建立，只能根据系统初步拟定的结构和功能方案，选择相类似的产品或其他有关资料来粗略估计未来系统的可靠性。随着系统设计方案逐步转入详细设计阶段后，系统的结构设计和功能已基本确立，此时，可对未来系统的可靠性做进一步详细估计。

可靠性分配是指在可靠性预计基础上，将经过初步论证确定了的可靠性指标合理分配给系统的各组成部分(系统→组件→元器件)，以保障系统在设计、生产过程中尽可能达到可靠性“目标”。

可靠性预计遵循自下而上的过程，即从元器件、部件直到整机或系统；而可靠性分配则遵循自上而下的过程，从系统、部件直到元器件。可靠性预计与分配是一种反复迭代、逐步求精的过程。系统方案阶段和设计阶段可靠性工作流程图如图 4-1 所示。由图 4-1 可见，可靠性预计和分配在上述两个阶段中占有极其重要的地位，它实际上体现了如何把设计、生产水平的客观现实和对所研制系统的可靠性要求两者之间有机结合起来的过程，可靠性预计与分配可使可靠性成为设计过程的一个组成部分，是将可靠性设计到产品中去的一个重要环节。

可靠性预计的方法因已知的有关设计的信息量不同而不同。

1.方案阶段

系统方案阶段的可靠性预计，除了以过去同类系统或相类似系统的实际可靠性作为参照依据(综合考虑系统技术水平、复杂程度、使用元器件数目等)来推测未来系统的可靠度外，别无更好的办法可循。这是因为：在方案阶段，由于此时系统的设计方案尚未形成，为使未来系统具有合理的、用户满意的高可靠性，我们不仅应了解并掌握国内外同类或相类似系统的可靠度水平，而且还应了解用户关于未来系统的性能、研制成本和研制周期等方面的设想以及用户对可靠性方面的具体要求。以这些信息为基础，综合各方面因素，系统分析人员可运用相似设备或相似复杂性方法进行系统可靠性指标论证。

2.设计阶段

在初步确定了 FMS 设计方案后，就可以针对该方案进行可靠性预计。通过预计，可使设计者发现系统的可靠性薄弱环节，有利于对设计方案提出修改意见。

设计阶段系统的可靠性预计结果准确与否完全取决于下述两个因素。

(1) 是否合理地反映了系统各组件、元器件之间的可靠性关系，即可靠性模型是否正确。

(2) 是否有效地选用了可用于元器件可靠性预计的失效率数据。

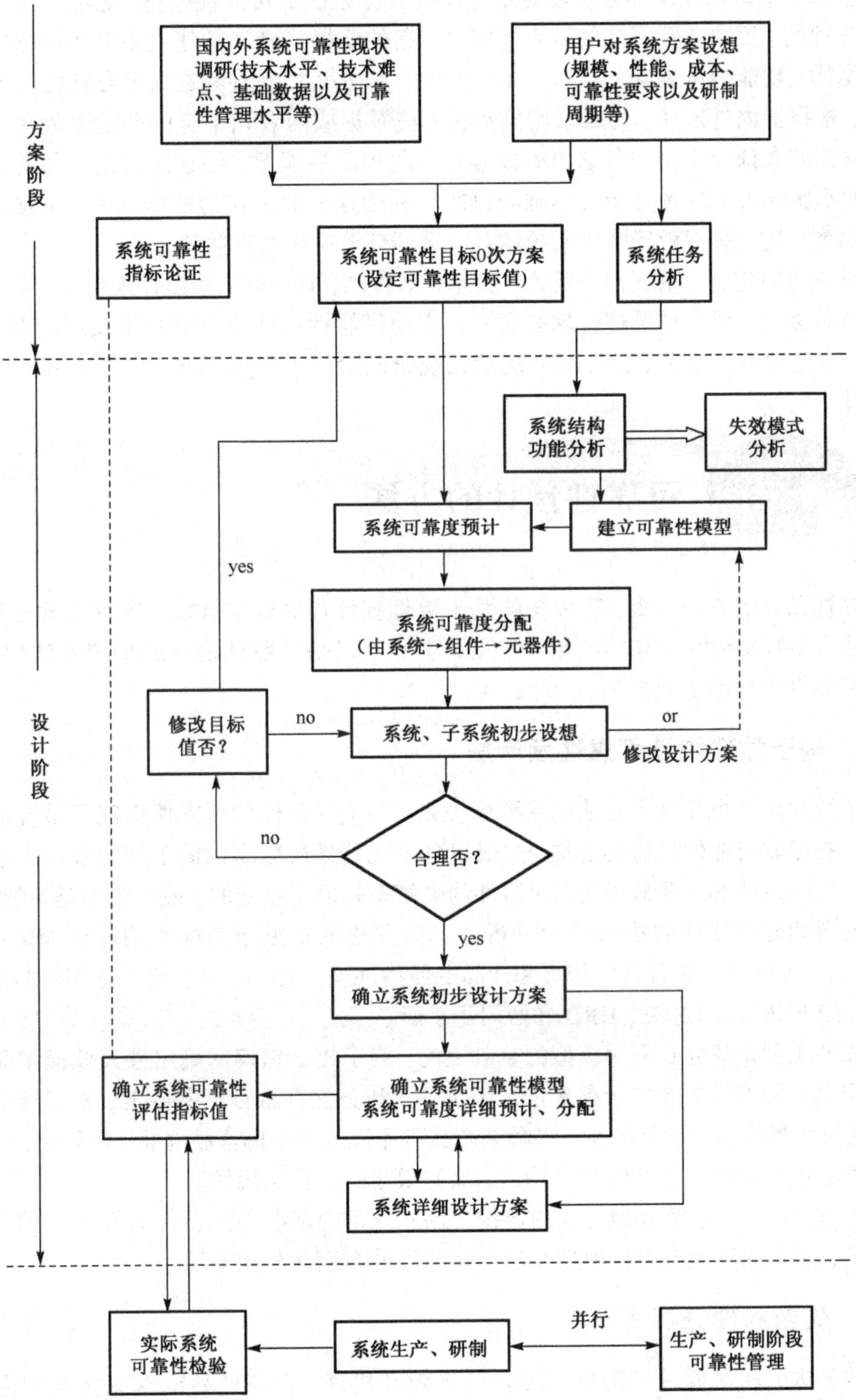

图 4-1　系统方案阶段和设计阶段可靠性工作流程图

上述第一个因素要求建立在能客观地反映实际系统的可靠性模型。然而，为了得到一个比较合理的、反映实际系统的可靠性模型，它的前提又必须是建立在对实际系统的任务分析和结构、功能分解基础上，如图 4-1 所示。上述第二个因素是选择合理的元器件失效率数据，根据国内外现状，可以采用国军标、美军标或两者相结合的办法来处理。应该看到，尽管我们在预计工作中所选用的数据有不同程度的误差，但这主要是在相对意义上使用，它并不影响可靠性预计所要达到的目的。利用这些数据作为依据，对于定量地预计系统的可靠度、比较客观地反映出系统的各个薄弱环节是极其有益的。

从系统方案选择、系统初步设计、设计方案修改，直至进入系统详细设计，可靠性预计工作要进行多次，而且越早进行越有意义。借助可靠性预计值可以及早发现问题，及时采取措施，少走弯路，可用于预计的方法随系统研制阶段不同而不同，也可采用计算机建模仿真方法。

第二节 可靠性预计的方法

可靠性预计的方法很多，有传统的基于数理统计可靠性预计法、失效物理分析法、相似预计法、相似复杂性法和功能预计法等。其中，以基于数理统计的传统方法应用最广，是当前可靠性预计的主流方法。

一、基于数理统计可靠性预计法

基于数理统计可靠性预计法的主要前提是：各个元器件的可靠性决定了系统或产品的可靠性。在串联可靠性模型的前提下，通过各个元器件失效率的简单相加来得出总的产品失效率。这一方法的主要假设是：元器件的失效率是恒定不变的，或失效率是指数分布的。该方法又分为元器件计数法和应力分析法。该方法最早见于美国军用标准 MIL-HDBK-217。其后，各行业根据各自的特点和产品的使用环境，制定了与手册十分相似的可靠性预计手册，如 Bellcore、CNET、HRD 和西门子手册。

可靠性工程是建立在概率模型的基础上的，为了提出精确的确定性失效模型而鉴别和量化影响电子元器件失效的所有变量是困难的。该方法在统计的基础上，基于指数分布的假设，通过大量样品的统计分析，将影响产品可靠性的多个因素独立化、定量化，方便了应用。该方法能反映失效率的统计平均值，具有很强的工程实用性。

该方法的不足是：需要做持续的数据更新；设备中那些与元器件失效无关的故障是无法预计的；多变的环境应力使模型在预计现场失效方面还存在不足。

二、失效物理分析法

失效物理分析法通过了解可能发生的失效及机理，发现产品或现有技术中潜在的问题，并在问题发生前解决它们。失效物理分析法的焦点是关注主要的失效模式，在对有关物理现象及失效机理深入认识和彻底理解的基础上，利用仿真方法或推导出定量模型进行预计；经实践证明，失效物理分析法对预防、发现和纠正与产品设计、制造和工作有关的失效是有效的，具有工程实用性。

但失效物理分析法计算量大，投入成本大，普遍适用性差，且必须同实际产品所采用的元器件、材料、工艺相结合，要量化整个系统的可靠性是困难的，其困难主要体现在系统或设备设计师对所用元器件物理结构的理解和信息了解的困难，对电路板、结构件及电装工艺的失效机理难以深入准确地掌握。

三、相似预计法

相似预计法包括相似产品法和相似电路法，是一种经验预计法，其中包含了传统预计、可靠性试验、故障分析的诸多信息。它适用于初始构思、规划新品方案的总体论证阶段，由于信息少，只能大体估计，通过一些简单的预计，如寻求在用途、性能和结构等方面与研制对象相类似的老产品或电路，以其可靠性水平作为所研制产品可靠性的估计值。借此对新品可能达到的可靠性水平做粗略的预测，进而评估新品总体方案的可行性。该方法的适用条件是新设备与老设备是相似的，以及老设备的可靠性水平是已知的。相似法的预计精度取决于现有设备可靠性数据的可信程度，以及现有设备和新设备的相似程度。

四、相似复杂性法

相似复杂性法是将故障率与有源器件数和使用环境关联起来的图解法，利用这种方法可以根据已知设备的有源器件数和设备的可靠性等级迅速地计算出设备的可靠性。有源器件规定为电子管、晶体管、继电器和整流二极管等。但是，这种方法还有待改进，以便包括目前广泛应用的微电路等新元器件。

五、功能预计法

功能预计法是一种把设备或系统预期的可靠性与其功能联系起来的预计方法。该方法的适用条件是已知设备的功能与可靠性水平的回归方程及其各个系数的数值。它以统计设备的功能特性和观测到的工作可靠性之间的相关关系为基础，最后得到重要的设备功能(从可靠性的角度而言)与可靠性的回归方程。目前，能建立这种回归方程的设备类别还很有限。

六、上、下限法

上、下限法常用于复杂系统的可靠性预计，其基本思想是：由于系统的复杂性，计算其可靠度真值比较困难，于是设法预计两个近似值，一个称为可靠度上限($R_{上}$)，一个称为可靠度下限($R_{下}$)，然后取上、下限的几何平均值作为系统的可靠度预计值(R_s)。

第三节　可靠性分配方法

可靠性分配是将设计的系统可靠度合理地细分给系统中每个单元的一种方法。如果说系统的可靠性预计是根据系统中最基本单元的可靠度来推测系统可靠性的顺过程，则可靠性分配就是根据系统要求的总指标由上而下规定最基本单元可靠度的逆过程。

例如，一台记录仪，在整机的可靠性指标确定以后，在设计过程中要逐步对组成单元(电桥、放大器、电机、电源等)乃至组成各单元的元器件(包括接插件和焊点等)的可靠性指标加以明确，使各部分的设计指标分配到每一个元器件和每一个接点。这样，在设计中从整机到单元，再到元器件都贯彻了可靠性要求，使整个设计过程中的每一个环节都考虑了可靠性这一关键问题。

可靠性分配实质上是一个最优化问题。因此，要进行指标分配，就必须明确要求与限制条件，因为分配的方法因要求和限制条件而异。有的设备以可靠性指标为限制条件，在满足可靠度下限值的条件下，使成本、重量及体积等指标尽可能低；有的设备则以成本为限制条件，要求做出使系统可靠度尽可能高的分配。除了考虑设计要求之外，还要考虑在现有技术水平下实际实现的可能性。下面将介绍典型系统常用的可靠性分配方法。

一、串联系统的可靠性分配

1.等分配法

等分配法又称平均分配法，它不考虑各个子系统(或元件)的重要程度，而是把系统总的可靠度平均分摊给各个小系统(或元件)的方法。

当各个小系统的可靠度大致相同，复杂程度相差无几的情况下，若要组成多位计数器的计数单元，用此方法最简单。该法把系统看成由 n 个子系统组成的串联系统，并设各子系统的可靠度为 R_i，则系统的可靠度 R_s 为

$$R_s = \prod_{i=1}^{n} R_i (i = 1, 2, \cdots, n)$$

因而，组成系统的每个子系统(或元件)的可靠度 R_i 为

$$R_i = R_S^{\frac{1}{n}} \tag{4-1}$$

2.利用预计值的分配法

当对某一系统进行可靠性预计后，有时发现该系统的可靠度预计值 R_{sy} 小于该系统应该达到可靠度值 R_{sq}。此时，必须重新确定各组成单元(也包括子系统)的可靠度，即对各单元的可靠度进行重新分配。

设被研究系统由 n 个单元(或子系统)组成，其可靠度预计值符号为 R_{iy}，失效概率预计值符号为 q_{iy}；分配后可靠度分配值符号为 R_{ip}，失效概率分配值符号为 q_{ip}。若该串联系统各组成部分的失效分布均服从指数分布，则各组成部分失效率的预计值符号为 λ_{iy}，失效率的分配值符号为 λ_{ip} 。以上各组成部分的有关符号中的 i 均为 $1 \sim n$。由于指数分布单元组成的串联系统也服从指数分布，故设系统的失效率预计值符号为 λ_{sy}，要求系统失效率应该达到值的符号为 λ_{sq}。由于组成单元的预计失效概率很小 ($q_{iy} \leqslant 0.1$) 时和较大时的可靠性分配公式不同，因此分别阐述。

1) 当各组成单元的预计失效概率很小时的可靠性分配

由于该系统为串联系统，故有 $R_{sy} = \prod_{i=1}^{n} R_{iy}$，因为 $R_{sy} = 1 - q_{sy}$，$R_{iy} = 1 - q_{iy}$，则有

$$(1 - q_{sy}) = \prod_{i=1}^{n}(1 - q_{iy}) = 1 - \sum_{i=1}^{n} q_{iy} + \sum_{j,k=1}^{n_2} q_{jy}q_{ky} - \cdots + (-1)^n q_{1y}q_{2y}\cdots q_{ny}$$

式中　q_{sy}——系统的失效概率预计值；

n_2——系统的全部组成单元中，每两个失效概率相乘的组合数，即 $n_2 = C_n^2$。

由于 $q_i(i = 1 \sim n)$ 很小，故可舍去上式中两个或两个以上的乘积，故上式可变为

$$1 - q_{sy} = 1 - \sum_{i=1}^{n} q_{iy}$$

即可推导出

$$q_{sy} = \sum_{i=1}^{n} q_{iy} = q_{1y} + q_{2y} + \cdots + q_{ny} \tag{4-2}$$

由于预计的可靠度小于要求的值，即预计的失效概率大于要求的值时才进行可靠性分配，故 $q_{ip} < q_{iy}(i = 1 \sim n)$，因此可以同样推导出

$$q_{sq} = \sum_{i=1}^{n} q_{ip} = q_{1p} + q_{2p} + \cdots + q_{np} \tag{4-3}$$

式中　q_{sq}——要求系统达到的失效概率值。

将式(4-2)两边同时乘以 $\frac{q_{sq}}{q_{sy}}$，则可得

$$q_{sq} = q_{1y}\frac{q_{sq}}{q_{sy}} + q_{2y}\frac{q_{sq}}{q_{sy}} + \cdots + q_{ny}\frac{q_{sq}}{q_{sy}}$$

将上式与式(4-3)进行比较，可得系统中各组成单元的可靠度分配公式，即

$$q_{ip} = q_{iy}\frac{q_{sq}}{q_{sy}} \quad (i = 1 \sim n) \tag{4-4}$$

在求出 q_{ip} 的基础上，由 $R_{ip} = 1 - q_{ip}$ 可求出各组成单元的可靠度分配值。

【例 4-1】 某系统的可靠性逻辑框图如图 4-2 所示，在进行系统可靠性预计时，各单元的可靠度分别取 $R_A = 0.9$、$R_B = 0.92$、$R_C = 0.94$、$R_D = 0.96$，若设计要求该系统的可靠度为 0.9，问该系统的 4 个单元的可靠度应为多少？

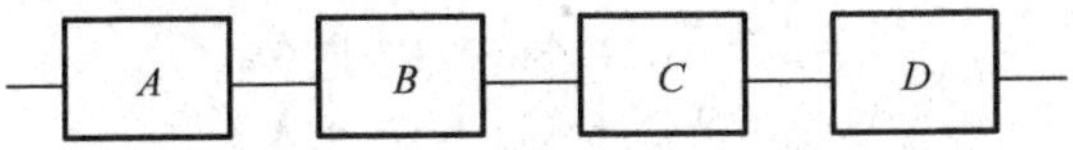

图 4-2　例 4-1 系统的可靠性逻辑框图

解：(1) 判断对该系统是否需要进行可靠性分配。

$$R_{sy} = R_{Ay}R_{By}R_{Cy}R_{Dy} = 0.9 \times 0.92 \times 0.94 \times 0.96 = 0.747$$

由于 $R_{sy} = 0.747$ 小于系统要求具有的可靠度 $R_{sq} = 0.9$，故对系统各组成单元必须进行可靠性分配。考虑此处预计公式为近似公式，且组成单元中有的失效概率不够小，为保证一次分配成功，按 $R_{sq} = 0.91$(加 0.01 裕度)进行分配。

(2)求各单元的可靠度的分配值。

$$q_{sy}=1-R_{sy}=1-0.747=0.253$$
$$q_{sq}=1-R_{sq}=1-0.91=0.09$$
$$q_{Ay}=1-R_{Ay}=1-0.9=0.1$$
$$q_{By}=1-R_{By}=1-0.92=0.08$$
$$q_{Cy}=1-R_{Cy}=1-0.94=0.06$$
$$q_{Dy}=1-R_{Dy}=1-0.96=0.04$$

由于各单元的失效概率都很小(≤0.1),故根据式(4-15)可得

$$q_{Ap}=q_{Ay}\frac{q_{sq}}{q_{sy}}=0.1\times\frac{0.09}{0.253}=0.036$$

$$q_{Bp}=q_{By}\frac{q_{sq}}{q_{sy}}=0.08\times\frac{0.09}{0.253}=0.028$$

$$q_{Cp}=q_{Cy}\frac{q_{sq}}{q_{sy}}=0.06\times\frac{0.09}{0.253}=0.021$$

$$q_{Dp}=q_{Dy}\frac{q_{sq}}{q_{sy}}=0.04\times\frac{0.09}{0.253}=0.014$$

由 $R_{ip}=1-q_{ip}$,可得各组成单元可靠度的分配值为:$R_{Ap}=1-0.036=0.964$,$R_{Bp}=1-0.028=0.972$,$R_{Cp}=1-0.021=0.979$,$R_{Dp}=1-0.014=0.986$。

(3)检验分配结果。

此处主要检验在满足各组成单元可靠度分配值的前提下,系统的可靠度 R_{sp} 是否不小于0.9。由于 $R_{sp}=R_{Ap}R_{Bp}R_{Cp}R_{Dp}=0.964\times0.972\times0.979\times0.986=0.904>0.9$,故分配结果合格。

这里需要指出的是,当组成单元的失效概率都很低时,如远小于0.1,因为此时预计公式的精度较高,故分配时可直接按设计的可靠度要求,不必加一定裕度。

2)当各组成单元的预计失效概率较大时的可靠性分配

由于系统的组成单元的失效概率较大,两个或两个以上单元失效概率的乘积不可舍去,故此时不能利用式(4-4)进行可靠性分配。这里我们只讨论被研究的串联系统各组成单元的失效分布均服从指数分布的情况。根据公式(4-2)可推导出:

$$\lambda_{sy}=\lambda_{1y}+\lambda_{2y}+\cdots+\lambda_{ny}$$
$$\lambda_{sq}=\lambda_{1p}+\lambda_{2p}+\cdots+\lambda_{np}$$

同理,可得出系统中各组成单元的可靠度分配公式,即

$$\lambda_{ip}=\lambda_{iy}\frac{\lambda_{sq}}{\lambda_{sy}}\quad(i=1\sim n)\tag{4-5}$$

式中 λ_{ip}——系统中第 i 个单元的失效率分配值;

λ_{iy}——系统中第 i 个单元的失效率预计值;

λ_{sq}——要求系统达到的失效率值;

λ_{sy}——系统的失效率预计值。

由于指数分布为 $R(t)=e^{-\lambda t}$，两边取自然对数，有 $\lambda=-\dfrac{\ln R(t)}{t}$。因此，可以依据各单元某时刻 t 的可靠度预计值，求出其失效率预计值 $\lambda_{iy}=-\dfrac{\ln R_{iy}(t)}{t}$，从而求出系统的失效率预计值 λ_{sy}。另外，可依据系统该时刻的可靠度，求出其失效率 $\lambda_{sq}=-\dfrac{\ln R_{sq}(t)}{t}$。最后，应用式(4-5)求出各单元的失效率分配值 λ_{ip}，再求出各单元在该时刻的可靠度分配值 $R_{ip}=e^{-\lambda_{ip}t}$。下面举例说明式(4-5)的应用。

【例 4-2】 某系统的可靠性框图如图 4-3 所示，5 个组成单元的寿命均为指数分布，在进行系统可靠性预计时，已知在系统工作到 1000h 的时候，5 个单元的可靠度分别为 $R_1=0.9$，$R_2=0.85$，$R_3=0.8$，$R_4=0.75$，$R_5=0.7$。若要求系统在工作到 1000h 时的可靠度不小 0.7，那么此时 5 个单元的可靠度应为多少？

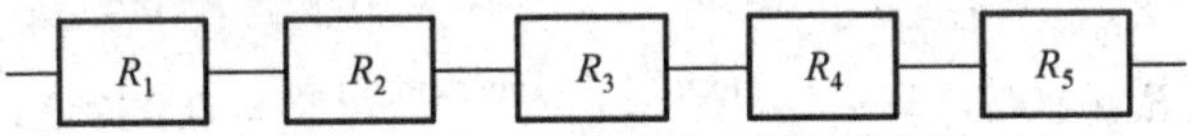

图 4-3　例 4-2 系统的可靠性框图

解：(1)判断对该系统是否需要进行可靠性分配。

因为在 1000h 时

$$R_{sy}(1000)=R_{1y}(1000)R_{2y}(1000)R_{3y}(1000)R_{4y}(1000)R_{5y}(1000)$$
$$=0.9\times0.85\times0.8\times0.75\times0.7=0.321\,3$$

小于 $R_{sq}(1000)=0.7$，故对系统的组成单元必须进行可靠性分配。

(2)求各单元的可靠度分配值。

由于在 1000h 时各单元的失效概率 $q_{ip}(1000)=1-R_{ip}(1000)$ 较大，且均服从指数分布，故可利用式(4-5)进行可靠性分配。

首先可求出：

$$\lambda_{sq}=-\frac{\ln R_{sq}(1000)}{1000}=\frac{\ln 0.7}{1000}=3.566\,7\times10^{-4}$$

$$\lambda_{sy}=-\frac{\ln R_{sy}(1000)}{1000}=\frac{\ln 0.3213}{1000}=11.353\,8\times10^{-4}$$

$$\lambda_{1y}=-\frac{\ln R_{1y}(1000)}{1000}=\frac{\ln 0.9}{1000}=1.053\,6\times10^{-4}$$

$$\lambda_{2y}=-\frac{\ln R_{2y}(1000)}{1000}=\frac{\ln 0.85}{1000}=1.625\,2\times10^{-4}$$

$$\lambda_{3y}=-\frac{\ln R_{3y}(1000)}{1000}=\frac{\ln 0.8}{1000}=2.231\,4\times10^{-4}$$

$$\lambda_{4y}=-\frac{\ln R_{4y}(1000)}{1000}=\frac{\ln 0.75}{1000}=2.876\,8\times10^{-4}$$

$$\lambda_{5y}=-\frac{\ln R_{5y}(1000)}{1000}=\frac{\ln 0.7}{1000}=3.566\,7\times10^{-4}$$

根据式(4-5)可得单元失效率分配值为

$$\lambda_{1p}=\lambda_{1y}\frac{\lambda_{sq}}{\lambda_{sy}}=1.053\,6\times10^{-4}\times\frac{3.566\,7\times10^{-4}}{11.353\,8\times10^{-4}}=0.331\times10^{-4}$$

$$\lambda_{2p}=\lambda_{2y}\frac{\lambda_{sq}}{\lambda_{sy}}=1.625\,2\times10^{-4}\times0.314\,1=0.510\,5\times10^{-4}$$

$$\lambda_{3p}=\lambda_{3y}\frac{\lambda_{sq}}{\lambda_{sy}}=2.231\,4\times10^{-4}\times0.314\,1=0.700\,9\times10^{-4}$$

$$\lambda_{4p}=\lambda_{4y}\frac{\lambda_{sq}}{\lambda_{sy}}=2.876\,8\times10^{-4}\times0.314\,1=0.903\,6\times10^{-4}$$

$$\lambda_{5p}=\lambda_{5y}\frac{\lambda_{sq}}{\lambda_{sy}}=3.566\,7\times10^{-4}\times0.314\,1=1.120\,3\times10^{-4}$$

故可算出各单元1000h时的可靠度分配值为

$$R_{1p}(1000)=e^{-\lambda_{1p}\times1000}=e^{-0.311\times10^{-4}\times1000}=0.967\,44$$

$$R_{2p}(1000)=e^{-\lambda_{2p}\times1000}=e^{-0.510\,5\times10^{-4}\times1000}=0.950\,23$$

$$R_{3p}(1000)=e^{-\lambda_{3p}\times1000}=e^{-0.700\,9\times1000}=0.932\,31\times10^{-4}$$

$$R_{4p}(1000)=e^{-\lambda_{4p}\times1000}=e^{-0.903\,6\times10^{-4}\times1000}=0.913\,6$$

$$R_{5p}(1000)=e^{-\lambda_{5p}\times1000}=e^{-1.120\,3\times10^{-4}\times1000}=0.894\,02$$

(3)检验分配结果。

按各单元的可靠度分配值计算系统该时刻的可靠度值为

$$\begin{aligned}R_{sp}(1000)&=R_{1p}(1000)R_{2p}(1000)R_{3p}(1000)R_{4p}(1000)R_{5p}(1000)\\&=0.967\,44\times0.950\,23\times0.932\,31\times0.913\,6\times0.894\,02=0.700\,03\end{aligned}$$

大于要求系统工作到此时刻的可靠度 $R_{sq}(1000)=0.7$，故分配结果合理。

最后再概述一下式(4-4)和式(4-5)的适用范围。两者均是对串联系统进行可靠性分配常用的公式，式(4-4)是近似分配公式，而式(4-5)则是精确分配公式。式(4-4)适用的组成单元的失效分布可以是各种函数，但各单元的预计失效概率必须都很小(一般小于或等于0.1)；式(4-5)对系统各单元预计失效概率的大小不加限制，但各单元的失效分布都必须服从指数分布。在利用两式进行系统的可靠性分配时，应区别它们的适用范围。

3.阿林斯分配法

这是考虑重要度的一种分配方法。设有 n 个单元组成的串联系统，它们都服从指数分布。阿林斯分配法的分配步骤如下。

(1)根据过去积累的或观察和估计得到的数据，确定单元失效率 λ_i。

(2)根据分配前系统失效率 λ_s，确定各单元的重要度分配因子 W_i

$$W_i=\frac{\lambda_i}{\lambda_s}=\frac{\lambda_i}{\sum_{i=1}^{n}\lambda_i} \tag{4-6}$$

(3)计算分配的单元失效率 λ_i^*

$$\lambda_i^* = W_i \lambda_s^* \tag{4-7}$$

式中　λ_s^* ——系统要求的失效率。

(4)计算分配单元的可靠度 R_i^*

$$R_i^* = R_s^{*W_i} \tag{4-8}$$

式中　R_s^* ——系统要求的可靠度。

(5)检验分配结果。

【例 4-3】某收音机由高放、本机振荡、混频、中放、检波、功放及电源等部件组成，现已知各单元的失效率分别为 $\lambda_1 = 0.7 \times 10^{-5}/h$、$\lambda_2 = 0.1 \times 10^{-5}/h$、$\lambda_3 = 0.2 \times 10^{-5}/h$、$\lambda_4 = 0.35 \times 10^{-5}/h$、$\lambda_5 = 0.25 \times 10^{-5}/h$、$\lambda_6 = 1.5 \times 10^{-5}/h$、$\lambda_7 = 2.0 \times 10^{-5}/h$，该收音机属于可靠性串联系统，试计算收音机的失效率 λ_s 及工作 1000h 时的可靠度 $R_s(1000)$。现要求该收音机的失效率降低到 $1 \times 10^{-5}/h$，各单元的失效率应为多少？如果希望收音机工作1000h 的可靠度达到 0.99，各单元的可靠度又为多少？

解：(1)计算收音机的失效率 λ_s 和可靠度 $R_s(1000)$。

求出 λ_s 为

$$\begin{aligned}\lambda_s &= \sum_{i=1}^{n} \lambda_i = \sum_{i=1}^{7} \lambda_i \\ &= (0.7 + 0.1 + 0.2 + 0.35 + 0.25 + 1.5 + 2.0) \times 10^{-5} \\ &= 5.1 \times 10^{-5}/h\end{aligned}$$

收音机工作到 1000h 时的可靠度 $R_s(1000)$ 为

$$R_s(1000) = e^{-\lambda_s t} = e^{-5.1\times10^{-5}\times1000} = 0.950\ 3$$

(2)计算 $\lambda_s^* = 1 \times 10^{-5}/h$ 时各单元失效率 λ_i^*；工作 1000h 时，$R_s^* = 0.99$ 的可靠度 R_i^*。

① 求各单元的重要度分配因子 W_i。

$$W_1 = \lambda_1/\lambda_s = \frac{0.7 \times 10^{-5}}{5.1 \times 10^{-5}} = 0.137\ 3$$

同理，可求得：$W_2 = 0.019\ 6$，$W_3 = 0.039\ 2$，$W_4 = 0.068\ 6$，$W_5 = 0.049\ 0$，$W_6 = 0.294\ 1$，$W_7 = 0.392\ 2$。

② 计算各单元分配到的失效率 λ_i^*。

$$\lambda_i^* = W_i \lambda_s^* = 0.137\ 3 \times 1 \times 10^{-5} = 0.137\ 3 \times 10^{-5}/h$$

同理，可求得：$\lambda_2^* = 0.019\ 6 \times 10^{-5}/h$，$\lambda_3^* = 0.039\ 2 \times 10^{-5}/h$，$\lambda_4^* = 0.068\ 6 \times 10^{-5}/h$，$\lambda_5^* = 0.049\ 0 \times 10^{-5}/h$，$\lambda_6^* = 0.294\ 1 \times 10^{-5}/h$，$\lambda_7^* = 0.392\ 2 \times 10^{-5}/h$。

③计算工作 1000h 各单元分配到的可靠度 R_i^*。

$$R_i^* = R_s^{*W_1} = 0.99^{0.137\ 3} = 0.998\ 6$$

同理，可求得：$R_2^* = 0.999\ 8$，$R_3^* = 0.999\ 6$，$R_4^* = 0.999\ 3$，$R_5^* = 0.999\ 5$，$R_6^* = 0.997\ 0$，$R_7^* = 0.996\ 1$。

④验算分配结果。

分配后系统的失效率 λ_s 和可靠度 R_s 为

$$\begin{aligned}\lambda_s &= \sum_{i=1}^{7} \lambda_i^* \\ &= (0.137\,3 + 0.019\,6 + 0.039\,6 + 0.068\,6 + \\ &\quad 0.049\,0 + 0.294\,1 + 0.392\,2) \times 10^{-5} \\ &= 1.000\,4 \times 10^{-5} \approx 1 \times 10^{-5}/\mathrm{h}\end{aligned}$$

$$\begin{aligned}R_s &= \prod_{i=1}^{7} R_i = \prod_{i=1}^{7} R_i^* \\ &= 0.998\,6 \times 0.999\,8 \times 0.999\,6 \times 0.999\,3 \times 0.999\,5 \times 0.997\,0 \times 0.996\,1 \\ &= 0.99\end{aligned}$$

经验算均满足 $\lambda_s = \lambda_s^*$，$R_s = R_s^*$ 的要求。

4.代数分配法

该方法是由美国电子设备可靠性顾问组(AGREE)在 1957 年 6 月提出的，故称 AGREE 法。它也适用于指数分布的串联系统，因为它综合考虑了单元的复杂性(各单元的元件数目)和重要性(权重)，故比阿林斯法更完善。

设串联系统由 k 个分系统组成，则系统可靠性 R_s 为

$$R_s = \prod_{i=1}^{k} R_i = \prod_{i=1}^{k} \left[1 - W_i\left(1 - e^{-\frac{t_i}{m_i}}\right)\right] \tag{4-9}$$

式中　t_i ——第 i 个分系统的工作时间；

m_i ——第 i 个分系统的平均寿命；

W_i ——第 i 个分系统的重要度(权重)。

从式(4-9)中可以看出圆括号内第 i 个分系统在工作时间 t_i 之前发生故障的概率(不可靠度)。

设第 i 个分系统由 n_i 个元件组成，整个系统共用 $N = \sum_{i=1}^{k} n_i$ 个元件，并假设这些元件可靠度相同，且 $\frac{t_i}{m_i}$ 很小(如小于 0.01 时)，可采用以下分配原则：

$$R_i(t_i) = 1 - W_i\left(1 - e^{-\frac{t_i}{m_i}}\right) = R_s^{n_i/N} \tag{4-10}$$

解得

$$m_i = \frac{-t_i}{\ln\left[1 - \frac{1}{W_i}\left(1 - R_s^{n_i/N}\right)\right]} \tag{4-11}$$

即

$$R_i(t_i) = e^{-\frac{t_i}{m_i}} = 1 - \left(1 - R_s^{n_i/N}\right)/W_i \tag{4-12}$$

由式(4-10)和式(4-12)可得近似式(4-13)

$$m_i = \frac{N W_i t_i}{n_i(-\ln R_s)} \tag{4-13}$$

【例 4-4】某一电子设备由 5 个分系统串联而成，各分系统的数据见表 4-1，若要求该电子设备工作 12h 的可靠度为 0.923，试用代数法对各分系统进行可靠性分配。

表 4-1 例 4-4 电子设备的各分系统数据

分系统名称	元件数 n_i	工作时间 t_i/h	权重 W_i
发射机	102	12	1.0
接收机	91	12	1.0
控制设备	242	12	1.0
起飞自动装置	95	3	0.3
电源	40	12	1.0

解：(1)计算各分系统的平均寿命 m_i。

由于该设备共用的元件数 $N = \sum_{i=1}^{5} n_i = 102 + 91 + 242 + 95 + 40 = 570$。

将 $R_s = 0.923$、$N = 570$ 及表 4-1 中的各有关数据代入式(4-13)中，得各分系统的平均寿命为

$$m_1 = \frac{NW_1 t_1}{n_1(-\ln R_s)} = \frac{570 \times 1.0 \times 12}{102(-\ln 0.923)} = 837\text{h}$$

同理可求得：$m_2 = 938h$，$m_3 = 353\text{h}$，$m_4 = 67\text{h}$，$m_5 = 2134\text{h}$。

(2)计算各分系统分配的可靠度。

将 R_s、N 及表 4-1 中 n_i 代入式(4-10)中，可得该电子设备工作 12h 的各分系统的分配可靠度为

$$R_1(12) = R_s^{n_i/N} = 0.923^{102/570} = 0.9858$$

同理可求得：$R_2(12) = 0.987\,3$，$R_3(12) = 0.966\,6$，$R_4(12) = 0.986\,7$，$R_5(12) = 0.994\,4$。

(3)检验分配结果。

因为此系统为 5 个分系统组成的串联系统，由式(3-9)可求得 $R_s(12)$ 为

$$R_s(12) = \prod_{i=1}^{5} R_i(12) = 0.985\,8 \times 0.987\,3 \times 0.966\,6 \times 0.986\,7 \times 0.994\,4$$
$$= 0.923\,06 \approx 0.923$$

二、并联冗余单元系统的可靠性分配

实际工程系统多数是基本串联系统，其中有的部件由于可靠性低，采用并联冗余系统，如图 4-4 所示。对这种系统的可靠性分配方法，以例 4-5 说明。

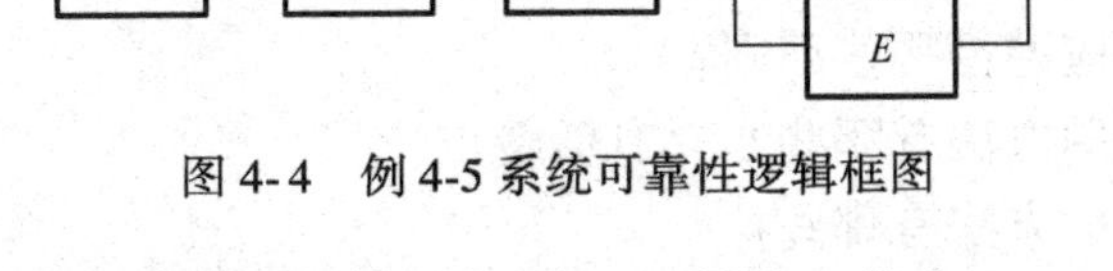

图 4-4 例 4-5 系统可靠性逻辑框图

【例 4-5】某一系统的可靠性逻辑框图如图 4-4 所示。其中，A、B、C 的可靠度预测值均为 0.99，部件 D、F 的预测可靠度均为 0.9，试求该系统的可靠度的预计值。若要求该系统可靠度 $R_s^* = 0.98$，则各部件的可靠度为多少？

解：(1)求系统的可靠性预计值。

因为 $R_A = R_B = R_C = 0.99$，$R_D = R_E = 0.9$，由式(3-1)和式(3-12)可得系统可靠度 R_s 为

$$R_s = R_A \cdot R_B \cdot R_C[1 - (1 - R_D)(1 - R_E)]$$
$$= 0.99 \times 0.99 \times 0.99[1 - (1 - 0.9)(1 - 0.9)] = 0.96$$

(2)求系统可靠度 $R_s^* = 0.98$ 时，各部件的可靠度 R_i^*。

把 D、E 看做一个单元 U，先按串联系统可靠性分配方法，确定各部件的可靠度。由各部件的可靠性预计情况，可选用等分配法。故由式(4-1)得

$$R_A = R_B = R_C = R_U = R_S^{*\frac{1}{n}} = 0.98^{\frac{1}{4}} = 0.995$$

由于 R_U 为 R_D 与 R_E 的并联系统，由式(3-13)得

$$R_U = 1 - (1 - R_D)(1 - R_E)$$

设 $F_D = 1 - R_D$，$F_E = 1 - R_E$，由 D、E 部件的可靠度预计值大小，可确定 $F_D = F_E = F$，故有

$$R_U = 1 - F_D F_E = 1 - F^2$$

则

$$F_D = F_E = F = \sqrt{1 - R_U} = \sqrt{1 - 0.995} = 0.070\ 7$$
$$R_D = 1 - F_D = 1 - 0.070\ 7 = 0.929\ 3$$
$$R_E = 1 - F_E = 1 - 0.070\ 7 = 0.929\ 3$$

由上述分配计算结果分别为

$$R_A = R_B = R_C = 0.995,\ R_D = R_E = 0.929\ 3$$

上例还可以结合实际做些讨论。按预计结果，D、E 可靠性仅为0.9，而采取并联冗余，是由于单部件 D 再提高可靠性是困难的；而如果 A、B、C 在预计可靠性 0.99 基础上还能提高，可采取以下分配方案：D、E 可靠性 0.9 不变，并联后可靠性为 0.99，要求系统可靠性为 0.98，则 A、B、C 串联可靠性应为 0.98/0.99=0.99，由此分配 A、B、C 可靠性各为 0.996 7。

另一种情况，若提高 D、E 的可靠性困难，把 A、B、C 可靠性提高到 0.996 7 也困难时，则考虑 D、E 改为可靠性为 0.9 的三部件并联冗余，其并联可靠性为 0.999；而 A、B、C 串联可靠性按 0.98 分配，得 A、B、C 分配可靠性各为 0.993 3。

由此可见，可靠性分配应对具体情况做具体分析后，再选择适当的分配方案。

习题

1.什么是可靠性分配？可靠性分配的原则是什么？

2.可靠性指标分配应遵循哪些原则？

3.可靠性指标分配的方法有哪些？它有何特点？

4.可靠性指标预计的方法有哪些？

5.假定基本失效率在满额工作条件下为 $(0.05\%/1000)\text{h}^{-1}$，降额因子为40%，即工作条件把基本失效率降低 40%；环境因子 k 取 5，任务时间为 100h，工作时间为任务时间的 75%。试预计任务可靠性。

第五章
系统故障分析

第一节　故障模式及影响分析
第二节　故障树的建造
第三节　故障树分析(FTA)

故障模式及影响分析是进行可靠性设计的一种分析方法。其目的在于预防和控制故障，提高产品的可靠性。由于该方法简单、实用、费用低、效果明显、适用于各种产品的全寿命周期，故受到了工程界的广泛重视。本章详细介绍了故障模式及影响分析(FMEA)的分析过程和步骤，并举例介绍故障树的建造与分析方法。

第一节 故障模式及影响分析

一、故障模式及影响分析的基本概念

故障模式及影响分析(Failure Mode and Effects Analysis, FMEA)是分析系统的每个组成部件发生故障时对系统所产生的影响，划分各种故障的等级，并预先研究查找潜在故障的方法。这种方法实质上是进行概念分析，或者说是从可靠性角度对已完成的设计进行详细评价，对潜在的故障按其影响程度确定等级，并根据需要提出预防措施和改进设计的意见，完善设计工作。

根据 GJB1391—1992《故障模式、影响及危害性分析程序》的定义，FMEA 是进行系统可靠性设计的一种重要方法。它实际上是 FMA(故障模式分析)和 FEA(故障影响分析)的组合。一个完整的 FMEA 应包含以下三个过程，包括：①找出产品/过程中潜在的故障模式；②根据相应的评价体系对找出的潜在故障模式进行危险量化评估；③列出故障起因/机理，寻找预防或改进措施。

FMEA 技术的应用发展十分迅速。20 世纪 50 年代初，美国第一次将 FMEA 思想用于一种战斗机操作系统的设计分析。到了 60 年代中期，FMEA 技术正式用于航天工业(Apollo 计划)。1976 年，美国国防部颁布了 FMEA 的军用标准 MIL-STD-1629[后经修订成为 MIL-STD-1629A(1981)]，但仅限于设计方面。70 年代末，FMEA 技术开始进入汽车工业和医疗设备工业。80 年代初，FMEA 技术进入微电子工业。80 年代中期，汽车工业开始应用 PFMEA(过程 FMEA)确认其制造过程。到了 1988 年，美国联邦航空局发布咨询通报要求所有航空系统的设计及分析都必须使用 FMEA。1991 年，ISO9000 推荐使用 FMEA 提高产品和过程的设计。1994 年，FMEA 又成为 QS9000 的认证要求，在汽车设计和制造领域以及其他工程领域得到了成功应用。1992 年我国发布了 GJB1391—1992《故障模式、影响及危害性分析程序》，并在军事部门和装备研制部门进行了贯彻实施。

目前，FMEA 已在工程实践中形成了一套科学而完整的分析方法，而且根据不同的产品故障产生机理，FMEA 与设计、制造、使用、承包商/供应商以及服务等整个产品寿命周期联系起来，又被细分为系统 FMEA、设计 FMEA、过程 FMEA 和服务 FMEA 四类。其中，设计 FMEA 和过程 FMEA 最为常用。

设计 FMEA(DFMEA)应在一个设计概念形成之时或之前开始，并且体现在产品开发各阶段中。当设计有变化或得到其他信息时应及时不断地修改，并在图样加工完成之前结束。其评价与分析的对象是最终的产品以及每个与之相关的系统、子系统和零部件。需要注意的是，DFMEA 在体现设计意图的同时还应保证制造或装配能够实现设计意图。因此，虽然 DFMEA 不是靠过程控制来克服设计中的缺陷，但也可以考虑制造和装配过程中技术的或客观的限制，从而为过程控制提供了良好的基础。

过程 FMEA(PFMEA)应在生产工装准备之前、在过程可行性分析阶段或之前开始，而且要考虑从单个零件到总成的所有制造过程。它评价与分析的对象是所有新的部件/过程、更改过的部件/过程及应用或环境有变化的原有部件/过程。需要注意的是，虽然 PFMEA 不是靠改变产品设计来克服过程缺陷，但它要考虑与计划的装配过程有关的产品设计特性参数，以便最大限度地保证产品满足用户的要求和期望。

FMEA 有两种基本的分析方法：功能法和硬件法。

功能法：每个产品可以完成的功能可以按输出分类。这种方法将输出一一列出，并对它们的故障模式进行分析。当产品硬件方案尚不明确时，或产品复杂要求从最高一级向下分析，即自顶向下分析时，一般采用功能法。

硬件法：按产品功能，对每种故障模式进行分析，用表格列出各个部件，并对发生的故障模式、故障原因及影响进行分析。当产品可按设计图样及其他工程资料明确确定时，一般采用硬件法。这是一种比较严格的方法。这种方法适用于从元件开始，逐级向上，直到系统级，自下而上的分析，也可以从任意层次向上一层次分析。

二、FMEA 的分析过程

FMEA 实际是一组系列化的活动，其过程包括如下。

(1) 全面分析设计对象或系统，按照重要度分别考虑每个工作状态。

(2) 针对每个工作状态，分别绘制系统功能框图和可靠性框图。

(3) 分析每个组件或部件的功能和参数，找出产品/过程中潜在的故障模式。

(4) 根据相应的评价体系对找出的潜在故障模式进行危险量化评估，评定每个潜在故障模式的危险优先级别。

(5) 列出故障起因/机理，确定故障模式的检测方法、补救方案或预防措施。

(6) 提出修改和优化的建议，并分析修改或优化后对各方面的影响。

(7) 写出 FMEA 的分析报告，提出设计中无法避免的故障问题，说明预防故障或降低故障危险性的必要措施。

FMEA 具体的分析过程如图 5-1 所示。

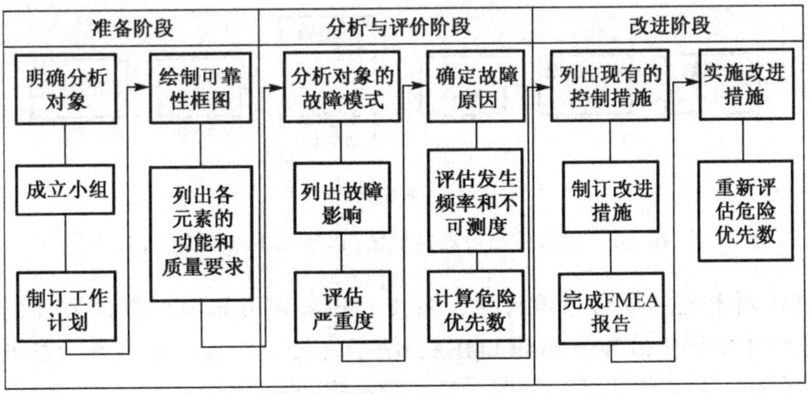

图 5-1　FMEA 的分析过程

1.FMEA 的准备工作

1）明确分析对象（系统或产品），掌握其功能和结构

FMEA 是为了排除或减少妨碍系统（或产品）正常工作的故障而进行的改进设计的方法。根据 FMEA 的要求，在分析以前应该对系统的任务和功能、系统结构有全面和充分的理解，掌握分析对象的设计内容。除了设计说明书和图样这样的关键资料外，还应包括零件、部件的可靠性数据，研制阶段的试验数据，相似零件、部件的研制经验资料，上代产品与同类产品的故障资料等。

如果对市场要求的系统、子系统应具有的功能研究得不充分，即便实施了 FMEA，也有可能在遗漏的性能要求方面发生故障。因此，在准备阶段应该绘制可靠性框图。可靠性框图有串联和并联两种组合形式，用于计算故障率和可靠度。在许多系统中，常采用系统图、功能方框图的形式将系统图形化。在这些图中也常常画出接口部分，以便清楚地提示信号、能量等的流向。系统图及可靠性框图（以空气压缩机为例）如图 5-2 所示。

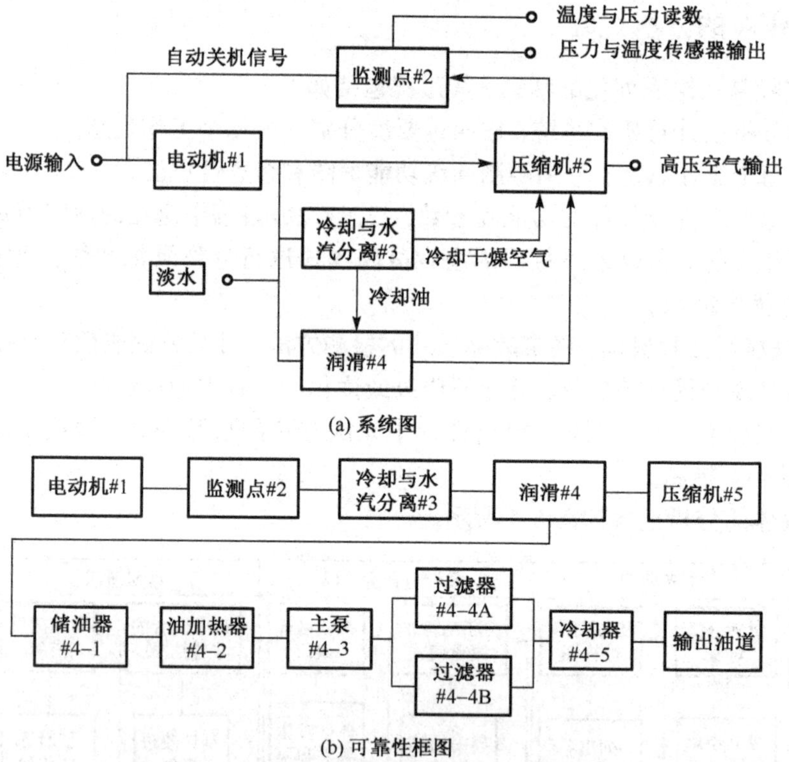

图 5-2　系统图与可靠性框图（以空气压缩机为例）

系统图在逻辑上适用于可靠度计算，能被 FMEA 和可靠度计算两方面的工作者所理解；可靠性框图用于评价故障影响的 FMEA，便于有关工作者理解各部分的相互关系。在 FMEA 中，没有规定必须使用哪一种图，但一般希望两种图都用。

2）成立 FMEA 小组

FMEA 原则上是全面地进行分析，所以建立一支素质相对较高的工程技术团队是必要

的。FMEA 小组由负责质量管理的人员（如 6σ 管理员）领导，小组成员最好由富有经验的可靠性技术人员和设计人员共同组成，因为要对各种技术和设计方面的数据进行分析，所以，如果没有丰富的经验和较强的理论素养，就可能得出一些似是而非的结论，最终将导致 FMEA 分析结果的错误。同时还需要其他人员（如测试人员、供应商等）的协作，这样才能充分全面地掌握故障模式和影响分析所需的具体资料。若缺乏这些情报和资料，FMEA 也不可能获得最佳的结果。

3）制订工作计划

（1）确定 FMEA 的类别。

①系统 FMEA（SFMEA）：用于分析系统或子系统在早期和设计阶段，主要从系统功能关系方面考虑问题，用于识别系统的故障模式；

②设计 FMEA（DFMEA）：用于新产品的发布之前，预先对新产品的故障与潜在的问题进行分析和寻求解决方法，主要考虑元件及关键设计要素的物理故障模式；

③过程 FMEA（PFMEA）：用于分析制造、组装和管理过程，主要用于对工序的主要故障进行分析或对工序流程优化，找出潜在的问题。它主要考虑的是由于加工不符合要求所造成的产品故障。

（2）决定分析层次。分析层次是指系统或产品的组成层次，如零件、部件、子系统等。分析层次与研究的阶段有关。概括地说，在产品的方案设计阶段实施 FMEA，开始设计后，是从部件的 FMEA 向系统的 FMEA 发展。

如图 5-3 所示，对应于不同分析层次的 FMEA 有不同的分析重点。在各分析层次中，由于故障所在的层次不同，所以故障模式对上一层次的影响和对下一层次的故障原因的追究深度也各不相同。决定分析的对象属于哪一层次，要与已知的故障模式属于哪一层次相一致。也就是说，要决定这个层次是系统，是子系统，还是零部件。

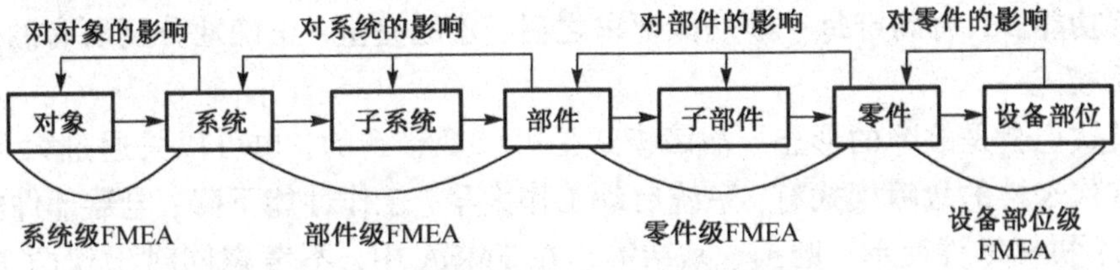

图 5-3 FMEA 的分析层次

（3）确定重点故障。具体地说，就是对故障模式划分的等级做出说明，确定哪一类故障是应重点避免的，并且还要对这些问题预先做出决断。例如，可能危及生命或造成火灾的事故、可能造成系统停工的故障等。

2.FMEA 的格式

QS9000-FMEA 标准的分析格式见表 5-1。在表头左侧填写系统、子系统（当涉及子系统中的组件或零件时也可用此表）、核心小组等内容，表头右侧分别记入制表人、设计责任人姓名以及 FMEA 的日期。

3.FMEA 的工作内容和重要参数

1)项目和功能

(1)项目(设备、组件、零部件等)——每行列出组成子系统的项目，记入它在预先画制的逻辑图上的编号，或设计图上的零件编号等识别标号，两者都可以记，也可只记其一。若子系统简单，也可以把方框图列入项目栏内。

表 5-1 QS9000-FMEA 标准的分析格式

系　统＿＿＿＿						故障模式和影响分析						页　　号＿＿＿＿						
子系统＿＿＿＿						(QS9000-FMEA)						制　表　人＿＿＿＿						
设计责任人＿＿＿＿																		
零部件＿＿＿＿						核心小组＿＿＿＿						日　　期＿＿＿＿						
项目 / 功能	故障模式	故障影响	严重度(S)	分类	故障发生的原因/机理	发生率(O)	现有控制措施	探测手段	不易探测度(D)	危险优先数(RPN)	建议改进措施	责任和目标完成日期	措施执行结果					
													采用措施	S	O	D	RPN	
1	2	3	4	5	6	7	8	9	10	11	12	13	14	15				

(2)功能——写明所列项目具备或应完成的功能要求。根据系统图与可靠性框图详尽地列出所有功能，只有确定每一项功能要求之后，才能完全、正确地分析所有的故障模式。

2)故障模式

故障模式也就是故障的形态。故障模式是可以观察到的，也可以是通过大量的调研得到的。具有代表性的故障模式有：系统启动工作太早、工作性能下降；电器部件的短路、断路、无输出；机械零件变形、磨损、黏结等。在 FMEA 中，不考虑同时出现两个以上的故障，但对同一对象，则要考虑两个以上的故障模式，只不过每次只列举一个进行分析。

3)故障影响

假设故障模式栏所列故障已经发生，则在此栏内记述它对上级层次所产生的影响。通常是由于产品出现性能、质量的下降，以至功能的彻底丧失而对顾客产生直接或间接的影响。首先容易记入的是对与其直接相连的上一级的影响，对于系统来说，应是对子系统的影响，进而向更上一级分析，有时也填入对系统完成任务的影响。

值得注意的是，许多故障模式所产生的并不止一个影响，而经常是一连串的连锁反应。因此，必须找出每一种故障模式可能产生的连锁反应，从而比较全面地考虑各种潜在的影响。

4)严重度(Severity)

故障模式所产生影响的严重程度。严重度类别是给产品故障造成的最坏影响规定的一个量度。如果对直到元件一级的一切可能的故障模式及其原因都全面分析，虽然可以获得完整的信息，但很费时间。这时就要做出判断，通过严重度指数判断究竟哪些部件或功能须做出进一步的分析。

严重度指数由一个 10 分值标准来描述（分值越高故障影响越严重），其判别标准见表 5-2。

5）分类（级别）

该栏将需要采用控制的零部件或系统的一些特性进行分类，如关键特性、主要特性、重要特性、重点特性等。

6）故障发生的原因/机理

该栏记入故障发生的可能原因，包括只能引起偶然故障的原因及非预期的应力（环境、使用条件）原因，也包括制造上的、潜在的缺陷问题。一个故障模式可能有不止一种原因，应依据可以纠正或控制的原则加以分析。维修部门在这方面掌握了大量资料。

表 5-2 严重度评价标准

故障影响	严重度判别标准	等级
无警告的危险	故障模式在没有警告的情况下发生，影响到安全操作或违反规章，造成危险；严重度等级非常高	10
有警告的危险	故障模式在有警告的情况下发生，影响到安全操作或违反规章，造成危险；严重度等级非常高	9
很高	项目或产品不适合操作，功能缺损；用户非常不满意	8
高	项目或产品操作性差，功能不全；用户不满意	7
中等	项目或产品可操作，但不舒适、不方便；用户使用不便	6
低	项目或产品可操作，但舒适性、方便性欠佳；用户在一定程度上会感到失望	5
很低	某些特性不相配，并被大多数用户所注意	4
轻微	某些特性不相配，并被一定数量的用户所注意	3
很轻微	某些特性不相配，但被大多数用户所忽略	2
无	没有影响	1

7）发生率（Occurrence）

发生率是指上述故障发生的原因/机理出现的概率。描述出现的可能性的级别具有相对意义，而不是绝对的数值。概率值由一个 10 分值标准来描述（出现的概率越大分值越高），其判别标准见表 5-3。通过设计变更或设计过程变更来预防或控制故障模式的原因/机理，这可能是使频率数降低的唯一途径。

8）现有控制措施

该栏列出目前控制故障模式和防止故障发生的原因/机理出现的措施。这些预防措施可以有效地防止故障发生的原因/机理或故障模式的出现，或者降低其出现的概率。例如，能自动地切换到备用部分，可用手动代替自动功能等。为了避免发生最坏事件，应考虑采取自动停车，保险丝熔断等措施。当然，无预防控制措施的情况也并不少见。

9）探测手段

该栏记述用什么方法和手段探测出已发生的故障。这些探测手段可以探测出故障发生的原因/机理或者故障模式，从而采取纠正措施。如通过声音变化和仪表读数的变化进行检查，对人造卫星通过遥测技术进行检查等。根据需要，有时也预先安装保护装置或警报装置。如果可能，最好的途径是预防控制。

表 5-3 故障发生频率的辨别标准

故障概率	可能故障的比例	等级
非常高：故障几乎无法避免	>1/2	10
	1/3	9
高：反复故障	1/8	8
	1/20	7
中等：偶然故障	1/80	6
	1/400	5
	1/2 000	4
低：相对很少的故障	1/15 000	3
	1/150 000	2
极小：故障不太可能发生	<1/150 000	1

10）不易探测度（Detection）

不易探测度是指在采取现行的控制方法实施控制时，故障可被查出的难易程度。它是零部件离开制造工序（或装配工位）之前，或者在下一个工序之前，利用过程控制方法找出缺陷存在的可能性的评价指标，分为 1~10 级。从几乎肯定可能找出失效模式（1 级）到几乎不可能找出失效模式（10 级），逐级减少可能性，其判别标准见表 5-4。一般来说，发生率低，不易探测度数也低。

表 5-4 不易探测度的判别标准

探 测 性	不易探测度判别标准	等级
完全不确定	设计控制无法或不能检测到潜在原因/机理和后续故障模式，或根本没有设计控制	10
可能性非常小	设计控制检测到潜在原因/机理和后续故障模式的可能性非常小	9
可能性小	设计控制检测到潜在原因/机理和后续故障模式的可能性很小	8
很低	设计控制检测到潜在原因/机理和后续故障模式的可能性很低	7
低	设计控制检测到潜在原因/机理和后续故障模式的可能性为低程度	6
中等	设计控制检测到潜在原因/机理和后续故障模式的可能性为中等程度	5
中等偏高	设计控制检测到潜在原因/机理和后续故障模式的可能性为中等偏高程度	4
高	设计控制检测到潜在原因/机理和后续故障模式的可能性为高程度	3
很高	设计控制检测到潜在原因/机理和后续故障模式的可能性非常高	2
几乎肯定	设计控制几乎肯定会检测到潜在原因/机理和后续故障模式	1

11）危险优先数（RPN）

每个故障模式可能发生的危险程度。它的值等于严重度（S）、发生率（O）和不易探测度（D）的值的乘积，即 $RPN=S\times O\times D$。

RPN 值是用于对有可能出现的故障模式进行排序，取值范围在 1~1000 之间。针对高的 RPN 值，须提出改进建议并采取措施来降低 RPN。这些措施要形成工作计划，并得到实施和验证。可按下述各点决定应重点管理的项目。

(1)危险优先数越大的故障模式越应该受到重视。FMEA 的中心思想是：通过危险优先数 RPN 的给出和排序，使得对故障模式的定性评估向定量评估转变。

首先要针对危险优先数高的故障模式，然后是次高的，依次采取措施。某一特定的故障模式的 RPN 在采取措施后得到了降低，降低后的 RPN 应成为后续产品 FMEA 的参考数据。RPN 的持续排序和优化，使得产品的设计和过程的修改变得容易，同时降低事后修改的成本和带来的危险，最终使产品的性能和质量档次得到提高。

需要说明的是，并不是列于 FMEA 表中的故障模式都要采取措施，只有当 RPN 超过规定值后才采取措施。例如，轿车行业的初始 RPN 规定值一般为 125；而扬声器开始实施 FMEA 时，因为故障模式的严重度很少超过 8 以上，所以初始 RPN 规定值可定为 100，实施一段时间后，再进行调整。

(2)在严重度高的故障模式中，属于安全法规规定的项目全部是安全保证特性的内容。这类故障模式相当于严重度等级的第 10 级，应特别注意。

采取纠正措施后，应重新评价发生率、严重度和不易探测度数，并计算纠正后的 RPN 值——填入 15 栏。这也是一个不断改进、减少缺陷的过程，其最终目标是使顾客获得满意的产品。

12)建议改进措施

该栏列出“危险优先数”较高的潜在故障点，并制定相应预防措施，以防止潜在问题的发生。任何建议措施都应旨在使 RPN 数值降低，但不一定能够使严重度降低。这一点容易在理解上出现错误。

13)责任及目标完成日期

该栏制订了实施预防措施的计划方案(时间安排)。一般初次 FMEA 责任及目标完成日期不应超过计划开始生产的日期，而最终 FMEA 责任及目标完成日期应在产品或系统交付使用之前。

14)措施执行结果

对预防措施计划方案实施状况进行确认，填入实际采用的预防和改进措施。同时，重新评价采取这些措施后故障模式的发生率、严重度和不易探测度数，并计算新的 RPN 值。

4.影响 FMEA 分析结果的因素

FMEA 分析工作应由设计人员在设计过程中结合具体设计进行，是设计评审时重点评审的内容。FMEA 分析的结果取决于下述三个因素。

1)分析者的水平

由于进行 FMEA 需要有一定的实践经验，所以分析的正确性取决于分析者的水平。例如，分析故障模式原因与影响、确定严重度类别、故障模式的发生率等级等都与分析人员的经验和水平有关。

2)可利用信息的多少

信息的多少决定了分析的深度。例如，当得不到故障率数据时，只能进行定性分析，而无法填写详细的危害性分析(CA)表。如果分析所用的数据有错误，分析的结果也就是错误的。

3)分析的时机

FMEA 通常在产品设计过程中进行，如果到了产品设计完成后再做 FMEA 工作，若发现有严重故障因素就必须要返工，损失会很大。

三、DFMEA 的应用

1.DFMEA 的应用

DFMEA(Design Failure Mode Effect Analysis)就是在系统或设备设计过程中，通过对产品各组成单元潜在的各种故障模式及对产品的功能影响进行分析，并把每一个潜在的故障模式按它的严重度进行分类，提出相应的预防改进措施，提高系统或设备可靠性的一种设计方法。

进行 DFMEA 有助于：

① 设计要求与设计方案的相互权衡；

② 制造与装配要求的最初设计；

③ 提高在设计/开发过程中考虑潜在故障模式及其对系统和产品影响的可能性；

④ 为制订全面、有效的设计试验计划和开发项目提供更多的信息；

⑤ 建立一套改进设计和开发试验的优先控制系统；

⑥ 为将来分析研究现场情况、评价设计的更改以及开发更先进的设计提供参考。

2.PFMEA 的应用

PFMEA(Process Failure Mode Effect Analysis)是指不满足过程要求或设计意图的形式，是对某一具体工序不符合要求的描述。它可能是引起下一道工序的潜在故障模式，也可能是上一道工序潜在故障的影响。PFMEA 是制造主管工程师采用的一种分析技术，用来在最大范围内充分地考虑产品可能出现的故障的机理、原因及产生的后果。它也包括对一些现象的分析。根据经验的推断，这种系统的分析方法是对产品制造过程体现设计思想的规范化。

PFMEA 一般包括下述内容：

① 确定与产品相关的过程潜在故障模式；

② 评价故障对用户的潜在影响；

③ 确定潜在制造或装配过程的故障起因，确定减少故障发生或找出故障条件的过程控制变量；

④ 编制潜在故障模式分级表，建立纠正措施的优选体系；

⑤ 将制造或装配过程文件化。

PFMEA 应在生产准备之前，在过程可行性分析阶段或之前开始，而且要考虑从单个零件到总成的所有制造工序。PFMEA 是在假定所设计的产品能够满足用户要求，不包含设计缺陷所产生的失效。设计缺陷的影响和避免措施应由 DFMEA 来解决。而 PFMEA 并不是依靠改变产品设计来克服过程缺陷的，但它要考虑与生产过程相关的产品特征参数，以便最大限度地保证产品满足顾客的要求和期望。

四、FMEA 的适用范围和使用原则

FMEA 适用于产品的研制、生产、使用等各阶段的质量管理，并能及时跟踪产品特性的变动。其基本出发点就是产品的故障必然和该故障的零部件之间存在着一定的因果关系，从这种因果关系出发，发现问题、找出原因、明确影响(后果)，进而制订有效的改进途径。从系统和产品质量管理的角度来分析，FMEA 的主要作用如下。

(1)系统地分析产品的各种可能的故障模式、危害及影响，明确产品功能与要求规格间的差距，定量地找出重点问题，选定“重要特征”，及早采取适当的措施，控制风险，并确认最终产品的质量风险低于用户可以接受的水平。

(2)为确定产品关键件、重要件和关键工序提供依据。关键件、重要件和关键工序是进行设计、工艺改进，进而提高其可靠性的重要目标，也是可靠性增长试验、鉴定试验、应力分析和保证安全性的主要对象。

(3)设计人员可以根据故障模式的严重程度，进行相应的检测装置的研究，帮助他们考虑在薄弱环节上是否采用冗余设计、元器件筛选、降额设计、热设计等可靠性设计技术。

(4)为确定《产品可靠性试验大纲》和《产品制造与验收技术条件》以及检验的程序、方法提供重要信息。

(5)通过故障模式及影响分析记录的文件化，积累不同方面的技术与经验，为制作产品《使用维修指南》提供依据。

此外，FMEA 还为安全性分析与设计、维修性分析与设计、测试性分析与设计、保障性分析、以可靠性为中心的维修分析(RCMA)、试验计划的制订、质量检验点的设置、可靠性设计和评审等提供信息和技术决策依据；为制订关键项目清单或关键项目可靠性控制计划提供依据。

为使 FMEA 工作卓有成效，在具体实施时应遵循如下原则。

1)及时性原则

FMEA 的首要任务是为产品的设计改进提供有效的信息和依据。因此，FMEA 应与产品的设计同步进行，尤其应在设计的早期阶段就开始进行 FMEA。为使 FMEA 能有效地进行，应该遵守并执行下述时间上的安排。

(1)对于设计阶段，应在设计评审之前进行。

(2)对于工艺计划阶段，应在工艺评审及设备调配之前进行。

这样有助于及时发现设计中的薄弱环节并为安排改进措施的先后顺序提供依据。同时，按照产品研制阶段的不同，进行不同程度、不同层次的分析，也就是说，FMEA 应及时地反映设计、工艺上的变化，并随着研制阶段的展开而不断完善和反复迭代。

同时，要养成习惯花费足够的时间去推敲设计方案。如果设计方案酝酿的时间不充分，就找不出重要的故障模式和良好的改进方案，以致在工艺过程中和用户使用中，不断发生重大质量问题。

2)团队合作原则

对故障模式的推断，由于各专业技术人员的技术专长的不同，其看法和接受方法也各

不相同。只有把各方的推断统一起来，才能防止发生缺陷。例如，机械工程师们会倾向于从机构方面去追查设计缺陷；电器工程师们会倾向于从系统、元器件等的回路设计方面去追查缺陷；材料工程师们会倾向于从材料、金相组织等方面去追查缺陷；化学工程师们会倾向于追查在媒介中由于材料间的相互接触而产生的化学变化；物理工程师们会倾向于从物理方向去追查原子、分子水平；可靠性工程师们会倾向于在规定的条件下，从时间特性方面去追查缺陷。

另外，提出的建议常常造成生产出超过规定质量指标的产品，即质量指标满足了，但成本指标却达不到。这时就需要听取成本人员（VE 工程师）的建议和意见，采取全面的对策。

由上述可见，在研讨由技术人员完成的 FMEA 方案时，团队领导人（如 6σ 主管）应从该产品的特点出发，决定召集哪些专业的人员参加研讨工作，若参加人员选择不当，就会影响分析效果。同时，由于参加完成 FMEA 的人员大多是在各方面有技术专长的专业人员，所以必须给予负责此项目的团队领导人以特定的权限。负责此项目的团队领导人若无权，会出现拿不出决定性意见的情况，不但不能按工作进程表进行工作，还会影响整个开发进程。

3）一致性原则

FMEA 应加强规范化工作，以保证产品的分析结果具有可比性。分析前，担任产品总设计师的单位就应遵循 GJB1391—1992 的要求，结合产品特点，对 FMEA 的分析制订层次、故障判据、严重度与危害性定义、分析表格、故障率数据源、分析报告要求等均应做统一的规定及必要的说明。

同时，将故障模式的发生概率、故障模式的严重度、故障模式的检测难度等，根据不同产品划分成实用的等级，确定评定标准。评定标准采用票决法较为容易。若没有这一标准，各实施小组在对故障模式做定量评定时，就不能用共同的标准找出重点故障模式。

4）灵活性原则

FMEA 在分析过程中，需要讲究一定的策略和灵活性，这样不仅可以减少不必要的工作量，最重要的是可以更正确、更快捷地找出故障模式、故障原因、故障影响，提出改进措施。

（1）故障模式严重度的等级划分，即使是对同一产品，系统层次的 FMEA 和零件层次的 FMEA 也不相同，所以应采用分别划分评定标准的方法。若从系统的 FMEA 到零件的 FMEA 都用同一评定标准进行分析，对故障模式的评价就会发生混乱，不同层次上的严重度也会分辨不清。

（2）在与人身事故无关的一般零件的故障模式严重度评级中，受到法规限制的故障模式，原则上评定其严重度为最高等级。对于与限制排出气体的法规、环境保护法、电器用品限制法等有关的项目，必须要满足相关法规限制的全部要求。

（3）在故障模式的评价中，分析层次取到什么程度合适，应视情况不同而不同。原则上，严重度和危险优先数非常低的故障模式是可以去掉的，至于 FMEA 的研究到何处为止，以研究小组取得一致意见为宜。

(4)在复查 FMEA 时，对设计方案中一直是良好之处的尽可能不要变动。而对通过预测会发生问题的地方应重新评价，并应采纳其他改进意见。

(5)忽略非技术性故障模式。故障模式的预测一旦结束，对模糊不清的故障模式应该进行可靠性试验，以确定这些故障模式是否存在。在使用及环境条件下，若故障模式的发生与时间因素有关时，试验条件的确定就成为关键性问题，所以，在确定试验条件上必须特别慎重。

5)可追溯性原则

依据 FMEA 结果，所制订出的相应改进措施是否会引发系统新的故障，其效果如何，以及所找出的产品故障是否全面而无遗漏等问题，均应从管理角度对 FMEA 的分析结果进行跟踪与分析，以验证其正确性和改进措施的有效性。这种跟踪分析的过程，是 FMEA 反复迭代、逐步积累工程经验的过程，也是对系统再认识、再理解的过程。这种认识和理解最终体现在 FMEA 分析报告中。一套完整的 FMEA 资料，是各方面经验的积累和总结，是宝贵的工程财富，应当不断积累并归档，以备查考。

最终应把 FMEA 实施的结果补充到技术标准、质量标准等文件中，否则 FMEA 中经充分研究的重要故障模式有可能在使用和生产中出现。图样和工艺计划表是将工程师的技术经验汇集而成的商品，制造厂把这些商品从设计部门、生产技术部门买来，然后配备生产设备，并制造产品。为制造无缺陷的产品，这种输入的标准类资料是不能有缺陷的。为此，FMEA 的研究结果必须毫无遗漏地反映到图样、工艺计划表以及有关的标准类文件中。

6)系统性原则

为了有效地进行故障分析，可以视工程研制中的需要与可能采用 FMEA 和其他技术的综合分析方法，取长补短，更全面地找出系统的薄弱环节，并针对每个薄弱环节制订相应的设计、工艺和使用补救措施。这对减少产品设计工艺缺陷、保证研制进度、降低设计费用具有重要的作用。

此外，值得再次强调的是，FMEA 虽然是有效的可靠性、安全性和维修性分析方法，但并非万能。它们不能代替其他可靠性分析工作。应特别注意，FMEA 是静态分析方法，在动态分析方面还不完善，若对系统实施全面的分析，还应与时间序列有关的方法(如故障树分析 FTA)相结合。例如，对零件数较多的产品，首先要进行全面的系统层次等级的 FMEA，明确不希望发生的故障模式(设计方案上的薄弱环节)，对其中原因不明的致命性的故障模式，应当利用 FTA 法，彻底地追查其发生的途径和原因，并采取对策。如若进行从系统层次起至零件层次的全部的 FMEA，则其工作量增大，要耗费相当多的时间。

第二节　故障树的建造

建立故障树是 FTA 最关键的一步，如有错漏将直接影响其定性分析和定量分析的结果。建立故障树实质上是找出系统发生故障和导致其故障的诸因素之间的逻辑关系，并将这种关系用特定的图形——故障树表示，这就要求设计、生产和可靠性等工作人员紧密合作。

一、建立故障树的常用符号

为了能正确建树，应先了解建树使用的符号，根据 GB/T 4888—1985《故障树名词术语和符号》的规定，常用符号有两类，一是事件符号，二是逻辑符号。

1.事件符号

(1)矩形符号“□”，表示顶事件、中间事件。

顶事件：它是所分析系统不希望发生的事件，位于故障树的顶端，因此它总是逻辑门的输出，而不可能是逻辑门的输入。

中间事件：除顶事件外，其他结果事件均属于中间事件。它位于顶事件和底事件之间，是某个逻辑门的输出事件，同时又是另一个逻辑门的输入事件。

(2)圆形符号“○”表示底事件或基本事件,即已知探明或未探明但不必进一步探明其发生原因的事件,位于故障树的底端，只能是某逻辑门的输入事件。

(3)菱形符号“◇”表示省略事件，一般用以表示那些可能发生，但概率值很小，或者对此系统而言无须进一步分析的故障事件。这些事件在定性与定量分析中一般可以忽略不计。

(4)三角形符号“△”表示故障事件的转移。在故障树分析中经常遇到条件完全相同或者同一个故障事件在不同位置出现，为了减少重复工作并化简树的内容，用三角形符号表示转移。在三角形内加上标号以示从某处转入某处，也可以在树很大，一页纸画不下需要移页时使用。

转移符号有相同转移符号和相似转移符号两种：

①正三角形符号“△”，表示相同转移。如图 5-11 所示，表示“下面转移到以‘1’为代号的所指的子树去”；

②倒三角形“▽”，表示相似转移符号。如图中所示，表示“下面转移到以‘A’为代号的所指的子树去”。不同的机件号在三角形旁边注明，如原机件号为 1、2、3、4、5、6，转移后机件号为 7、8、9、10、11、12。

2.逻辑门符号

(1)逻辑“与门”符号如图 5-4(a)所示，设输入为 x_i，输出为 Y。只有全部输入事件都发生时输出事件才发生。逻辑“与门”称为事件交，数学表达式：

$$Y = x_1 \cap x_2 \cap \cdots \cap x_n$$

(2)逻辑“或门”符号如图 5-4(b)所示，当输入事件 x_i 中至少一个输入事件发生时，输出事件就发生。只有输入事件全部不发生，输出事件才不发生，该事件称为事件并，其数学表达式：

$$Y = x_1 \cup x_2 \cup \cdots \cup x_n$$

(3)逻辑“禁门”符号如图 5-4(c)所示，当给定条件满足时，则输入事件直接引起输出事件的发生，否则输出事件不发生。图 5-4(c) 中椭圆形是修正符号，其内注明限制条件。若条件不满足，即使有输入也没有输出。

(4)逻辑“异或门”符号如图 5-4(d)所示，输入事件中任何一个发生都可引起输出事件发生，但 x_1、x_2 不能同时发生。相应逻辑数学表达式：

$$Y=(x_1 \cap \overline{x}_2) \cup (\overline{x}_1 \cap x_2)$$

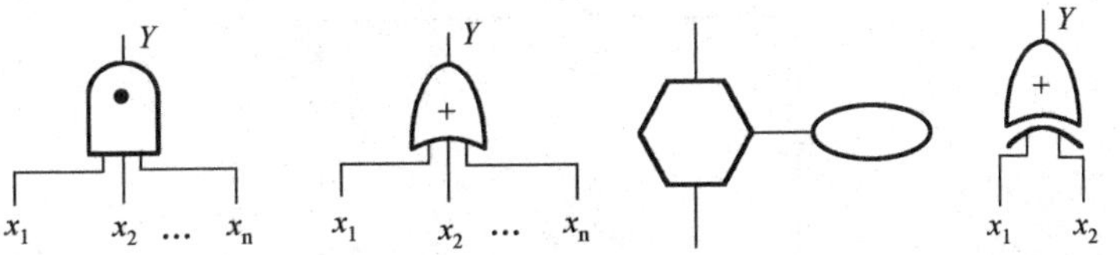

(a) 逻辑“与门”符号　(b) 逻辑“或门”符号　(c) 逻辑“禁门”符号　(d) 逻辑“异或门”符号

图 5-4　逻辑门符号

使用各种符号建立的故障树可分为二状态故障树、多状态故障树、规范化故障树、正规故障树、非正规故障树、对偶故障树和成功树等七种。这里我们仅研究正规故障树，即仅含故障事件以及与门、或门的故障树。

二、建立故障树的基本方法

建树方法分人工建树和用计算机自动建树两种，这里我们主要研究人工建树。人工建树就是按照严格的演绎逻辑，从顶事件开始，向下逐级推溯事件的直接原因，直到找出所有底事件为止。所谓底事件，就是故障分布已知的随机故障事件，或不需要、或暂时不能再进一步查找其发生原因的事件。这样“打破沙锅问到底”都到达底事件，最后得到一棵故障树。

在建树过程中应注意以下几方面问题。

1.正确选取顶事件

顶事件就是最不希望发生的故障状态。它可以根据我们最关心的问题来选取，但是下列几点需要共同遵守。

(1)顶事件发生与否必须有明确定义。

(2)顶事件必须能进一步分解，这样才能按顶事件发生的逻辑关系建立故障树。

(3)顶事件能定量度量。

2.准确写出故障事件方框中的说明

在故障树的每个事件方框中均应说明故障是什么，它在何种条件下发生。例如，继电器常闭触点在线圈通电时打不开；电动机通电时不启动；飞机因发动机故障不能飞行等。

3.正确划分每个事件方框中故障的类型

故障事件可分为部件状态故障和系统状态故障两种，故障是由部件本身故障引起的称为部件状态故障，故障是由部件以外的故障引起的称为系统状态故障。如果是部件状态故障，就在这个事件下面接或门；如果是系统状态故障，就查必要的和充分的直接原因。根据查的结果，一个系统状态故障可以接一个与门、或门，或者不接逻辑门等。下面举例说明两类故障的识别和划分。

【例 5-1】某电动机电路如图 5-5 所示，该电路系统可能处于工作和储备两种状态。假设导线和连接部分不失效，电源为无穷大。请分析该系统可能出现的各种故障，并判定其类型。

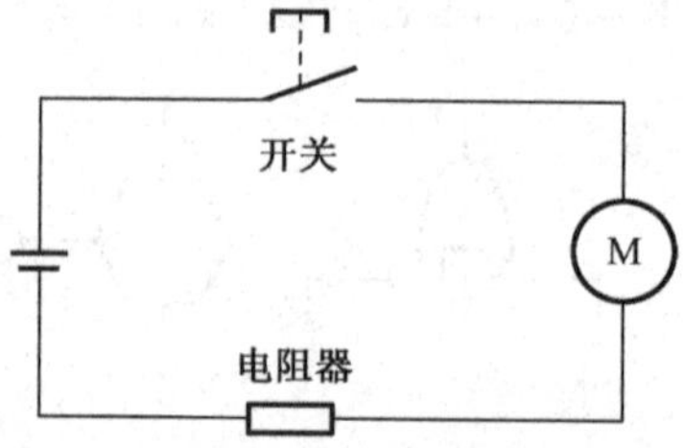

图 5-5　电动机电路

解：据题意可以确定，电动机电路在工作状态有四种故障：压按钮时开关接不通；压按钮时开关偶然断开；电动机加电时不启动；电动机加着电而停转。在储备状态有两种故障：未压按钮开关偶然接通；电动机偶然启动。

由于工作状态的四种故障都是由本身故障引起的，故均为部件状态故障。而在储备状态，“未压按钮而开关偶然接通”有可能是按钮开关本身故障，而“电动机偶然启动”不可能是电动机本身的故障，故前者为部件状态故障，后者为系统状态故障。电动机电路故障类型见表 5-5。

表 5-5　电动机电路故障类型

系统所处状态	故障说明	故障类型
工作状态	压按钮时开关接不通	部件状态故障
	压按钮时开关偶然断开	部件状态故障
	电动机加电时不启动	部件状态故障
	电动机加着电而停转	部件状态故障
储备状态	未压按钮开关偶然接通	部件状态故障
	电动机偶然启动	系统状态故障

4.严格遵守循序渐进的原则

故障树应当逐级建立，逐级找出必要而充分的直接原因，在对下一级做任何考虑之前，必须先完成上一级，不要搞“跃进”。

5.严格禁止“门—门”短路

在建树时不许把逻辑门和其他逻辑门直接连起来，形成“门—门”短路。

6.建树方法指导应注意的几个问题

建树最忌错、漏，最要讲认真，而且从建树一开始就要这样做，步步留神，否则建起一棵大树以后再去检查何处错、漏是极其困难的。

作为建树方法指导，还应注意以下几点。

(1)选择建树流程，一般以系统功能为主线来分析所有故障事件，按演绎逻辑贯穿始终。

(2)处理好系统和部件的边界条件。所谓边界条件就是对系统或部件的变动参数事先做合理的假定。有了边界条件就确定了故障树建到何处为止。在例 5-1 中假定导线和连接部分不会失效，电源(或水源)为无穷大等，这些假定帮助分析者抓住重点而不致过分分散精力。

(3)故障事件定义要确切，尽量做到唯一解释。注意尽量用具体的描述代替比较抽象的描述，把事件划分为更基本的事件以找出确切的原因，指出确切的部件失效事件。

(4)各事件的逻辑关系和条件必须分析清楚，不许逻辑混乱或条件矛盾。

(5)建树过程中及建成后，还要注意合理化简，避免陷入故障事件及其可能组合数目的“汪洋大海”而不能自拔。

三、建立故障树的示例

【例 5-2】某输电网络的变电站与输电线路连接如图 5-6 所示，有 3 个变电站，由 A 站向 B、C 两站供电，共有 5 条线路，只有线路失效才能引起电网失效。电网失效的判据是：B 和 C 中任何一站无输入；B 和 C 两站由单线供电。试绘制电网系统失效的故障树图。

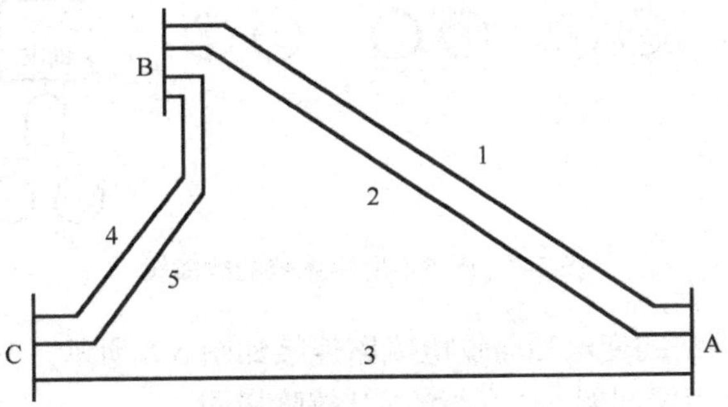

图 5-6 某输电网络的变电站与输电线路连接

解：(1)选取顶事件。

根据要求选定电网系统失效为顶事件。

(2)从顶事件开始确定各事件之间的逻辑关系。

因为题中规定，顶事件(电网失效)包括以下 3 个次级事件：B 站无输入(P)；C 站无输入(Q)；B 和 C 站由单线供电(R)。所以可判定顶事件与 P、Q 和 R 三事件的逻辑关系是“或门”关系。

根据图 5-3 寻找产生 P、Q、R 事件的原因，一直找到基本事件。例如，分析事件 P：B 站无输入是因为同时出现输电线 1 失效(即基本事件①)、输电线 2 失效(即基本事件②)、C 站不向 B 站供电(S)事件，故此 P 与①、②和 S 三个事件的逻辑关系为“与门”关系。再分析中间事件 S：C 站不向 B 站供电可能因为输电线 3 失效(即基本事件③)，使 C 站无电，也可能是 C、B 开路(Z)，故此 S 与③、Z 事件的逻辑关系为“或门”关系。对于中间事件 Z，即 C、B 开路(Z)，只能是输电线 4 和 5(即基本事件④和⑤)同时失效，因此事件 Z 和④、⑤事件的逻辑关系为“与门”关系。

依照上述对 P 事件的分析方法依次完成对 Q、R 事件的分析，并确定有关事件的逻辑关系。

(3)绘制电网系统的故障树图。

按以上分析结果，绘制电网系统的故障树，如图 5-7 所示。

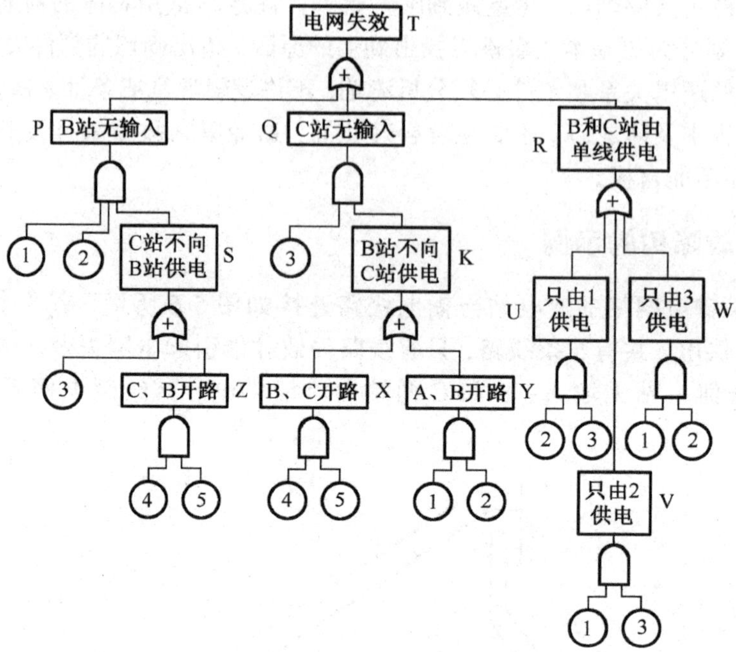

图 5-7　图 5-6 所示系统的故障树

【例 5-3】某输电网络的变电站与输电线路连接如图 5-8 所示。只有线路失效才能引起电网系统失效，其失效判据同例 5-2，试绘制其故障树图。

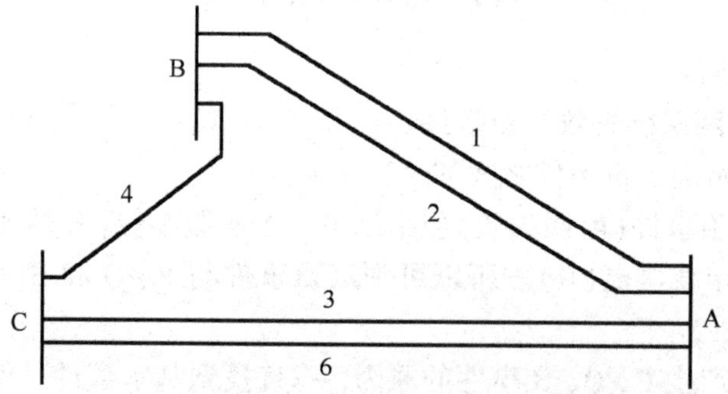

图 5-8　某输电网络的变电站与输电线路连接

解：按例 5-2 的方法进行分析，绘制的该电网失效故障树如图 5-9 所示。

【例 5-4】已知某型号飞机有 3 个发动机(A、B 和 C)，当其同时发生故障时飞机才不能正常飞行。发动机 A、B、C 的故障树分别如图 5-10 所示。使用相同和相似转移符号绘制该型号飞机因发动机故障不能飞行的故障树。

解：据题意可绘制出该型号飞机因发动机故障不能飞行的故障树如图 5-11 所示。

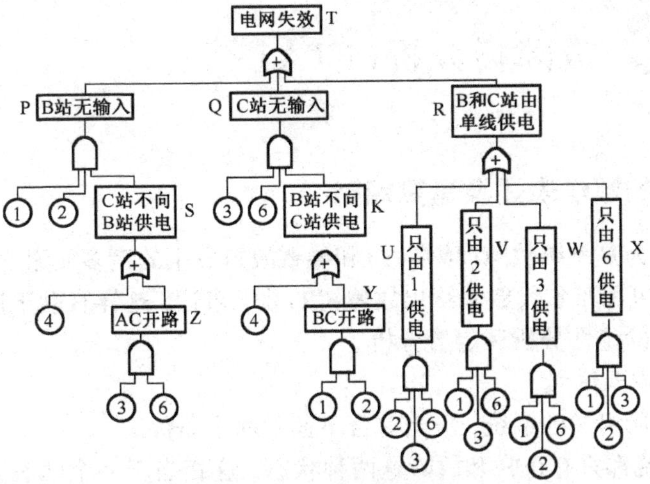

图 5-9 图 5-8 所示系统的故障树

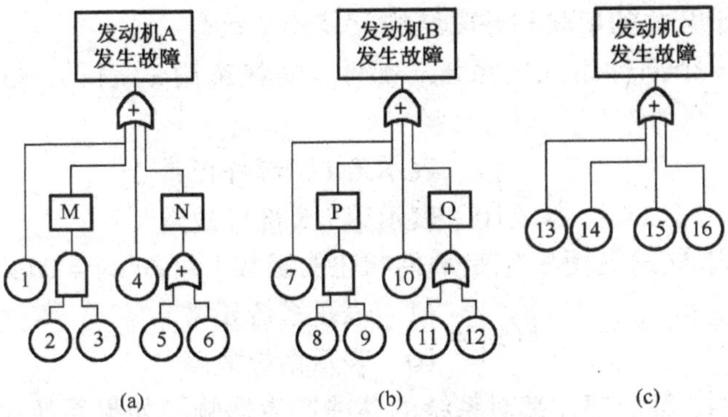

图 5-10 飞机发动机故障树

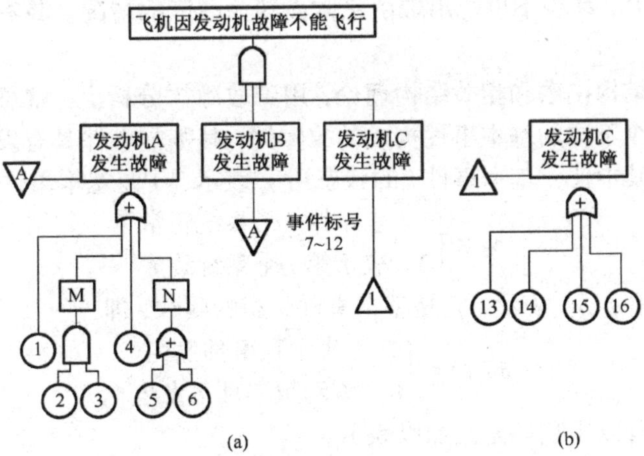

图 5-11 飞机因发动机故障不能飞行的故障树

第三节 故障树分析(FTA)

一、故障树的数学表述及运算规则

故障树可以认为是系统故障(顶事件)和导致故障发生的诸多元素之间的布尔关系的图形化表示。因此，可用布尔代数来给出故障树的数学表达，这样有助于进行故障树的化简，从而有利于故障树的定性分析和定量分析。

1.故障树的数学表达式

由若干个部件所组成的系统，应当符合下面的两个条件。

(1)部件和系统都只有正常和故障这两种状态，这相当于一个两态开关，即或者是开、或者是关。

(2)系统的状态是由系统的结构和组成系统的部件状态所决定的。例如，照明回路中的灯亮和不亮取决于开关的串联和并联结构及其开关状态。

现假设一个由 n 个部件组成的系统，部件 i 的状态用 x_i 表示，则部件状态可以定义如下：

$$x_i=\begin{cases}1 & \text{表示第 } i \text{ 个部件正常}\\ 0 & \text{表示第 } i \text{ 个部件故障}\end{cases} \tag{5-1}$$

而系统的状态用 $\phi(x)$ 表示，它是部件状态的函数，即 $\phi(x)=\phi(x_1, x_2, \cdots, x_n)$，则

$$\phi(x)=\begin{cases}1 & \text{表示系统正常}\\ 0 & \text{表示系统故障}\end{cases} \tag{5-2}$$

在分析的系统中，每个部件都对系统的功能产生影响。如果系统中的所有部件都发生故障，则系统一定呈故障状态；如果所有部件都完好，那么系统一定也是完好的，而且当部件由故障转为正常时，系统不可能出现由正常而转为故障的情况。具有以上特性的系统结构称作相关结构。

将上面所讲的结构函数和相关结构理论，用到故障树分析上，就可以写出故障树的数学表达式。设由 n 个不同的基本事件构成的故障树，其基本事件具有发生或不发生两种状态，用1，0表示，其中任一基本事件 i 的状态用 y_i 表示，于是基本事件可以定义如下：

$$y_i=\begin{cases}1 & \text{表示第 } i \text{ 个系统正常}\\ 0 & \text{表示第 } i \text{ 个系统故障}\end{cases} \tag{5-3}$$

同样，顶事件状态用 $\varphi(y)$ 表示，它是基本事件状态的函数，即

$$\phi(y)=\begin{cases}1 & \text{表示顶事件发生}\\ 0 & \text{表示顶事件不发生}\end{cases} \tag{5-4}$$

故障树的结构函数可以用数学公式加以表示。

1)“与门”的表达式

$$\phi(y)=\prod_{i=1}^{n} y_i = y_1 \times y_2 \times \cdots \times y_n = \min(y_1, y_2, \cdots, y_n) \tag{5-5}$$

其中，$\prod$ 为连乘符号，也是布尔代数中的“交”，它与并联系统相当。$\min(y_1,y_2,\cdots,y_n)$ 表示取 $y_1 \sim y_n$ 中的最小值，只要有一个最小值为“0”，整个系统就为0，即

$$\phi(1,1)=1;\phi(1,0)=\phi(0,1)=\phi(0,0)=0 \tag{5-6}$$

2)“或门”的表达式

$$\phi(y)=\coprod_{i=1}^{n}y_i=1-(1-y_1)\times(1-y_2)\times\cdots\times(1-y_n)=\max(y_1,y_2,\cdots,y_n) \tag{5-7}$$

其中，符号∐的定义为 $\coprod_{i=1}^{n}y_i=1-\prod_{i=1}^{n}(1-y_i)$，即反 $\prod$。$\max(y_1,y_2,\cdots,y_n)$ 表示取基本事件中的最大值，即取 $y_1 \sim y_n$ 中的最大值，只要有一个最大值为“1”，整个系统就为1，即

$$\phi(0,0)=0;\phi(1,0)=\phi(0,1)=\phi(1,1)=1 \tag{5-8}$$

2.布尔代数与主要运算法则

在故障树分析中常用逻辑运算符号“·”和“+”将各个事件连接起来，这个连接式就称为布尔代数表达式。“或门”等价于布尔符号中的“+”，“与门”等价于布尔符号中的“·”。在求最小割集时，要用布尔代数运算法则简化代数式。

(1)集。从最普遍的意义上说，集就是具有某种共同可识别特点的项(事件)的集合。这些共同特点使之能够区别于其他类事物。

(2)并集。把集合 A 的因素和集合 B 的元素合并在一起，这些元素的全体构成的集合称作 A 与 B 的并集，记为 $A\cup B$ 或 $A+B$。

若 A 与 B 有公共元素，则公共元素在并集中只出现一次。

例如，若 $A=\{a,b,c,d\}$，$B=\{c,d,e,f\}$；则 $A\cup B=\{a,b,c,d,e,f\}$。

(3)交集。两个集合 A 与 B 的交集是两个集合的公共元素所构成的集合，记为 $A\cap B$ 或 $A\cdot B$。根据定义，交是可以交换的，即 $A\cap B=B\cap A$。

例如，若 $A=\{a,b,c,d\}$，$B=\{c,d,e\}$；则 $A\cap B=\{c,d\}$。

(4)补集。在整个集合(Ω)中集合 A 的补集为一个不属于 A 集的所有元素的集。补集又称作余，记为 A' 或 $\bar{A}$。

布尔代数用于集的运算，与普通代数运算法则不同，它可用于故障树分析。布尔代数可以帮助我们将事件表达为另一些基本事件的组合。将系统故障表达为基本元件故障的组合。演算这些方程即可求出导致系统失效的元件失效组合(即最小割集)，进而根据元件失效概率，计算出系统失效的概率。

布尔代数运算法则如下(X、Y 代表两个集合)。

(1)交换律　$X\cdot Y=Y\cdot X$

$X+Y=Y+X$

(2)结合律　$X\cdot(Y\cdot Z)=(X\cdot Y)\cdot Z$

$X+(Y+Z)=(X+Y)+Z$

(3)分配律　$X\cdot(Y+Z)=X\cdot Y+X\cdot Z$

$X+(Y\cdot Z)=(X+Y)\cdot(X+Z)$

(4)吸收律　$X \cdot (X+Y)=X$

$X+(X \cdot Y)=X$

(5)互补律　$X+X'=\Omega=1$

$X \cdot X'=\varphi$(φ 表示空集)

(6)等幂律　$X \cdot X=X$

$X+X=X$

(7)狄・摩根定律　$(X \cdot Y)'=X'+Y'$

$(X+Y)'=X' \cdot Y'$

(8)对合律　$(X')'=X$

(9)重叠律　$X+X'Y=X+Y=Y+Y'X$

为了对故障树进行定性、定量分析，需要建立数学模型，写出其数学表达式。把顶事件用布尔代数表示，并自上而下展开，就可得到布尔表达式。下面是一个将未简化的故障树转换为布尔关系表达式的例子，故障树如图 5-12 所示。

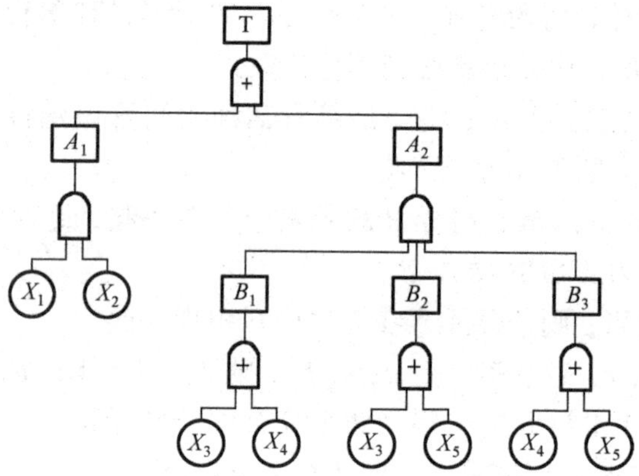

图 5-12　未经简化的故障树

未经简化的故障树，其结构函数表达式为

$$\begin{aligned} T &= A_1 + A_2 \\ &= A_1 + B_1 \cdot B_2 \cdot B_3 \\ &= X_1 \cdot X_2 + (X_3 + X_4) \cdot (X_3 + X_5) \cdot (X_4 + X_5) \\ &= X_1 \cdot X_2 + X_3 \cdot X_3 \cdot X_4 + X_3 \cdot X_4 \cdot X_4 + X_3 \cdot X_4 \cdot X_5 + X_4 \cdot X_4 \cdot X_5 \\ &\quad + X_4 \cdot X_5 \cdot X_5 + X_3 \cdot X_3 \cdot X_5 + X_3 \cdot X_5 \cdot X_5 + X_3 \cdot X_4 \cdot X_5 \end{aligned}$$

3.故障树的简化

根据布尔代数的运算规则，可以对建造好的故障树进行简化，去掉多余的逻辑事件，使得顶事件与基本事件之间的逻辑关系更加简单，给故障树的定性分析和定量分析带来方便。

对于简单的故障树(图 5-13)，根据布尔代数的运算规则中的交换律、结合律和等幂律，可以直接去除多余事件，得到简化的故障树。

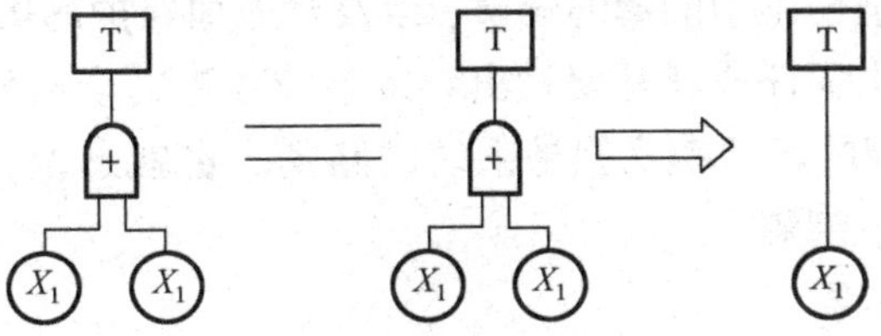

图 5-13　简单故障树的简化

对于一般的故障树，如见 5-14 所示，先将故障树转换成结构函数表达式，再用布尔代数运算中对事件的逻辑“·”和逻辑“+”的有关规则，进行运算、吸收，最终得到相应的简化故障树。对图 5-14 所示的故障树，可简化为

$$
\begin{aligned}
T &= X_1 + X_2 \\
&= X_1 \cdot (X_3 + X_4) \\
&= X_1 \cdot [(X_1 \cdot X_5) + X_4] \\
&= (X_1 \cdot X_5) + (X_1 \cdot X_4) \\
&= X_1 \cdot (X_5 \cdot X_4)
\end{aligned}
$$

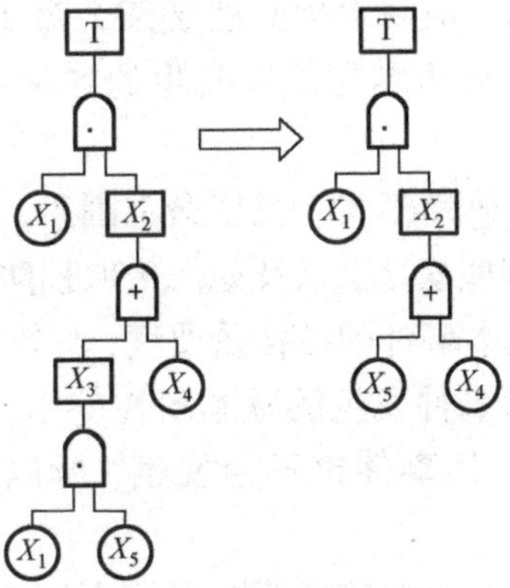

图 5-14　故障树的简化

二、故障树的定性分析

故障树的定性分析就是对任何事件都不需要给予数值，对事件只区分“0”和“1”的分析方法。这里所说的数值，是指基本事件的发生概率或故障率，而区分则是指事件是否发生“0”或“1”，发生为“1”，不发生则为“0”。故障树定性分析的目的，主要是发现系统的故障（事故）及其发生的途径，即故障模式。找出各个事件之间的关系及事件的种种组织形式，搞清它们对顶事件的发生有什么重要影响。

定性分析有以下的优点：

①可以查明由初始状态（基本事件）发展到故障状态（顶事件）的途径，并求出能引起发生顶事件的最少事件的组合；

②可以了解测试及控制装置对系统的保护作用；

③可以发现已有安全措施中的薄弱环节，以及对未加保护的事件应采取的措施。

故障树定性分析的主要任务就是要找出导致系统故障的全部故障模式，系统的故障模式就是系统的割集，系统的正常模式就是系统的路集。也就是说，故障树定性分析的主要任务就在于找出它的最小割集。

1.最小割集与最小路集

在故障树中，凡能导致顶事件发生的基本事件的组合，就叫做割集。它表示当该组合中的基本事件全部发生时，顶事件必然发生，所以系统的割集也就是系统的故障模式。

但是在一个故障树中，这种能导致顶事件发生的事件组合数是很多的，而且在内容上互有包含和重复，其中重复或多余的事件可以除去。所谓最小割集，就是指能导致顶事件发生的最低限度的基本事件的组合，在最小割集里，如果任意去掉其中一个基本事件，就不再是割集了。因此最小割集表示了当发生哪些故障或差错时，就会导致故障的发生，即表示系统的危险性。

最小割集在FTA定性分析中是十分有用的，因为它能指出发生何种基本事件(包括故障及失误等)及其组合就会发生故障，从而可以发现系统最薄弱的部分。最小割集的作用如下。

(1)表示顶事件发生的原因。故障发生必然是某个最小割集中几个事件同时存在的结果。求出故障树全部最小割集，就可掌握故障发生的各种可能，对掌握故障的规律，查明故障的原因大有帮助。

(2)一个最小割集代表一种故障模式。根据最小割集，可以发现系统中最薄弱的环节，直观判断出哪种模式最危险，哪些次之，以及如何采取预防措施。

(3)可以用最小割集判断基本事件的结构重要度，计算顶事件概率。

在故障树中，凡不能导致顶事件发生的基本事件的组合，就称作路集。它表示当该组合中的基本事件全部不发生时，顶事件也不会发生，所以系统的路集也就是系统的正常模式。

所谓最小路集，就是指不能导致顶事件发生的最低限度的基本事件的组合。在最小路集里，如果任意去掉其中一个基本事件，就不再是路集了，因此最小路集表示了当不发生这些故障和差错时，就不会导致故障的发生，即表示系统的安全性。

2.最小割集和最小路集的求解

最小割集的求解包括两部分：首先，要求出故障树的所有割集，主要方法有行列法、结构法、布尔代数法、矩阵法等；其次，要从所得出的割集中得出最小割集，主要方法有质数代入法、布尔代数吸收化简法。

求最小路集是利用它与最小割集的对偶性，首先做出与故障树对偶的成功树，如图5-15所示，就是把原来故障树的“与门”换成“或门”，把“或门”换成“与门”，各类事件发生换成不发生。然后利用最小割集的求解方法，求出成功树的最小割集，经对偶变换后就是故障树的最小路集。

下面对一些常用的求解方法进行简要介绍。

1)行列法

行列法是 1972 年 Fussell 提出的方法，所以也称其为 Fussell 法。行列法是根据故障树中，“或门”能指示出有哪些割集(即使割集的数目增大)“与门”能指示出割集中包含哪些事件(即使割集的结构增大)这样的性质，运用矩阵的行来排列“与门”的输入事件，用矩阵的列来排列“或门”的输入事件，在基本事件没有重复的情况下，当把全部门事件替换为基本事件后，所得到的矩阵的各项就是最小割集。具体做法是从紧接顶事件的逻辑门开始，如果是“或门”就将该门的各个输入事件纵向排列；如果是“与门”，就将该门的各个输入事件横向排列，依次将门的输出事件用输入事件替换，直至全部门事件均被基本事件替换为止。行列法简单易行，并可以编程序上机计算，故得到广泛应用。

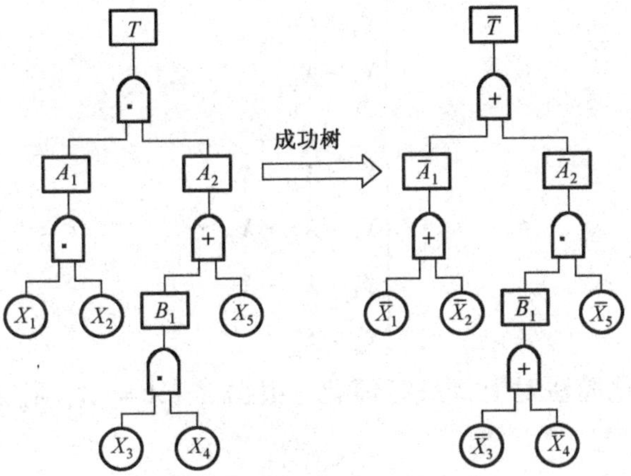

图 5-15　故障树转换为成功树

为了说明这种计算方法，以图 5-16 所示的故障树为例，求其最小割集。

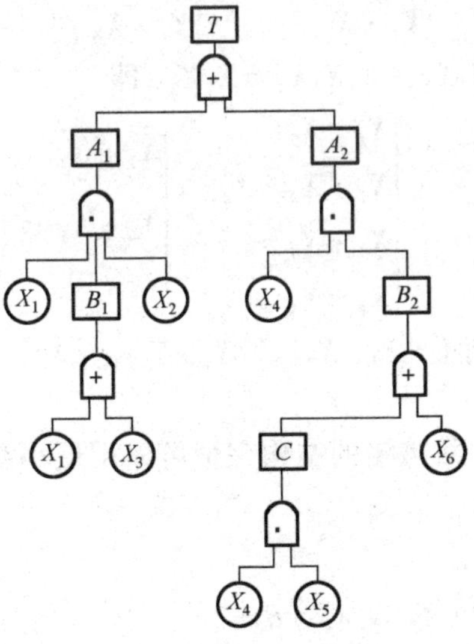

图 5-16　某系统的故障树

顶事件 T 与中间事件 A_1、A_2 是用"或门"连接，所以，应当成列摆开，即

$$\begin{cases}A_1\\A_2\end{cases}$$

A_1、A_2 与下一层事件 B_1、X_1、X_2 和 B_2、X_4 的连接均为"与门"，所以成行排列，即

$$\begin{cases}B_1\cdot X_1\cdot X_2\\B_2\cdot X_4\end{cases}$$

下面依此类推

$$\begin{cases}X_1\cdot X_1\cdot X_2\\X_1\cdot X_3\cdot X_2\\X_4\cdot C\\X_4\cdot X_6\end{cases}$$

最后整理得

$$\begin{cases}X_1\cdot X_1\cdot X_2\\X_1\cdot X_3\cdot X_2\\X_4\cdot X_4\cdot X_5\\X_4\cdot X_6\end{cases}$$

用布尔代数吸收化简法对上式进行简化，根据 $A\cdot A=A$，则 $X_1\cdot X_1=X_1$，$X_4\cdot X_4=X_4$，即

$$\begin{cases}X_1\cdot X_1\cdot X_2\\X_1\cdot X_3\cdot X_2\\X_4\cdot X_4\cdot X_5\\X_4\cdot X_6\end{cases}\rightarrow\begin{cases}X_1\cdot X_2\\X_1\cdot X_2\cdot X_3\\X_4\cdot X_5\\X_4\cdot X_6\end{cases}$$

又根据 $A+AB=A$，则 $X_1X_2+X_1X_2X_3=X_1X_2$，即

$$\begin{cases}X_1\cdot X_2\\X_1\cdot X_2\cdot X_3\\X_4\cdot X_5\\X_4\cdot X_6\end{cases}\rightarrow\begin{cases}X_1\cdot X_2\\X_4\cdot X_5\\X_4\cdot X_6\end{cases}$$

于是，就得到三个最小割集 $\{X_1, X_2\}$，$\{X_4, X_5\}$，$\{X_4, X_6\}$。

2）结构法

这种方法的理论依据是：故障树的结构完全可以用最小割集来表示。下面用结构法再来分析图 5-16 故障树示例。

$$\begin{aligned}T&=A_1\cup A_2\\&=X_1\cdot B_1\cdot X_2\cup X_4\cdot B_2\\&=X_1\cdot X_1\cdot X_2\cup X_1\cdot X_3\cdot X_2\cup X_4\cdot(X_4\cdot X_5\cup X_6)\\&=X_1\cdot X_2\cup X_4\cdot X_5\cup X_4\cdot X_6\end{aligned}$$

这样，得到的三个最小割集 $\{X_1, X_2\}$、$\{X_4, X_5\}$、$\{X_4, X_6\}$，完全与用行列法得到的结果一致。

3）布尔代数法

布尔代数法的理论依据是：上述结构法完全和布尔代数简化故障树法相似，所不同的只是"∪"与"+"的问题。实质上，布尔代数简化法中的"+"与结构法中的"∪"是一致的。这样，用布尔代数简化法最后求出的若干事件逻辑积的逻辑和中，每个逻辑积就是最小割集。还是以图 5-16 故障树为例，进行简化。

$$
\begin{aligned}
T &= A_1 + A_2 \\
&= X_1 \cdot B_1 \cdot X_2 + X_4 \cdot B_2 \\
&= X_1 \cdot X_1 \cdot X_2 + X_1 \cdot X_3 \cdot X_2 + X_4 \cdot (X_4 \cdot X_5 + X_6) \\
&= X_1 \cdot X_2 + X_1 \cdot X_2 \cdot X_3 + X_4 \cdot X_5 + X_4 \cdot X_4 \\
&= X_1 \cdot X_2 + X_4 \cdot X_5 + X_4 \cdot X_6
\end{aligned}
$$

这样，得到的三个最小割集 $\{X_1, X_2\}$、$\{X_4, X_5\}$、$\{X_4, X_6\}$，完全与用行列法、结构法得到的一致。

4）矩阵法

这种方法的理论依据是：从顶事件开始，通过矩阵进行处理，直至所有的门都得到求解为止。在矩阵中，一个被求解的门可用它的输入（即下级事件或者"门"）代替。一般情况下，应首先将顶事件写入矩阵，而且要写在第一行第一列的位置。在矩阵中填写其余内容时，有两条规则："或门"规则和"与门"规则。

"或门"规则——首先输入一个"或门"，用它置换矩阵中的门符号，其他输入则插入矩阵的下一空行内，每行只能有一个输入。另外，如果在已出现"或门"的行中有其他内容（事件和门），这些内容必须在已填写有其他门的所有行中重复出现。

"与门"规则——当求解矩阵中的"与门"时，首先输入"与门"，用以置换矩阵中的门符号，其他输入则插入矩阵中下一个可用的列内，每列只能有一个输入，且只能填写在已出现"或门"的同一行之内。依次求解每一个门，且所有的"与门"的其他输入内容（事件和门）都填在对应的新的一行中。

根据需要，反复使用这两个规则，直至矩阵保留下来的符号都是基本事件符号为止。

下面用矩阵法来分析图 5-16 故障树示例。

（1）T 门是一个"或门"，所以用"或门"规则去解它，得到的输入（下级事件和门）是 A_1 门和 A_2 门，如图 5-17（a）所示。

（2）A_1 门和 A_2 门都是"与门"，所以用"与门"规则去解它，得到 A_1 的输入是 X_1 门、B_1 门和 X_2 门；A_2 的输入是 X_4 门和 B_2 门，如图 5-17（b）所示。

（3）B_1 门和 B_2 门又都是"或门"，用"或门"规则去解它，得到 B_1 的输入是 X_1 门和 X_3 门；B_2 的输入是 C 门和 X_6 门，如图 5-17（c）所示。

（4）C 门是"与门"，所以用"与门"规则去解它，得到的输入是 X_4 门和 X_5 门。到这一步，矩阵中内容全部为基本事件，可以进行简化了，如图 5-17（d）所示。

(5)同样，运用布尔代数吸收化简法对矩阵进行简化。根据等幂律和吸收律将矩阵简化，如图 5-17(e)所示。

(6)最后，得到的三个最小割集 $\{X_1, X_2\}$、$\{X_4, X_5\}$、$\{X_4, X_6\}$，结果完全与上面三种方法得到的一致，如图 5-17(f)所示。

找到了这一项事件的最小割集，分析人员就可以通过评价构成割集的故障模式，从技术上进行分析，来确定该系统的薄弱环节，以便对薄弱环节重点采取对策。

A_1			
A_2			

(a)

X_1	B_1	X_2	
X_4	B_2		

(b)

X_1	X_1	X_2	
X_1	X_3	X_2	
X_4	C		
X_4	X_6		

(c)

X_1	X_1	X_2	
X_1	X_3	X_2	
X_4	X_4	X_5	
X_4	X_6		

(d)

X_1	X_2		
X_1	X_2	X_3	
X_4	X_5		
X_4	X_6		

(e)

X_1	X_2		
X_4	X_5		
X_4	X_6		

(f)

图 5-17　图 5-16 故障树的分析矩阵

三、故障树的定量分析

故障树分析除了可以对系统进行上述的定性分析以外，还可以运用数学方法和计算技术，对系统的各项可靠性参数进行计算，求出顶事件发生的概率，从而为安全评价和决策提供科学的依据。

故障树定量分析的目的在于计算顶事件的发生概率，以它来评价系统的安全可靠性(将计算顶事件发生的概率与预定目标值进行比较，如果超出目标值，就应采取必要的系统改进措施，使其降至目标值以下)。在进行定量分析时，必须取得准确的基本事件的故障率数据，编制的故障树应能包括系统的所有故障模式，并对全部事件用布尔代数做出正确的描述。

1.基本事件的故障率

在故障树的定量分析中，必须取得正确的基础数据，即给出基本事件的故障率数据，包括设备的故障率、人的误操作率以及其他统计数值。

1)设备的故障率

设备的故障率用 $\lambda(t)$ 表示，是指设备或部件工作 t 时间后，单位时间内发生失效或故障的概率。系统在规定条件下和规定时间内完成规定功能的概率，称为可靠度，用 $R(t)$ 表示，可靠度也是一个定量指标，$R(t) \in [0, 1]$。

由许多零部件构成的设备，其故障过程可大致分为以下三个阶段。

(1)早期故障。故障率随时间由较高值迅速下降。这主要由于部分元件因内部缺陷，在试验或调试过程中的损坏。

(2)偶然故障期。故障率趋近于常数。它描述了系统正常工作状况下的可靠性，在这个期间所产生的故障是随机的，故障率低而且稳定。

(3)损耗故障期。故障率上升，主要是由于元件老化、磨损所致。若能知道元件开始损耗的时间，而予以更换，就可以将上升的故障率拉下来，从而延长设备或系统的有效寿命。

设备的故障率是设备或部件平均故障间隔期(或称平均无故障时间，MTBF)的倒数。

$$\lambda = \frac{1}{\text{MTBF}} \tag{5-9}$$

一般 MTBF 由生产厂家给出，或通过实验室实验得出。设备或系统在两相邻故障间隔内正常工作时的平均时间，称为平均故障间隔时间。若第一次工作 t_1 时间后出现故障，第二次工作 t_2 时间后出现故障，第 n 次工作 t_n 时间后出现故障，则平均故障间隔时间为

$$\text{MTBF} = \frac{\sum_{i=1}^{n} t_i}{n} \tag{5-10}$$

设备或部件在实验室条件下测出的故障率为 λ_0，见表 5-6。而在实际应用时，还必须考虑比实验室恶劣的现场因素，适当选择环境系数 k，见表 5-7。故实际故障率为

$$\lambda = k\lambda_0 \tag{5-11}$$

表 5-6 故障率数据举例 （单位：h^{-1}）

设备或部件	故障率(λ)	
	观测值	建议值
机械杠杆、链条、托架等	$10^{-9} \sim 10^{-6}$	10^{-6}
电阻、电容、线圈等	$10^{-9} \sim 10^{-6}$	10^{-6}
固体晶体管、半导体	$10^{-9} \sim 10^{-6}$	10^{-6}
电子管	$10^{-6} \sim 10^{-4}$	10^{-5}
电(气)动调节阀等	$10^{-7} \sim 10^{-4}$	10^{-5}
摩擦制动器	$10^{-5} \sim 10^{-4}$	10^{-5}
继电器、开关	$10^{-7} \sim 10^{-4}$	10^{-5}
断路器	$10^{-6} \sim 10^{-4}$	10^{-5}
仪表传感器	$10^{-7} \sim 10^{-4}$	10^{-5}

表 5-7 环境系数 k 值举例

工作环境	k	工作环境	k
实验室	1	火箭实验台	60
普通室内	1.1~10	飞机	80~150
船舶	10~18	火箭	400~1000
铁路车辆、牵引式公共汽车	13~30		

2)人的误操作率

人的误操作是另一种基本事件，大致有五种情况：

①忘记做某项工作；

②做错了某项工作；

③采取了不应采取的工作步骤；

④没按程序完成某项工作；

⑤没在预定时间内完成某项工作。这些误差，有的可能只是操作中的简单差错，有的则可能导致灾害性后果。

人的误操作原因很复杂，很多专家学者对此做过研究。1961 年，Swain 和 Rock 提出了“人的误操作率预测法(THERP)”。这种方法的分析步骤如下：

①调查被分析者的操作程序；

②把整个程序分成各个操作步骤；

③把操作步骤再分成单个动作；

④根据经验或实验得出每个动作的可靠度，见表 5-8；

⑤求出各个动作的可靠度之积，得到每个操作步骤的可靠度，如果各个动作中有相容事件，则按条件概率计算；

⑥求出各操作步骤可靠度之积，得到整个程序的可靠度；

⑦求出整个程序的不可靠度(用 1 减去可靠度)，便得到 FTA 所需要的人的误操作率。

表 5-8　人的行为可靠度举例

人的行为类型	可靠度	人的行为类型	可靠度
阅读技术说明书	0.9918	安装垫圈	0.9962
读取时间(扫描记录仪)	0.9921	分析锈蚀和腐蚀	0.9963
读电流计和流量计	0.9945	阅读记录	0.9966
在因素位置上标注符号	0.9958	分析凹陷、裂纹和划伤	0.9967
安装安全锁线	0.9961	读压力计	0.9969
分析真空管失真	0.9961	固定螺母、螺钉和销子	0.9970
安装鱼形夹	0.9961	连接电缆(安装螺钉)	0.9972

人的误操作率同故障率一样，受作业条件和环境因素的影响很大。例如，作业的紧迫程度、作业的繁重程度、单调性、人的不安全感、心理状态和生理状况以及周围环境因素等。因此，仍然需要有修正系数 k 修正人的误操作率。人的某一动作的误操作率为

$$q = k(1 - R) \tag{5-12}$$

式中　k——某人的行为系数，取值范围见表 5-9。

表 5-9 中：a 为作业时间系数；b 为操作频率系数；c 为危险状况系数；d 为心理、生理条件系数；e 为环境条件系数。

有了各基本事件的发生概率，就可计算顶事件的发生概率。

2.顶事件发生概率的计算

关于顶事件发生概率的计算方法，可以根据故障树的结构函数和各种基本事件的发生概率 q_i 求得。这里介绍两种方法，一是直接分步算法，二是以最小割集求概率的算法。

1)直接分步算法

这种方法适合故障树的规模不大，不需要进行布尔代数简化时使用。它是从底部的基本事件算起，逐次向上推移计算到顶事件。

表 5-9　某人的行为系数取值范围

符　号	项　目	内　容	取值范围
a	作业时间	有充足的多余时间	1.0
		没有充足的多余时间	1.0~3.0
		完全没有多余时间	3.0~10.0
b	操作频率	频率适当	1.0
		连续操作	1.0~3.0
		很少操作	3.0~10.0
c	危险状况	即使误操作也安全	1.0
		误操作时危险性大	1.0~3.0
		误操作时有产生重大灾害的危险	3.0~10.0
d	心理、生理条件	教育训练、健康状况、疲劳等综合条件较好	1.0
		综合条件不好	1.0~3.0
		综合条件很差	3.0~10.0
e	环境条件	环境的综合条件较好	1.0
		环境的综合条件不好	1.0~3.0
		环境的综合条件很差	3.0~10.0

对于“或门”连接的事件，其计算公式为

$$p_o = \coprod_{i=1}^{n} q_i = 1 - \prod_{i=1}^{n}(1 - q_i) \tag{5-13}$$

式中　p_o——或门事件的概率；

q_i——第 i 个事件的概率；

n——输入事件数。

对于由“与门”连接的事件，其计算公式为

$$p_A = \prod_{i=1}^{n} q_i \tag{5-14}$$

2）以最小割集求概率的算法

这种方法是根据故障树的顶事件与最小割集的关系来进行计算的，它的特性是：

①顶事件 T 与最小割集的事件 E_i 之间是用“或门”连接的；

②每个最小割集与它所包含的基本事件 y_i 之间是用“与门”连接的。也就是说，顶事件的发生概率等于各个最小割集的概率和。

设 E_i 为最小割集 k_i 发生的事件，即属于 k_i 的所有基本事件发生时的事件。如果最小割集的总数是 n 个，那么要顶事件发生，这 n 个最小割集中至少有一个发生，记为 $\bigcup_{i=1}^{n} E_i$。因此顶事件的发生概率 g 可表示为

$$g = p\{\bigcup_{i=1}^{n} E_i\} \tag{5-15}$$

如果将事件和的概率记为 F_j 表示，则

$$F_j = \sum_{1 \leqslant j_1 < j_2 < \cdots < j_i \leqslant n} p\{E_{i1} \cap E_{i2} \cap \cdots \cap E_{ij}\} \tag{5-16}$$

则式(5-16)可展开为

$$g = \sum_{j=1}^{n}(-1)^{j-1}F_j = \sum_{l=1}^{n}p\{E_l\} - \sum_{1\leqslant i<j\leqslant n}p\{E_i \cap E_j\} + \cdots + (-1)^{n-1}p\{\bigcap_{l=1}^{n}E_l\} \tag{5-17}$$

如已知基本事件的发生概率为 q_i，则式(5-17)可写成

$$F_j(q) = \sum_{1\leqslant j_1<j_2<\cdots<j_i<n}\prod_{l\in k_{i1}\cup k_{i2}\cup\cdots\cup k_{ij}} q_l \tag{5-18}$$

最终可得到

$$g(q) = \sum_{l=1}^{n}\prod_{r\in k_l}g_r - \sum_{1\leqslant i<j\leqslant n}\prod_{r\in k_i\cup k_j}g_r + \cdots + (-1)^{n-1}\prod_{i=1}^{n}g_r \tag{5-19}$$

用上述公式，可以通过最小割集求得顶事件发生的概率。例如，对于由两个单元组成的串联系统，其顶事件与两个基本事件（X_1 和 X_2）是由“或门”组成的，顶事件的发生概率计算如下：

该系统的结构函数为

$$\phi(X) = X_1 \cup X_2 = 1-(1-X_1)(1-X_2)$$

设 X_1 的故障率为 q_1，X_2 的故障率为 q_2，则顶事件的发生概率为

$$g(q) = E[\phi(X)] = 1-(1-q_1)(1-q_2) = q_1+q_2-q_1q_2$$

故障树的规模很大时，可将它分成几个部分，即模块。故障树的模块是整个故障树的一个子系统，一般应是至少有两个基本事件的集合。它没有来自其他部分的输入，且只有一个输出到故障树的其他部分，这个输出称为模块的顶点。故障树的模块可以从整个故障树中分割出来，单独计算其最小割集及概率。而在故障树中，可以用“准基本事件”来代替这个分解出来的模块。由于模块规模小，计算量不大，而且数量集中，便于掌握，在没有重复事件的故障树中，可以任意分解模块来减少计算的规模。

3.事件重要度计算

在一个故障树中往往含有众多的基本事件，这些基本事件对顶事件的影响程度，如果用数值来表示，就称为重要度。重要度分为结构重要度、概率重要度和临界重要度。

1）结构重要度

从故障树结构上分析，各基本事件的重要度（不考虑各基本事件的发生概率）或假定各基本事件发生概率相等，分析各基本事件的发生对顶事件发生的影响程度，叫结构重要度。结构重要度仅根据故障树的逻辑体系决定，不需要故障率等数据，当然，如果不能得到这些数据，则不能进行定量分析而只能定性分析。

分析一个基本事件 i，假定在其他基本事件的状态不发生变化的情况下，当基本事件 i 从 0 变到 1 时，则顶事件的状态变化，可有以下四种情况。

（1）顶事件处于 0 状态不发生变化，即

$$\phi(0_i,y)=0 \to \phi(1_i,y)=0$$
$$\phi(1_i,y)-\phi(0_i,y)=0$$

（2）顶事件从 0 变为 1，即

$$\phi(0_i,y)=0 \to \phi(1_i,y)=1$$
$$\phi(1_i,y)-\phi(0_i,y)=1$$

（3）顶事件处于 1 状态不发生变化，即

$$\phi(0_i,y)=1\rightarrow\phi(1_i,y)=1$$
$$\phi(1_i,y)-\phi(0_i,y)=0$$

(4)顶事件从 1 变为 0，即

$$\phi(0_i,y)=1\rightarrow\phi(1_i,y)=0$$
$$\phi(1_i,y)-\phi(0_i,y)=-1$$

由于结构函数是仅限于相关的，对于 D 项所反映的部件发生了故障，而系统从故障状态恢复到正常状态的情况是绝对不会发生的，所以不予考虑。而顶事件发生从 0 到 1 的情况主要是 B 项，也就是当基本事件 y_i 状态从 0 到 1 时，顶事件的状态 $\phi(0_i, y)=0$ 变到 $\phi(1_i, y)=1$，这表明该基本事件是决定顶事件的主要原因。

如果用方程 $\phi(1_i, y)-\phi(0_i, y)=1$ 来表示，这时状态 $(1_i, y)$ 称为基本事件 i 的临界割变量，与此相对应的割集 $\phi(1_i, y)$ 称为临界割集。然后固定这种状态，把所有与基本事件 i 相对应的临界割的总数求出来，临界割集在总割集中所占的比例即为结构重要度。可有下式表示

$$I_\phi(i)=1/2^{n-1}\{\sum[\phi(1_i,y)-\phi(0_i,y)]\} \tag{5-20}$$

式中　$[\phi(1_i, y)-\phi(0_i, y)]$——与基本事件 i 对应的临界割集；

2^{n-1}——总割集数；

n——基本事件的总数。

2)概率重要度

结构重要度分析是从故障树的结构上，分析各基本事件的重要程度。如果进一步考虑基本事件发生概率的变化会对顶事件发生概率产生多大影响，就要分析基本事件的概率重要度。概率重要度的定义：在已知各基本事件可靠度(或不可靠度)的情况下，基本事件不发生时与发生时相比，系统不可靠度(顶事件发生概率)的减少量。反言之，概率重要度表示一个基本事件的发生所引起系统不可靠度的增大量。

概率重要度系数 $I_g(i)$ 计算公式为

$$I_g(i)=\frac{\partial Q}{\partial q_i} \tag{5-21}$$

式中　$I_g(i)$——基本事件 X_i 的概率重要度；

Q——顶事件的发生概率；

q_i——基本事件 X_i 的发生概率。

由于假设基本事件独立，则表示基本事件的发生概率的变量 q_1，q_2，…，q_n 是相互独立的。基本事件 X_i 的概率重要度很容易由下式求出：

$$I_g(i)=\frac{\partial Q}{\partial q_i}=\sum_{i=1}^{n}\frac{\partial p_{k_i}}{\partial q_i} \tag{5-22}$$

下面举例说明求解过程。假设故障树最小割集为 $\{X_1, X_3\}$，$\{X_1, X_5\}$，$\{X_3, X_4\}$，$\{X_2, X_4, X_5\}$。各基本事件概率分别为：$q_1=0.01$，$q_2=0.02$，$q_3=0.03$，$q_4=0.04$，$q_5=0.05$。则各个基本事件的概率重要度计算过程如下：

$$\phi(X)=X_1X_3\cup X_1X_5\cup X_3X_4\cup X_2X_4X_5$$

$$= X_1X_3 + X_1X_5 + X_3X_4 + X_2X_4X_5 - (X_1X_3X_5 + X_1X_3X_4 + X_1X_2X_3X_4X_5 + X_1X_3X_4X_5 + X_1X_2X_4X_5 + X_2X_3X_4X_5)$$

顶事件发生概率应用式(5-19)计算，结果为

$$\begin{aligned} g &= q_1q_3 + q_1q_5 + q_3q_4 + q_2q_4q_5 - (q_1q_3q_5 + q_1q_3q_4 + q_1q_2q_3q_4q_5 + q_1q_3q_4q_5 + q_1q_2q_4q_5 + q_2q_3q_4q_5) \\ &= 0.01 \times 0.03 + 0.01 \times 0.05 + 0.03 \times 0.04 + 0.02 \times 0.04 \times 0.05 - (0.01 \times 0.03 \times 0.05 + 0.01 \times 0.03 \times 0.04 + 0.01 \times 0.02 \times 0.03 \times 0.04 \times 0.05 + 0.01 \times 0.03 \times 0.04 \times 0.05 + 0.01 \times 0.02 \times 0.04 \times 0.05 + 0.02 \times 0.03 \times 0.04 \times 0.05) \\ &= 0.002\,01 \end{aligned}$$

各个基本事件的概率重要度应用式(5-22)计算得

$$I_g(1) = q_3 + q_5 - (q_3q_5 + q_3q_4 + q_2q_3q_4q_5 + q_3q_4q_5 + q_2q_4q_5) = 0.076$$

$$I_g(2) = q_4q_5 - (q_1q_3q_4q_5 + q_1q_4q_5 + q_3q_4q_5) = 0.002$$

$$I_g(3) = q_1 + q_4 - (q_1q_5 + q_1q_4 + q_1q_2q_4q_5 + q_1q_4q_5 + q_2q_4q_5) = 0.049$$

$$I_g(4) = q_3 + q_2q_5 - (q_1q_3 + q_1q_2q_3q_5 + q_1q_3q_5 + q_1q_2q_5 + q_2q_3q_5) = 0.031$$

$$I_g(5) = q_1 + q_2q_4 - (q_1q_3 + q_1q_2q_3q_4 + q_1q_3q_4 + q_1q_2q_4 + q_2q_3q_4) = 0.010$$

由此可得：$I_g(1) > I_g(3) > I_g(4) > I_g(5) > I_g(2)$，即基本事件 X_1 的概率重要度最高，基本事件 X_3 的概率重要度次之，基本事件 X_2 的概率重要度最低。

3）临界重要度

临界重要度是从敏感度和概率大小双重角度衡量基本事件的重要程度。它是基本事件 X_i 发生概率的变化率与顶事件发生概率的变化率之比，定义式为

$$I_c(i) = \frac{\partial \ln Q}{\partial \ln q_i} \tag{5-23}$$

临界重要度 $I_c(i)$ 与概率重要度 $I_g(i)$ 的关系是

$$I_c(i) = \frac{q_i}{Q} I_g(i) \tag{5-24}$$

例如，对上面求概率重要度的例子，各个基本事件的临界重要度为

$$I_c(1) = \frac{q_1}{Q} I_g(1) = 0.391\,5 \qquad I_c(2) = \frac{q_2}{Q} I_g(2) = 0.019\,6$$

$$I_c(3) = \frac{q_3}{Q} I_g(3) = 0.734\,5 \qquad I_c(4) = \frac{q_4}{Q} I_g(4) = 0.607\,3$$

$$I_c(5) = \frac{q_5}{Q} I_g(5) = 0.264\,3$$

由此可得：$I_c(3) > I_c(4) > I_c(1) > I_c(5) > I_c(2)$，即基本事件 X_3 的临界重要度最高，基本事件 X_4 的临界重要度次之，基本事件 X_2 的临界重要度最低。

习题

1.简述 FTA 的基本步骤。

2.简述建造 FTA 的基本规则。

3.为什么要进行 FMEA 或 FMECA 工作？试以一个你所熟悉的产品进行 FMEA 或 FMECA 工作，并填写 FMEA 或 FMECA 表格。

4.如何建立故障树？

第六章
单元产品的可靠性评价

虽然产品的可靠性真值理论上是存在的，但实际上受到试件数量的限制，只能对产品的可靠性真值进行估计。习惯上将进行可靠性试验的对象称为单元，它可以是一个复杂的系统，也可以是分系统，甚至是零部件。根据试件(样品)的观测数据，通过一定的统计计算，对单元的可靠性真值进行估计，这就是单元可靠性评估的任务。为了方便，记 θ 为可靠性真值，它可以表示可靠度、寿命、期望值、方差等参数。

单元可靠性的评估方法有点估计和区间估计两类。它们有着各自的特点和用途。本章将展开详细介绍。

第一节　单元产品可靠性评价的基本概念

一、单元产品可靠性评估的含义

产品可靠性评估，即评估该产品的可靠性特征量，如可靠度 R、失效率 λ、平均寿命 $\bar{\theta}$ (MTBF)等。若能确定产品的失效分布函数，则可求出产品的各可靠性特征量。各种产品的失效分布类型一般是可以确定的，但分布函数的参数是不确定，故仅根据已知的失效分布类型是不能确定其可靠性特征量的。对单元产品的可靠性评估，就是按国家抽样检验标准，从产品(母体)中抽取部分产品(子样)进行寿命试验，根据子样的试验数据对母体的失效分布参数进行估计，从而确定产品可靠性的特征量。

二、单元产品可靠性评估的前提和评估的步骤

1.进行单元产品评估的前提条件

已知被研究产品的失效分布类型是进行单元产品可靠性评估的前提条件。通过寿命试验不但可以确定失效分布类型，同时也可以求出其参数。对于一些常用的产品的失效分布类型也可通过查阅有关手册或有关资料确定。

2.进行单元产品评估的一般步骤

(1)收集子样产品的试验数据 $x_1, x_2, \cdots, x_n$。

(2)根据子样的试验数据计算产品(母体)的失效分布函数的参数或数学特征量。

(3)根据上述参数或数学特征量确定产品(母体)的失效分布函数。

(4)根据产品(母体)失效分布函数计算其有关的可靠性指标。

三、单元产品的可靠性评估方法

对单元产品的可靠性评估一般采用点估计和区间估计。

1.点估计

在点估计的各种计算方法中，我们仅介绍矩法和极大似然法(MLE)。

1)矩法

矩法是以子样的各阶矩估计母体各阶矩的评估方法。例如，以子样的算术平均值 $\bar{x}$ 作为母体分布的数学期望 $E(X)=\mu$ 的估计值 $\hat{\mu}$，而以子样方差 S^2 作为母体方差 $D(X)=\sigma^2$ 的估计值 $\hat{\sigma}^2$，即

$$\hat{\mu} = \bar{x} = \frac{1}{n}\sum_{i=1}^{n} x_i \tag{6-1}$$

$$\hat{\sigma}^2 = S^2 = \frac{1}{n}\sum_{i=1}^{n} (x_i - \bar{x})^2 \tag{6-2}$$

式中 x_i ——子样中第 i 个产品的试验数据；

n——子样中包含有产品的数目。

一般情况下，矩法是取子样的前 k 阶原点矩或中心矩作为母体前 k 阶原点或中心矩来解 k 个参数。

2)极大似然法

极大似然法是把母体待估参数的一切可能取值中，使观测结果出现概率最大的一个作为该参数的估计值。例如，母体待估参数 $\hat{x}$ 的一切可能在 $x_1 \sim x_n$ 范围内，抽样观测发现待估参数各个取值出现的概率 $L(x)$，如图 6-1 所示。应用极大似然法可以确定 $\hat{x}$ 为母体参数的估计值，因为从图 6-1 所示曲线可以明显地看出：$\hat{x}$ 的出现概率最大，即一阶导数 $\frac{\mathrm{d}L(x)}{\mathrm{d}x} = 0$，若已知 $L(x)$，则可求出 $\hat{x}$。

不同抽样的样本的点估计值一般是不同的。点估计(矩法和极大似然法)没有给出估计值与其真值的误差是多少；且不能说清楚这些误差应控制在什么范围内。总之，点估计计算简单无置信概率，但在工程中用得最多的是区间估计。

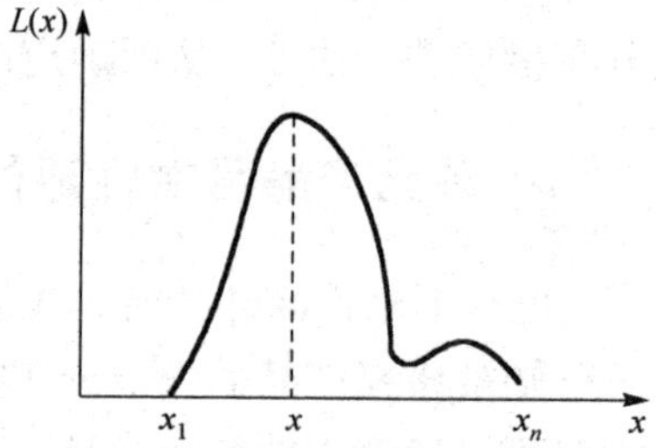

图 6-1　待估参数的 $L(x)$ 曲线

2.区间估计

由上述可知，点估计精度不高，为了提高估计值的可信程度，即为了使估计值 $\hat{\theta}$ 尽可能有把握地接近其真值 θ，使 $\hat{\theta}$ 和 θ 的误差不超过某一定值 δ 的概率不小于某一值 γ，若只考虑边界情况，则数学式为

$$P(|\theta - \hat{\theta}| \leqslant \delta) = \gamma$$

即

$$P[(\hat{\theta} - \delta) \leqslant \theta \leqslant (\hat{\theta} + \delta)] = \gamma$$

令

$$\theta_{\mathrm{L}} = \hat{\theta} - \delta, \quad \theta_{\mathrm{U}} = \hat{\theta} + \delta$$

则

$$P(\theta_{\mathrm{L}} \leqslant \theta \leqslant \theta_{\mathrm{U}}) = \gamma \tag{6-3}$$

式中 θ_{L} ——置信下限；

θ_{U} ——置信上限；

γ ——置信度，也称置信概率。$\gamma = 1 - \alpha$，其中 α 为风险率或置信水平。

区间估计就是根据对每个子样的测得值 $x_1, x_2, \cdots, x_n$，求置信度 γ 下的置信上限 θ_{U} 和置信下限 θ_{L}。

可以这样解释式(6-3)：置信区间$[\theta_{\mathrm{L}}, \theta_{\mathrm{U}}]$是一个随机区间，对于不同的独立子样，它可能不同。其中，一些区间包含 θ 的真值，而另一区间可能不包含真值。在多次取样中，“置信区间包含真值 θ”这个事件出现的概率等于 γ。

由于 θ_U 和 θ_L 分别都是子样 $x_1,x_2,\cdots,x_n$ 的函数，因此 θ_U 和 θ_L 可能是离散型的随机变量。当 θ_U 和 θ_L 是离散型随机变量时，式(6-3)就有可能不能实现，则应将其改写为

$$P(\theta_L \leqslant \theta \leqslant \theta_U) \geqslant \gamma \tag{6-4}$$

式(6-3)应用于 θ_L 和 θ_U 为连续型随机变量的情况；式(6-4)应用于 θ_L 和 θ_U 为离散型随机变量的情况。应用它们时应注意以下几点。

(1)$[\theta_L,\theta_U]$区间为真值 θ 所在的区间，其区间越小，说明对真值估计的越精，在计算方法和置信度相同的条件下，子样越大(即 n 越大)，则置信区间越小，估计精度越高。

(2)γ 反映真值 θ 落在区间$[\theta_L,\theta_U]$的概率，γ 越大，说明该区段估计的置信度(可信程度)越大。

(3)区间估计的置信度和精确度是相互矛盾的两个侧面，当子样大小不变时，要求的置信度越高，置信区间越宽，估计精度越低。因此，区间估计的关键是在子样大小合理的情况下，协调地处理好置信度和精度的关系。

(4)式(6-3)或式(6-4)均为双边估计的计算公式，实际在工程中主要采用的是单边估计，因为人们主要关心的是产品可靠度 R 的下限或失效率 λ 的上限。

众所周知，大体上有三种失效分布类型在可靠性技术中最为常见，即成败型(二项分布)、寿命型(一般为指数分布)、性能和结构可靠性模型(正态分布)。此外，还有威布尔分布、对数正态分布等。

第二节　成败型产品可靠性评价

一、不同成败型单元串联系统

系统由 l 个不同成败型单元串联组成，各单元试验了 N_i 次，成功 S_i 次，失败 F_i 次，下面分别介绍三种系统可靠性评定方法。

1.MML 方法

系统可靠度函数 R 极大似然估计为

$$\hat{R} = \prod_{i=1}^{l} \hat{R}_i = \prod_{i=1}^{l} \frac{S_i}{N_i} \tag{6-5}$$

则 $\hat{R}$ 的渐近方差 $D(\hat{R})$ 的极大似然估计 D 为

$$D = \sum_{i=1}^{l} \left[\frac{\partial \hat{R}}{\partial \hat{R}_i}\right]_0^2 \hat{D}(\hat{R}_i) = \sum_{i=1}^{l} \frac{\hat{R}^2(1-\hat{R}_i)}{\hat{R}_i N_i} \tag{6-6}$$

1)成败型近似置信下限

当 $F_i \neq 0, 1 \leqslant i \leqslant l$ 或 $F_i = 0, 1 \leqslant i \leqslant l'$；$F_i \neq 0, l'+1 \leqslant i \leqslant l$，且 $S_{(1)} = \min\limits_{1\leqslant i\leqslant l'} S_i \geqslant S_{(2)} = \min\limits_{l'+1\leqslant i\leqslant l} S_i$ 时，有

$$\begin{cases} N = \dfrac{\prod\limits_{i=1}^{l} \dfrac{N_i}{S_i} - 1}{\sum\limits_{i=1}^{l} \dfrac{F_i}{S_i N_i}} \\ F = N\left(1 - \prod\limits_{i=1}^{l} \dfrac{S_i}{N_i}\right) \\ \sum\limits_{i=s}^{N} \dbinom{N}{i} R_l^i (1 - R_l)^{N-i} = 1 - \gamma \end{cases} \tag{6-7}$$

当 $F_i = 0, 1 \leqslant i \leqslant l$ 时，有

$$\begin{cases} N = \eta = \min N_i \\ F = 0 \\ R_l = (1 - \gamma)\dfrac{1}{N} \end{cases} \tag{6-8}$$

当存在 $F_i = 0, 1 \leqslant i \leqslant l'$；$F_i \neq 0, l' + 1 \leqslant i \leqslant l$，且 $S_{(1)} < S_{(2)}$ 时，记与 $S_{(2)}$ 同一单元的 N_i 为 $N_{(2)}$，进行一次信息压缩，即用 $\left(S_{(1)}, \dfrac{S_{(1)}}{S_{(2)}} N_{(2)}\right)$ 代替 $(S_{(2)}, N_{(2)})$，与其他单元信息一起代入式(6-7)中的 N 公式和 F 公式，求解 R_i。

2)指数寿命型近似置信下限

指数寿命型近似置信下限的计算公式为

$$\begin{cases} \eta = \dfrac{\ln \prod\limits_{i=1}^{l} \dfrac{N_i}{S_i}}{\sum\limits_{i=1}^{l} \dfrac{F_i}{S_i N_i}} \\ r = \eta \ln \prod\limits_{i=1}^{l} \dfrac{N_i}{S_i} \\ R_l = \exp \dfrac{-\chi_\gamma^2(2r + 2)}{2\eta} \end{cases} \tag{6-9}$$

2. L-M 方法

在工程应用中有一种比 MML 方法计算简便，公式更易理解的方法称为 L-M 法。其置信下限的计算公式为

$$\begin{cases} N = \min\{N_1, N_2, \cdots, N_i, \cdots, N_l\} \\ S = N \prod\limits_{i=1}^{l} \dfrac{S_i}{N_i} \\ \sum\limits_{i=s}^{N} \dbinom{N}{i} R_2^i (1 - R_l)^{N-i} = 1 - \gamma \end{cases} \tag{6-10}$$

3.修正的 L-M 方法

L-M 方法简单易行，但所得到的置信下限一般偏于保守，郑忠国等人提出了修正的 L-

M 方法来克服上述保守的缺点。其置信下限的计算公式为

$$\begin{cases}\hat{R}_i = \dfrac{S_i}{N_i}(i = 1,\cdots,l)\\ \hat{R}_0 = \prod\limits_{i=1}^{l}\hat{R}_i\\ \dfrac{1}{m_0}\cdot\dfrac{1-\hat{R}_0}{\hat{R}_0} = \sum\limits_{i=1}^{l}\dfrac{1}{N_i}\cdot\dfrac{1-\hat{R}_i}{\hat{R}_i}\\ S_* = m_0\hat{R}_0\end{cases} \tag{6-11}$$

首先把整个系统想象为进行了 m_0 次试验，成功了 S_* 次（m_0 是虚拟试验次数，S_* 是虚拟成功次数，两者不一定是整数，可用最接近的整数替代）；然后使用熟知的三次插值方法求得系统可靠度的置信下限。

【例 6-1】 系统由 3 个不同的成败型单元串联组成，各单元的试验数和成功数分别为 $N_1 = 50, S_1 = 50; N_2 = 50, S_2 = 48; N_3 = 40, S_3 = 39$。求置信度为 0.90 时的可靠度置信下限（用四种方法计算）。

解：

(1) 用 MML 方法求成败型近似置信下限。

由式(6-7)得

$$N = \frac{\dfrac{50}{50}\times\dfrac{50}{48}\times\dfrac{40}{39}-1}{\dfrac{0}{50\times 50}+\dfrac{2}{48\times 50}+\dfrac{1}{39\times 40}}$$

$$S = 46.39\times\frac{50}{50}\times\frac{50}{48}\times\frac{40}{39}\approx 43.42$$

$$F = N - S = 2.97$$

查二项分布可靠度单侧置信下限表（GB 4087.3—2009），将 $\gamma = 0.90, N = 46$、46.39、47，$F = 2$、2.97、3 的置信下限 R_l 值及其三次插入值填入表 6-1。

表 6-1　R_l 三次插值数据

N	F		
	2	2.97	3
46	0.888 41		0.860 50
46.39	0.889 30	0.862 44	0.861 61
47	0.890 70		0.863 35

得

$$R_{1r} = 0.862\,44$$

(2)用 MML 方法求指数寿命型近似置信下限。

由式(6-9)得

$$\eta = \frac{\ln\left(\frac{50}{50} \times \frac{50}{48} \times \frac{40}{39}\right)}{\frac{0}{50 \times 50} + \frac{2}{48 \times 50} + \frac{1}{39 \times 40}} = 44.87$$

$$r = 44.87\ln\left(\frac{50}{50} \times \frac{50}{48} \times \frac{40}{39}\right) = 2.96$$

查χ^2 分布分位数表(GB4086.2)得

$$\chi^2_{0.90}(8) = 13.361\ 57$$

$$\chi^2_{0.90}(7) = 12.017\ 04$$

用线性插值法得

$$\chi^2_{0.90}(2r + 2) = \chi^2_{0.90}(7.92) = 12.124\ 6$$

则有

$$R_{l2} = \exp\frac{-12.124\ 6}{2 \times 44.87} = 0.873\ 6$$

(3)用 L-M 方法求近似置信下限。

由式(6-10)得

$$N = \min\{50,50,40\} = 40$$

$$S = 40 \times \frac{50}{50} \times \frac{48}{50} \times \frac{39}{40} = 37.44$$

$$F = 40 - 37.44 = 2.56$$

查二项分布可靠度单侧置信下限表得

当 $N = 40$，$F = 2$ 时，$R_1 = 0.872\ 37$

当 $N = 40$，$F = 2$ 时，$R_2 = 0.840\ 55$

用线性插值法得

$$R_{l3} = 0.8583$$

(4)用修正 L-M 方法求近似置信下限。

由式(6-11)得

$$\hat{R}_1 = \frac{50}{50} = 1$$

$$\hat{R}_2 = \frac{48}{50} = 0.96$$

$$\hat{R}_3 = \frac{39}{40} = 0.975$$

$$\hat{R}_0 = 1 \times 0.96 \times 0.975 = 0.936$$

$$\frac{1}{m_0} \times \frac{1 - 0.936}{0.936} = \frac{1}{50} \times \frac{1 - 1}{1} + \frac{1}{50} \times \frac{1 - 0.96}{0.96} + \frac{1}{40} \times \frac{1 - 0.975}{0.975}$$

解得

$$m_0 = 46.32$$

$$S_* = 46.32 \times 0.936 = 43.35$$

$$F_* = 46.32 - 43.35 = 2.97$$

查二项分布可靠度单侧置信下限表，将 $\gamma = 0.90$，$N = 46$、46.32、47，$F = 2$、2.97、3 的置信下限 R_l 值及其三次插入值填入表 6-2 中。

表 6-2　R_l 三次插值数据

N	F		
	2	2.97	3
46	0.888 41		0.860 50
46.32	0.889 14	0.862 18	0.861 41
47	0.890 70		0.863 35

得

$$R_{l4} = 0.862\ 18$$

从例 6-1 可以看出，用 L-M 方法得到的可靠度近似置信下限 $R_{l3} = 0.858\ 3$，与用 MML 方法得到的成败型近似置信下限 $R_{l1} = 0.862\ 44$ 和寿命型近似置信下限 $R_{l2} = 0.873\ 6$ 相比，确实保守了一些；而用修正 L-M 方法得到的近似置信下限 $R_{l4} = 0.862\ 18$，则克服了这一缺点。

二、相同成败型单元串联系统

系统由 l 个相同成败型单元串联组成，此单元共试验了 N_1 次，成功 S_1 次同，失败 F_1 次；求系统可靠度在置信度为 γ 时的置信下限的方法如下。

1.成败型近似置信下限

系统可靠度成败型近似置信下限的计算公式为

$$\begin{cases} N = \dfrac{N_1 S_1}{l^2 F_1}\left[\left(\dfrac{N_1}{S_1}\right)^l - 1\right] \\ S = N\left(\dfrac{S_1}{N_1}\right)^l \\ \displaystyle\sum_{i=s}^{N}\binom{N}{i} R_l^i\,(1 - R_l)^{N-i} = 1 - \gamma \end{cases} \tag{6-12}$$

当 $F_1 = 0$ 时，有

$$R_l = (1 - \gamma)^{\frac{l}{N_1}} \tag{6-13}$$

2.指数寿命型近似置信下限

系统可靠度指数寿命型近似置信下限的计算公式为

$$\begin{cases} \eta = \dfrac{N_1 S_1 \ln \dfrac{N_1}{S_1}}{\sum\limits_{i=1}^{l} \dfrac{F_i}{S_i N_i}} \\ r = l\eta \ln \dfrac{N_1}{S_1} \\ R_l = \exp \dfrac{-\chi_\gamma^2(2r+2)}{2\eta} \end{cases} \tag{6-14}$$

【例 6-2】系统由 4 个相同的成败型单元串联组成，此单元共进行试验 $N_1 = 50$ 次，成功 $S_1 = 49$ 次，失败 $F_1 = 1$ 次。求置信度水平为 0.60 的可靠度置信下限。

解：

(1)求成败型近似置信下限。

由式(6-12)得

$$N = \frac{50 \times 49}{4^2 \times 1} \times \left[\left(\frac{50}{49}\right)^4 - 1\right] = 12.888$$

$$S = 12.888 \times \left(\frac{49}{50}\right)^4 = 11.887$$

$$F = 12.888 - 11.887 = 1.001$$

查二项分布可靠度单侧置信下限表，将 $\gamma = 0.60$, $N = 12$、12.888、13, $F = 1$、1.001、2 的置信下限 R_l 值及其三次插入值填入表 6-3 中。

表 6-3　R_l 三次插值数据

N	F		
	1	1.001	2
12	0.838 51		0.752 99
12.888	0.849 10	0.849 02	0.769 13
13	0.850 44		0.771 17

得

$$R_{l1} = 0.849\ 02$$

(2)求指数寿命型近似置信下限。

由式(6-14)得

$$\eta = \frac{50 \times 49 \ln \dfrac{50}{49}}{4 \times 1} = 12.374$$

$$r = 4 \times 12.374 \ln \frac{50}{49} = 0.999\ 95 \approx 1$$

查 χ^2 分布分位数表得

$$\chi_\gamma^2(2r+2) = \chi_{0.60}^2(4) = 4.044\ 63$$

计算得

$$R_{12} = \exp\frac{-4.044\ 63}{2\times 12.374} = 0.849\ 22$$

第三节　指数寿命型产品可靠性评价

指数分布是一种很重要的寿命分布类型，在系统的可靠性分析中，多以指数分布作为假定的寿命分布，并以此为根据做统计推断。指数分布可分为单参数的指数分布和两参数的指数分布两种类型。不同类型的寿命数据其分析处理方法也会不同。下面将分别加以讨论。

一、单参数指数分布

1.点估计

前面已经提到不同的寿命数据类型，将会得到不同的推断方法。下面将介绍几种与我们的实际工作比较接近的数据类型。

1)非替换(右侧)定数截尾寿命试验的情况

假定：

① $t_1,\cdots,t_n$ 为相互独立同分布于单参数指数分布；

②以其大小次序排列为 $t_{(1)}\leqslant t_{(2)}\leqslant\cdots\leqslant t_{(n)}$；

③试验进行到 $t_{(r)}$ 时停止，也就是进行到第 r 个失效时为止，$t_{(1)}\leqslant t_{(2)}\leqslant\cdots\leqslant t_{(r)}$ $(0<r\leqslant n)$。

(1) 平均寿命 θ 的估计量

$$\hat{\theta}_{r,n} = \frac{T_{r,n}}{r} \tag{6-15}$$

式中

$$T_{r,n} = \sum_{i=1}^{r} t_{(i)} + (n-r)t_{(r)} \tag{6-16}$$

(2) 失效率 λ 的估计量

$$\hat{\lambda}_{r,n} = \frac{1}{\hat{\theta}_{r,n}} = \frac{r}{T_{r,n}} \tag{6-17}$$

(3) 可靠度 $R(t_0)$ 的估计量

$$\hat{R}(t_0) = \mathrm{e}^{-\hat{\lambda}_{r,n}t_0} \tag{6-18}$$

式中　t_0——预先给定的任务时间。

2)非替换(右侧)定时截尾寿命试验的情况

假定：

① $t_1,\cdots,t_n$ 为相互独立同分布于单参数指数分布；

②以其大小次序排列为 $t_{(1)} \leqslant t_{(2)} \leqslant \cdots \leqslant t_{(n)}$；

③寿命试验进行到预先规定的时间 τ 停止，若在 τ 以前有 r 个失效，即 $t_{(1)} \leqslant t_{(2)} \leqslant \cdots \leqslant t_{(r)} \leqslant \tau$。

(1) 平均寿命 θ 的估计量

$$\hat{\theta}_{r,n} = \frac{T_{r,n}}{r} \tag{6-19}$$

其中

$$T_{r,n} = \sum_{i=1}^{r} t_{(i)} + (n-r)t_{(r)} \tag{6-20}$$

(2)失效率 λ 的估计量

$$\hat{\lambda}_{r,n} = \frac{1}{\hat{\theta}_{r,n}} = \frac{r}{T_{r,n}} \tag{6-21}$$

(3)可靠度 $R(t_0)$ 的估计量

$$\hat{R}(t_0) = \mathrm{e}^{-\hat{\lambda}_{r,n}t_0} \tag{6-22}$$

式中　t_0——预先给定的任务时间。

3)非替换混合截尾寿命试验的情况

假定：

① $t_1,\cdots,t_n$ 为相互独立同分布于单参数指数分布；

②以其大小次序排列为 $t_{(1)} \leqslant t_{(2)} \leqslant \cdots \leqslant t_{(n)}$；

③ τ 为预先规定的停试时间，r 为预先规定的停试失效个数，如果寿命试验进行到 τ 时刻已失效的个数为 r'，记为

$$r^* = \begin{cases} r' & t_{(r)} \geqslant \tau \\ r & t_{(r)} \geqslant \tau \end{cases} \tag{6-23}$$

和

$$\tau^* = \min\{\tau, t_{(r)}\}$$

因此，非替换混合截尾子样为 $t_{(1)}, t_{(2)}, \cdots \leqslant t_{(r^*)}$，其余 $n-r^*$ 个试验到 τ^* 时刻。

(1) 平均寿命 θ 的估计量

$$\hat{\theta}^*_{r,n} = \frac{T^*_{r,n}}{r^*} = \begin{cases} \dfrac{\sum\limits_{i=1} t_{(i)} + (n-r')\tau}{r'} & (t_{(r)} \geqslant \tau) \\[2ex] \dfrac{\sum\limits_{i=1}^{r} t_{(i)} + (n-r)t_{(r)}}{r} & (t_{(r)} < \tau) \end{cases} \tag{6-24}$$

(2) 失效率 λ 的估计量

$$\hat{\lambda}^*_{r,n} = \frac{1}{\hat{\theta}^*_{r,n}} = \begin{cases} \dfrac{r'}{\sum\limits_{i=1}^{r'} t_{(i)} + (n-r')\tau} & (t_{(r)} \geqslant \tau) \\[2ex] \dfrac{r}{\sum\limits_{i=1}^{r} t_{(i)} + (n-r)t_{(r)}} & (t_{(r)} < \tau) \end{cases} \tag{6-25}$$

(3) 可靠度 $R(t_0)$ 的估计量

$$\hat{R}(t_0)=\begin{cases}\exp\dfrac{-t_0r'}{\sum\limits_{i=1}t_{(i)}+(n-r')\tau} & (t_{(r)}\geqslant\tau)\\[2ex] \exp\dfrac{-t_0r}{\sum\limits_{i=1}^{r}t_{(i)}+(n-r)t_{(r)}} & (t_{(r)}<\tau)\end{cases} \tag{6-26}$$

式中　t_0——预先给定的任务时间。

4)非替换定时间隔测试的寿命试验的情况

假定：

①$t_1,\cdots,t_n$ 为相互独立同分布于单参数指数分布；

②测试时间为 $0=\tau_0<\tau_1<\tau_2<\cdots<\tau_l<\infty=\tau_{l+1}$；

③$t_1,t_2,\cdots,t_n$ 满足 (τ_{i-1},τ_i) 时间间隔的个数为 r_i 个 $(i=1,2,\cdots,l)$，因此有 $n-\sum\limits_{i=1}^{l}r_i$ 个落入 (τ_l,∞) 内。$r_i(i=1,2,\cdots,l)$ 是随机的，令 $r_{l+1}=n-\sum\limits_{i=1}^{l}r_i$。

在上述假定中，如果各测试间隔的中点和长度分别为

$$g_i=\frac{\tau_i+\tau_{i-1}}{2} \tag{6-27}$$

$$h_i=\tau_i-\tau_{i-1}\quad(i=1,2,\cdots,l)$$

若是等时间隔的，即 $h_1=h_2=\cdots=h_l=h$，则 θ 的估计量为

$$\hat{\theta}=\frac{h}{\ln\left[1+\dfrac{\sum\limits_{i=1}^{l}r_i}{\sum\limits_{i=1}^{l+1}(i-1)r_i}\right]} \tag{6-28}$$

如果只测试一次，即 $l=1$，则 θ 的估计量为

$$\hat{\theta}=\frac{\tau_1}{\ln\dfrac{n}{n-r_1}} \tag{6-29}$$

当 $h_1,h_2,\cdots,h_l$ 并不相等，但 $\max\{h_1,h_2,\cdots,h_l\}$ 相对于

$$\hat{\theta}_0=\frac{\sum\limits_{i=1}^{l}r_ig_i+\left(n-\sum\limits_{i=1}^{l}r_i\right)\tau_l}{\sum\limits_{i=1}^{l}r_i} \tag{6-30}$$

很小时，则 $\hat{\theta}_0$ 为近似估计量。

式(6-30)中的 $g_i(i=1,2,\cdots,l)$ 由式(6-27)给出。

如果

$$\hat{\theta}_0 \geqslant \frac{\sum_{i=1}^{l} r_i h_i^2}{3\sum_{i=1}^{l} r_i} \tag{6-31}$$

或

$$\max\{h_1, h_2, \cdots, h_l\} \leqslant \sqrt{3}\hat{\theta}_0 \tag{6-32}$$

则其近似估计量

$$\hat{\theta}_1 = \frac{1}{2}\hat{\theta}_0\left[1 + \left(1 - \frac{\sum_{i=1}^{l} r_i h_i{}^2}{3\sum_{i=1}^{l} r_i \hat{\theta}_0{}^2}\right)^{\frac{1}{2}}\right] \tag{6-33}$$

如果式(6-32)中 $\max\{h_1, h_2, \cdots, h_l\}$ 相对于 $\hat{\theta}_0$ 很小，可以得到 $\hat{\theta}_1 = \hat{\theta}_0$，这就是式(6-30)。

对于平均寿命很长的产品来说，若测试间隔较短时，可以利用式(6-30)作为平均寿命 θ 的估计量，进一步也可以用非替换定时截尾子样做近似，式(6-30)也就是式(6-19)的估计。失效率 λ、可靠度 $R(t_0)$ 的估计量可分成不同情况依据上述平均寿命 θ 的估计量，分别给出。

5)非替换定时逐次截尾寿命试验的情况

假设：

①n 件随机抽取的试件同属于一个母体，即每个试件的寿命服从同一个单参数指数分布；

②在寿命试验中有 r(随机的)个失效试验，其失效时间为 $t_{(1)}, t_{(2)}, \cdots, t_{(r)}$；

③在寿命试验中，预先确定 k 个时刻 $\tau_1 < \tau_2 < \cdots < \tau_k$。在 τ_1 时刻，在未失效的试件中随机的停试 b_1 个试件；在 τ_2 时刻，在未失效的试件中随机的停试 b_2 个试件……在 τ_k 时刻，停试 b_k 个未失效的试件，使得

$$n = r + \sum_{i=1}^{k} b_i \tag{6-34}$$

在上述假设下，平均寿命 θ 的极大似然估计量为

$$\hat{\theta}_{r,n} = \frac{T_{r,n}}{r} \tag{6-35}$$

式中

$$T_{r,n} = \sum_{i=1}^{r} t_{(i)} + \sum_{j=1}^{k} b_j \tau_j \tag{6-36}$$

6)非替换定数逐次截尾寿命试验的情况

假设：

①n 件随机抽取的试件同属于一个母体，即每个试件的寿命分布是同一个单参数指数分布；

②在寿命试验中，有 r 个(预先给定的)失效试件，其失效时间为 $t_{(1)}, t_{(2)}, \cdots, t_{(r)}$；

③在 $t_{(1)}$ 时，从未失效的试件中随机的停试 b_1 个试件；在 $t_{(2)}$ 时，从未失效的试件中随机的停试 b_2 个试件……在 $t_{(r)}$ 时，将所有未失效的试件都停试，并有

$$n = r + \sum_{i=1}^{r} b_i \tag{6-37}$$

在上述假定下，平均寿命 θ 的估计量为

$$\hat{\theta}_{r,n} = \frac{T_{r,n}}{r} \tag{6-38}$$

其中

$$T_{r,n} = \sum_{i=1}^{r} (b_j + 1) t_{(i)} \tag{6-39}$$

若 $b_1 = b_2 = b_{r-l} = 0$，则式(6-39)即为定数截尾式(6-16)的情况。

2.区间估计

单参数指数分布的区间估计与点估计一样，下面将分别对不同的数据类型进行讨论，在给出双侧置信区间的同时，对平均寿命 θ 和可靠度 $R(t_0)$ 将给出其单侧置信下限(左单侧置信区间)，对失效率 λ 给出其单侧置信上限(右单侧置信区间)。

1)非替换(右侧)定数截尾寿命试验的情况

(1) 平均寿命 θ 的估计量双侧置信区间(置信度为 $1-\alpha$)为

$$\frac{2r\hat{\theta}_{r,n}}{\chi^2_{1-\frac{\alpha}{2}}(2r)} \leqslant \theta \leqslant \frac{2r\hat{\theta}_{r,n}}{\chi^2_{\frac{\alpha}{2}}(2r)} \tag{6-40}$$

或

$$\frac{2T_{r,n}}{\chi^2_{1-\alpha}(2r)} \leqslant \theta \leqslant \frac{2T_{r,n}}{\chi^2_{\frac{\alpha}{2}}(2r)} \tag{6-41}$$

式中 $T_{r,n}$ ——由式(6-16)给出；

$\chi^2_{1-\alpha}(2r)$，$\chi^2_{1-\frac{\alpha}{2}}(2r)$，$\chi^2_{\frac{\alpha}{2}}(2r)$ ——χ^2 分布的下侧分位数，可查 χ^2 分布分位数表。

以 $1-\alpha$ 为置信度的单侧置信下限为

$$\frac{2r\hat{\theta}_{r,n}}{\chi^2_{1-\alpha}(2r)} \leqslant \theta \tag{6-42}$$

或

$$\frac{2T_{r,n}}{\chi^2_{1-\alpha}(2r)} \leqslant \theta \tag{6-43}$$

(2)失效率 λ 的估计量。

以 $1-\alpha$ 为置信度的双侧置信区间为

$$\frac{\chi^2_{\frac{\alpha}{2}}(2r)}{2r\hat{\theta}_{r,n}} \leqslant \lambda \leqslant \frac{\chi^2_{1-\frac{\alpha}{2}}(2r)}{2r\hat{\theta}_{r,n}} \quad (r = 1,2,\cdots,n) \tag{6-44}$$

或

$$\frac{\chi^2_{\frac{\alpha}{2}}(2r)}{2T_{r,n}} \leqslant \lambda \leqslant \frac{\chi^2_{1-\frac{\alpha}{2}}(2r)}{2T_{r,n}} \quad (r = 1,2,\cdots,n) \tag{6-45}$$

以 $1-\alpha$ 为置信度的单侧置信上限为

$$\lambda \leqslant \frac{\chi^2_{1-\alpha}(2r)}{2r\hat{\theta}_{r,n}} \tag{6-46}$$

或

$$\lambda \leqslant \frac{\chi^2_{1-\alpha}(2r)}{2T_{r,n}} \tag{6-47}$$

(3) 可靠度 $R(t_0)$ 的估计量。

以 $1-\alpha$ 为置信度的双侧置信区间为

$$\exp\frac{-t_0\chi^2_{1-\frac{\alpha}{2}}(2r)}{2T_{r,n}} \leqslant R(t_0) \leqslant \exp\frac{-t_0\chi^2_{\frac{\alpha}{2}}(2r)}{2T_{r,n}} \tag{6-48}$$

$$r=1,2,\cdots,n$$

式中 t_0——预先给定的任务时间。

以 $1-\alpha$ 为置信度的单侧置信区间为

$$\exp\frac{-t_0\chi^2_{1-\alpha}(2r)}{2T_{r,n}} \leqslant R(t_0) \leqslant 1 \tag{6-49}$$

$$r=1,2,\cdots,n$$

式中 t_0——预先给定的任务时间。

2) 非替换(右侧)定时截尾寿命试验的情况(失效时间能确切测得的情况)

对于非替换(右侧)定时截尾寿命试验的情况，欲求得严格的置信区间，在计算上相当困难。但是，可以给定简单近似的置信区间。

(1) 平均寿命 θ 的估计量。

以 $1-\alpha$ 为置信度的 θ 的双侧置信区间为

①当 $r=0$ 时

$$\left[\frac{2n\tau}{\chi^2_{1-\alpha}(2)},\infty\right] \tag{6-50}$$

②当 $r=1,2,\cdots,n-1$ 时

$$\left[\frac{2T_{r,n}}{\chi^2_{1-\frac{\alpha}{2}}(2r+2)},\frac{2T_{r,n}}{\chi^2_{\frac{\alpha}{2}}(2r)}\right] \tag{6-51}$$

或

$$\frac{2r\hat{\theta}_{r,n}}{\chi^2_{1-\frac{\alpha}{2}}(2r+2)} \leqslant \theta \leqslant \frac{2r\hat{\theta}_{r,n}}{\chi^2_{\frac{\alpha}{2}}(2r)} \tag{6-52}$$

式中 $\hat{\theta}_{r,n}$——由式(6-19)给出；

$T_{r,n}$——由式(6-20)给出。

3) 当 $r=n$ 时

$$\left[\frac{2\sum_{i=1}^{n}t_{(i)}}{\chi^2_{1-\frac{\alpha}{2}}(2n)},\frac{2\sum_{i=1}^{n}t_{(i)}}{\chi^2_{\frac{\alpha}{2}}(2n)}\right] \tag{6-53}$$

式中 $\chi^2_{1-\frac{\alpha}{2}}(2n),\chi^2_{\frac{\alpha}{2}}(2n)$——$\chi^2$ 分布的下侧分位数，可查 χ^2 分布分位数表。

以 $1-\alpha$ 为置信度的 θ 的近似的单侧置信区间为

①当 $r=0,1,2,\cdots,n-1$ 时

$$\left[\frac{2T_{r,n}}{\chi_{1-\alpha}^{2}(2r+2)},\infty\right] \tag{6-54}$$

或

$$\left[\frac{2r\hat{\theta}_{r,n}}{\chi_{1-\alpha}^{2}(2r+2)},\infty\right] \tag{6-55}$$

式中　当 $r=0$ 时，$T_{r,n}=n\tau$，是没有失效试件的情况。

②当 $r=n$ 时

$$\left[\frac{2\sum_{i=1}^{n}t_{(i)}}{\chi_{1-\alpha}^{2}(2n)},\infty\right] \tag{6-56}$$

(2) 失效率 λ 的估计量。

以 $1-\alpha$ 为置信度的 λ 的近似双侧置信区间为

①当 $r=0$ 时，由式(6-50)的界限取倒数即得

$$\left[0,\frac{\chi_{1-\alpha}^{2}(2)}{2n\tau}\right] \tag{6-57}$$

式中　τ——预先规定的停试时间。

②当 $r=0,1,2,\cdots,n-1$ 时，由式(6-53)的界限取倒数推得

$$\left[\frac{\chi_{\frac{\alpha}{2}}^{2}(2r)}{2T_{r,n}},\frac{\chi_{1-\frac{\alpha}{2}}^{2}(2r+2)}{2T_{r,n}}\right] \tag{6-58}$$

或

$$\left[\frac{\chi_{\frac{\alpha}{2}}^{2}(2r)}{2r\hat{\theta}_{r,n}},\frac{\chi_{1-\frac{\alpha}{2}}^{2}(2r+2)}{2r\hat{\theta}_{r,n}}\right] \tag{6-59}$$

以 $1-\alpha$ 为置信度的 λ 的近似单侧置信区间由式(6-55)和式(6-56)的界限取倒数得到：

①当 $r=0,1,2,\cdots,n-1$ 时

$$\left[0,\frac{\chi_{1-\alpha}^{2}(2r+2)}{2T_{r,n}}\right] \tag{6-60}$$

或

$$\left[0,\frac{\chi_{1-\alpha}^{2}(2r+2)}{2r\hat{\theta}_{r,n}}\right] \tag{6-61}$$

②当 $r=n$ 时

$$\left[0,\frac{\chi_{1-\alpha}^{2}(2n)}{2\sum_{i=1}^{n}t_{(i)}}\right] \tag{6-62}$$

(3) 可靠度 $R(t_0)$ 的估计量

因为 $R(t_0)=e^{\frac{-t_0}{\theta}}$，可以利用 θ 的单双侧近似置信区间，分别得到 $R(t_0)$ 的单双侧近似置信区间。

以 $1-\alpha$ 为置信度的 $R(t_0)$ 的近似双侧置信区间可由式(6-50)、式(6-52)和式(6-53)分别得到：

① 当 $r=0$ 时

$$\left[\exp\frac{-t_0\chi^2_{1-\alpha}(2)}{2n\tau},1\right] \tag{6-63}$$

② 当 $r=1,2,\cdots,n-1$ 时

$$\left[\exp\frac{-t_0\chi^2_{1-\frac{\alpha}{2}}(2r+2)}{2T_{r,n}},\exp\frac{-t_0\chi^2_{\frac{\alpha}{2}}(2r)}{2T_{r,n}}\right] \tag{6-64}$$

或

$$\left[\exp\frac{-t_0\chi^2_{1-\frac{\alpha}{2}}(2r+2)}{2r\hat{\theta}_{r,n}},\exp\frac{-t_0\chi^2_{\frac{\alpha}{2}}(2r)}{2r\hat{\theta}_{r,n}}\right] \tag{6-65}$$

③ 当 $r=n$ 时

$$\left[\exp\frac{-t_0\chi^2_{1-\frac{\alpha}{2}}(2n)}{2\sum_{i=1}^{n}t_{(i)}},\exp\frac{-t_0\chi^2_{\frac{\alpha}{2}}(2n)}{2\sum_{i=1}^{n}t_{(i)}}\right] \tag{6-66}$$

由式(6-56)和式(6-57)，可分别得到 $R(t_0)$ 的以 $1-\alpha$ 为置信度的近似单侧置信区间：

① 当 $r=0,1,2,\cdots,n-1$ 时

$$\left[\exp\frac{-t_0\chi^2_{1-\alpha}(2r+2)}{2T_{r,n}},1\right] \tag{6-67}$$

或

$$\left[\exp\frac{-t_0\chi^2_{1-\alpha}(2r+2)}{2r\hat{\theta}_{r,n}},1\right] \tag{6-68}$$

② 当 $r=n$ 时

$$\left[\exp\frac{-t_0\chi^2_{1-\alpha}(2n)}{2\sum_{i=1}^{n}t_{(i)}},1\right] \tag{6-69}$$

3）非替换定时截尾寿命试验的情况（失效时间不能确切测得的情况）

在有的情况下，只知道在一段时间内失效的个数，不知道确切的失效时间。在现场试验中所得到的数据，很多属于这种情况。

有 n 件随机抽取的试件，进行非替换的寿命试验，试验到预先规定的时间 τ 停止，在此前失效个数为 r。在此假定下，则可得到以下的结果。

（1）平均寿命 θ 的估计量。

以 $1-\alpha$ 为置信度的 θ 的单侧置信区间为

$$\frac{\tau}{\ln\left[1+\frac{r+1}{n-r}F_{1-\alpha}(2r+2,2n-2r)\right]}\leqslant\theta<\infty \tag{6-70}$$

以 $1-\alpha$ 为置信度的 θ 的双侧置信区间为

$$\frac{\tau}{\ln\left[1+\frac{r+1}{n-r}F_{1-\frac{\alpha}{2}}(2r+2,2n-2r)\right]}\leqslant\theta<\frac{\tau}{\ln\left[1+\frac{r}{n-r+1}F_{\frac{\alpha}{2}}(2r,2n-2r+2)\right]} \tag{6-71}$$

式中的 $F_{1-\alpha}(2r+2,2n-2r)$、$F_{1-\frac{\alpha}{2}}(2r+2,2n-2r)$ 和 $F_{\frac{\alpha}{2}}(2r,2n-2r+2)$ 均为 F 分布的下侧分位数，可查 F 分布分位数表(GB4086.4)。

(2) 可靠度 $R(t_0)$ 的估计量。

以 $1-\alpha$ 为置信度的 $R(t_0)$ 的单侧置信区间为

$$\left[1+\frac{r+1}{n-r}F_{1-\alpha}(2r+2,2n-2r)\right]^{\frac{-t_0}{\tau}} \leqslant R(t_0) \leqslant 1 \tag{6-72}$$

以 $1-\alpha$ 为置信度的 $R(t_0)$ 的双侧置信区间为

$$\left[1+\frac{r+1}{n-r}F_{1-\frac{\alpha}{2}}(2r+2,2n-2r)\right]^{\frac{-t_0}{\tau}} \leqslant R(t_0) \leqslant \left[1+\frac{r}{n-r+1}F_{\frac{\alpha}{2}}(2r,2n-2r+2)\right]^{\frac{-t_0}{\tau}} \tag{6-73}$$

式中　t_0——预先给定的任务时间。

4)非替换混合截尾寿命试验的情况

对于混合截尾寿命试验的停试规则，有两个预先给定的停试指标，即可容许的失效个数 r 和最长的试验时间 τ。在试验过程中，只要达到一个停试指标，则寿命试验停止。也就是说，当 $t(r) \geqslant \tau$ 时，则属于非替换的定时(右侧)截尾寿命试验，在 τ 以前失效个数记为 r'；当 $t(r) < \tau$ 时，则属于非替换的定数(右侧)截尾寿命试验。

(1) 平均寿命 θ 的估计量。

以 $1-\alpha$ 为置信度的 θ 的单侧近似置信区间为

① 当 $t(r) \geqslant \tau$ 时

$$\frac{2T_{r',n}}{\chi^2_{1-\alpha}(2r'+2)} \leqslant \theta < \infty \tag{6-74}$$

$$r' = 0,1,2,\cdots,r-1$$

式中

$$T_{r',n} = \sum_{i=1} t_{(i)} + (n-r')\tau \tag{6-75}$$

② 当 $t(r) < \tau$ 时

$$\frac{2T_{r,n}}{\chi^2_{1-\alpha}(2r)} \leqslant \theta < \infty \tag{6-76}$$

式中

$$T_{r,n} = \sum_{i=1}^{r} t_{(i)} + (n-r)t_{(r)} \tag{6-77}$$

以 $1-\alpha$ 为置信度的 θ 的双侧近似置信区间为

① 当 $t(r) \geqslant \tau$ 时

$$\frac{2T_{r',n}}{\chi^2_{1-\frac{\alpha}{2}}(2r'+2)} \leqslant \theta < \frac{2T_{r',n}}{\chi^2_{\frac{\alpha}{2}}(2r')} \tag{6-78}$$

$$r' = 0,1,2,\cdots,r-1$$

式中　$T_{r',n}$——由式(6-75)给出。

式(6-75)也就是式(6-52)的形式。

② 当$t(r) < \tau$时

$$\frac{2T_{r,n}}{\chi^2_{1-\frac{\alpha}{2}}(2r)} \leqslant \theta \leqslant \frac{2T_{r,n}}{\chi^2_{\frac{\alpha}{2}}(2r)} \tag{6-79}$$

式中　$T_{r,n}$——由式(6-78)给出。

式(6-78)也就是式(6-41)的形式。

(2) 可靠度$R(t_0)$的估计量。

$R(t_0)$的单侧$1-\alpha$置信区间为

① 当$t(r) \geqslant \tau$时

$$\exp\frac{-t_0\chi^2_{1-\alpha}(2r'+2)}{2T_{r',n}} \leqslant R(t_0) \leqslant 1 \tag{6-80}$$

$$r' = 0,1,\cdots,r-1$$

式中　$T_{r',n}$——由式(6-75)给出；

t_0——预先给定的任务时间。

式(6-80)也就是式(6-67)的形式。

② 当$t_{(r)} \leqslant \tau$时

$$\exp\frac{-t_0\chi^2_{1-\alpha}(2r)}{2T_{r,n}} \leqslant R(t_0) \leqslant 1 \tag{6-81}$$

$$r = 1,2,\cdots,n$$

式中　$T_{r,n}$——由式(6-77)给出；

t_0——预先给定的任务时间。

式(6-81)也就是式(6-49)的形式。

$R(t_0)$的双侧$1-\alpha$置信区间为

① 当$t(r) \geqslant \tau$时

$$\exp\frac{-t_0\chi^2_{1-\frac{\alpha}{2}}(2r'+2)}{2T_{r',n}} \leqslant R(t_0) \leqslant \exp\frac{-t_0\chi^2_{\frac{\alpha}{2}}(2r')}{2T_{r',n}} \tag{6-82}$$

$$r' = 0,1,\cdots,r-1$$

式中　$T_{r',n}$——由式(6-75)给出；

t_0——预先给定的任务时间。

式(6-82)也就是式(6-65)的形式。

② 当$t_{(r)} \leqslant \tau$时

$$\exp\frac{-t_0\chi^2_{1-\frac{\alpha}{2}}(2r)}{2T_{r,n}} \leqslant R(t_0) \leqslant \exp\frac{-t_0\chi^2_{\frac{\alpha}{2}}(2r)}{2T_{r,n}} \tag{6-83}$$

$$r = 1,2,\cdots,n$$

式中　$T_{r,n}$——由式(6-77)给出；

t_0——预先给定的任务时间。

式(6-83)也就是式(6-48)的形式。

5)非替换定数逐次截尾寿命试验的情况

式由(6-41)和式(6-42)，已知

$$\hat{\theta}_{r,n}=\frac{1}{r}\sum_{i=1}^{r}(b_i+1)t_{(i)} \tag{6-84}$$

该种寿命试验的置信区间的形式与区间估计中的形式完全相同，只是其中的 $\hat{\theta}_{r,n}$ 要用式(6-84)代入，$T_{r,n}$ 要用式(6-39)代入。

【例 6-3】 某产品的寿命分布是单参数指数分布，从该批产品中随机抽取 20 只，进行 500h 非替换的寿命试验。在 500h 以前有 6 只产品失效，其失效时间为 $t(1)=65\text{h}$，$t(2)=78\text{h}$，$t(3)=163\text{h}$，$t(4)=325\text{h}$，$t(5)=390\text{h}$，$t(6)=455\text{h}$。试求该批产品的平均寿命、可靠度 $R(100)$、及以 0.95 为置信度的平均寿命及可靠度 $R(100)$ 的置信下限。

解：

利用式(6-20)，得出试验时间为

$$T=65+76+163+325+390+455+(20-6)\times 500=8476(\text{h})$$

利用式(6-19)，得平均寿命的点估计值为

$$\hat{\theta}_{6,20}=\frac{8476}{6}=1412.67(\text{h})$$

利用式(6-22)和式(6-21)，得可靠度 $R(100)$ 的点估计值为

$$\hat{R}(100)=\exp\frac{-100}{1412.67}=0.9316$$

利用式(6-55)，得以 0.95 为置信度的平均寿命置信下限为

$$\frac{2\times 8476}{\chi^2_{0.95}(14)}\leqslant\theta$$

或

$$715.72\leqslant\theta$$

利用式(6-68)，得以 0.95 为置信度的可靠度 $R(100)$ 的近似置信下限为

$$\exp\frac{-100\chi^2_{0.95}(14)}{2\times 8476}\leqslant R(100)$$

或

$$0.8696\leqslant R(100)$$

【例 6-4】 在例 6-3 中如果试验到 500h，只知道已失效 6 只，并不知道确定的失效时间。试求该批产品以 0.95 为置信度的平均寿命及可靠度 $R(100)$ 的置信下限。

解：

利用式(6-70)，得以 0.95 为置信度的平均寿命置信下限为

$$\frac{500}{\ln\left[1+\frac{6+1}{20-6}F_{0.95}(14,28)\right]}\leqslant\theta$$

或

$$705.32\leqslant\theta$$

利用式(6-72)，得以 0.95 为置信度的可靠度 $R(100)$ 的近似置信下限为

$$\left[1+\frac{6+1}{20-6}F_{0.95}(14,82)\right]^{\frac{-100}{500}}\leqslant R(100)$$

或

$$0.8678 \leqslant R(100)$$

例 6-3 的方法是根据确切的失效时间对平均寿命及可靠度进行估计，而例 6-4 的方法是根据失效个数进行估计，此时可以不知道确切的失效时间。可以看出，其估计量有一些差别。通常在寿命试验中，如果已经获得了确切的失效时间，则应当用例 6-3 的方法，这种估计的精度会高一些。

二、两参数指数分布

两参数指数分布要比前述的单参数分布多一个参数 γ，称为起始参数，而 θ 称为尺度参数，它不再代表平均寿命。

1.点估计

1）非替换（右侧）定数截尾寿命试验的情况

通常希望选择最小均方误差的估计量，即 $\tilde{\theta}_{r,n}$ 和 $\tilde{\gamma}$ 为

$$\tilde{\theta}_{r,n} = \frac{\sum_{i=1}^{r}(t_{(i)} - t_{(1)}) + (n-r)(t_{(r)} - t_{(1)})}{r} \tag{6-85}$$

$$\tilde{\gamma} = t_{(i)} - \frac{\tilde{\theta}_{r,n}}{n} \tag{6-86}$$

根据上述估计量可得到可靠度为

$$R(t_0) = \exp\left(-\frac{t_0 - \tilde{\gamma}}{\theta}\right) \tag{6-87}$$

为了能得到区间估计,可以选择 $\hat{\theta}_{r,n}$ 和 $\hat{\gamma}'$ 为

$$\hat{\theta}_{r,n} = \frac{\sum_{i=1}^{r}(t_{(i)} - t_{(1)}) + (n-r)(t_{(r)} - t_{(1)})}{r-1} \tag{6-88}$$

$$\hat{\gamma}' = t_{(1)} \tag{6-89}$$

2）非替换（右侧）定时截尾寿命试验的情况

（1）尺度参数 θ 的估计量。

$$\hat{\theta}_{r,n} = \frac{\sum_{i=1}^{r}(t_{(i)} - t_{(1)}) + (n-r)(\tau - t_{(1)})}{r} \tag{6-90}$$

（2）起始参数 γ 的估计量。

$$\hat{\gamma} = t_{(1)} \tag{6-91}$$

根据上述的估计量,可以得到可靠度 $R(t_0) = \exp\frac{-(t_0 - \gamma)}{\theta}$。如果产品为间歇式工作，则在计算每次执行任务完成的可靠度时，应考虑该产品已累计工作的时间。

（3）失效率。

$$\lambda = \frac{1}{\theta} \tag{6-92}$$

2.区间估计

1)非替换(右侧)定数截尾寿命试验的情况

(1) θ 的置信区间估计。

以 $1-\alpha$ 为置信度的双侧置信区间为

$$\frac{(2r-2)\hat{\theta}_{r,n}}{\chi^2_{1-\frac{\alpha}{2}}(2r-2)} \leqslant \theta \leqslant \frac{(2r-2)\hat{\theta}_{r,n}}{\chi^2_{\frac{\alpha}{2}}(2r-2)} \tag{6-93}$$

式中　$\hat{\theta}_{r,n}$ ——由式(6-88)给出。

以 $1-\alpha$ 为置信度的单侧置信区间为

$$\frac{(2r-2)\hat{\theta}_{r,n}}{\chi^2_{1-\alpha}(2r-2)} \leqslant \theta \leqslant \infty \tag{6-94}$$

(2) γ 的置信区间估计。

以 $1-\alpha$ 为置信度的双侧置信区间为

$$t_{(1)} - \frac{\hat{\theta}_{r,n}}{n}F_{1-\frac{\alpha}{2}}(2,2r-2) \leqslant \gamma \leqslant t_{(1)} - \frac{\hat{\theta}_{r,n}}{n}F_{\frac{\alpha}{2}}(2,2r-2) \tag{6-95}$$

式中　$\hat{\theta}_{r,n}$ ——由式(6-88)给出;

$F_{1-\frac{\alpha}{2}}(2,2r-2)$, $F_{\frac{\alpha}{2}}(2,2r-2)$ —— F 分布的下侧分位数，可查 F 分布分位数表。

以 $1-\alpha$ 为置信度的单侧置信区间为

$$t_{(1)} - \frac{\hat{\theta}_{r,n}}{n}F_{1-\alpha}(2,2r-2) \leqslant \gamma < \infty \tag{6-96}$$

(3) 失效率 λ 的置信区间估计。

因为 $\lambda = \dfrac{1}{\theta}$，利用式(6-93)和式(6-94)就可得到 λ 的单、双侧置信区间。

以 $1-\alpha$ 为置信度的双侧置信区间为

$$\frac{\chi^2_{\frac{\alpha}{2}}(2r-2)}{(2r-2)\hat{\theta}_{r,n}} \leqslant \lambda \leqslant \frac{\chi^2_{1-\frac{\alpha}{2}}(2r-2)}{(2r-2)\hat{\theta}_{r,n}} \tag{6-97}$$

式中　$\hat{\theta}_{r,n}$ ——由式(6-88)给出。

以 $1-\alpha$ 为置信度的单侧置信区间为

$$0 \leqslant \lambda \leqslant \frac{\chi^2_{1-\alpha}(2r-2)}{(2r-2)\hat{\theta}_{r,n}} \tag{6-98}$$

(4) 可靠度 $R(t_0)$ 的近似置信区间。

第一近似区间为

①以 $1-\alpha$ 为置信度的双侧置信区间时

$$\begin{aligned}\exp\left[-\frac{v}{2m}\chi^2_{1-\frac{\alpha}{2}}\left(\frac{2m^2}{v}\right)\right] &\leqslant R(t_0) \\ &= \exp\frac{-(t_0-\gamma)}{\theta} \\ &\leqslant \exp\left[-\frac{v}{2m}\chi^2_{\frac{\alpha}{2}}\left(\frac{2m^2}{v}\right)\right]\end{aligned} \tag{6-99}$$

$$m=\frac{1}{n}+\frac{t_0-t_{(1)}}{\hat{\theta}_{r,n}} \tag{6-100}$$

$$v=\frac{1}{n^2}+\frac{(t_0-t_{(1)})^2}{(r-1)\hat{\theta}^2{}_{r,n}} \tag{6-101}$$

式中　t_0——预先给定的任务时间；

$\hat{\theta}_{r,n}$——由式(6-88)给出。

②以 $1-\alpha$ 为置信度的单侧置信区间时

$$\exp\left[-\frac{v}{2m}\chi^2_{1-\alpha}\left(\frac{2m^2}{v}\right)\right]\leqslant R(t_0)$$
$$\equiv\exp\frac{-(t_0-\gamma)}{\theta}$$
$$\leqslant 1 \tag{6-102}$$

第二近似置信区间为

①利用标准正态分布，可得到以 $1-\alpha$ 为置信度的双侧近似置信区间时

$$\exp\left[-m\left(1-\frac{v}{9m^2}+u_{1-\frac{\alpha}{2}}\frac{\sqrt{v}}{3m}\right)^3\right]\leqslant R(t_0)$$
$$\equiv\exp\frac{-(t_0-\gamma)}{\theta}$$
$$\leqslant\exp\left[-m\left(1-\frac{v}{9m^2}-u_{\frac{\alpha}{2}}\frac{\sqrt{v}}{3m}\right)^3\right] \tag{6-103}$$

式中　t_0——预先给定的任务时间；

m——由式(6-100)给出；

v——由式(6-101)给出；

$u_{\frac{\alpha}{2}}$，$u_{1-\frac{\alpha}{2}}$——标准正态分布的下侧分位数，可查正态分布分位数表。

②利用标准正态分布,可得到以 $1-\alpha$ 为置信度的单侧近似置信区间时

$$\exp\left[-m\left(1-\frac{v}{9m^2}-u_{1-\alpha}\frac{\sqrt{v}}{3m}\right)^3\right]\leqslant R(t_0)$$
$$\equiv\exp\frac{-(t_0-\gamma)}{\theta}$$
$$\leqslant 1 \tag{6-104}$$

第三近似置信区间为

① 利用 θ 和 γ 的置信区间得到可靠度的置信区间。以 $1-\alpha$ 为置信度的双侧置信区间时

$$\exp\frac{-(t_0-\gamma_l)}{\theta_l}\leqslant R(t_0)$$
$$\equiv\exp\frac{-(t_0-\gamma)}{\theta}$$
$$\leqslant\exp\frac{-(t_0-\gamma_u)}{\theta_u} \tag{6-105}$$

式中　θ_u ——由式(6-93)得到的 θ 的置信上限；

θ_l ——由式(6-93)得到的 θ 的置信下限；

γ_u ——由式(6-95)得到的 γ 的置信上限；

γ_l ——由式(6-95)得到的 γ 的置信下限。

② 以 $1-\alpha$ 为置信度的单侧置信区间时

$$\exp\frac{-(t_0-\gamma_l)}{\theta_l} \leqslant R(t_0) \equiv \exp\frac{-(t_0-\gamma)}{\theta} < 1 \tag{6-106}$$

式中　θ_l ——由式(6-94)得到的 θ 的置信下限；

γ_l ——由式(6-96)得到的 γ 的置信下限。

2)有替换(右侧)定数截尾寿命试验的情况

有关 θ、γ、λ 和 $R(t_0)$ 的置信区间的式(6-93)~式(6-102)也适用于有替换的定数截尾寿命试验。所不同的是，所有非替换定数截尾寿命试验公式中 $\hat{\theta}_{r,n}$ 的都由式(6-88)给出，而有替换定数截尾寿命试验公式中的 $\hat{\theta}_{r,n}$ 应由式(6-107)计算，即

$$\hat{\theta}_{r,n} = \frac{r(t_{(r)} - t_{(1)})}{r-1} \tag{6-107}$$

【例 6-5】某产品的寿命分布是两参数指数分布。从产品中随机地抽取 20 只做非替换的定数截尾寿命试验。预定在第 10 个失效时停止试验，其中 10 个失效时间为 $t_{(1)}$ = 190 437h，$t_{(2)}$ = 245 593h，$t_{(3)}$ = 277 761h，$t_{(4)}$ = 432 298h，$t_{(5)}$ = 530 100h，$t_{(6)}$ = 626 300h，$t_{(7)}$ = 1 043 307h，$t_{(8)}$ = 1 055 528h，$t_{(9)}$ = 1 221 393h，$t_{(10)}$ = 2 099 199h。要求给出 γ 和 θ 的点估计和 0.90 置信度的置信下限，并计算 $R(500\,000)$ 和 $R(200\,000)$ 的点估计和 0.90 置信度的近似置信下限。

解：

由式(6-85)和式(6-86)得

$$\tilde{\theta}_{r,n} = \frac{\sum_{i=1}^{10}(t_{(i)} - t_{(1)}) + 10(t_{(10)} - t_{(1)})}{10} = 2\,490\,516.6$$

$$\hat{\gamma} = t_{(1)} - \frac{\tilde{\theta}_{r,n}}{n} = 65\,911.2$$

为了得到区间估计，由式(6-88)和式(6-89)得

$$\hat{\theta}_{r,n} = \frac{\sum_{i=1}^{10}(t_{(i)} - t_{(1)}) + 10(t_{(10)} - t_{(1)})}{10-1} = 2\,767\,241$$

$$\hat{\gamma}' = 190\,437$$

由式(6-87)得

$$R(500\,000) = \exp\left(-\frac{500\,000 - 65\,911.2}{2\,490\,516.9}\right) = 0.840\,05$$

$$R(200\,000) = \exp\left(-\frac{200\,000 - 65\,911.2}{2\,490\,516.9}\right) = 0.947\,58$$

由式(6-94)得 θ 的置信下限

$$\theta \geqslant \frac{(2r-2)\hat{\theta}_{r,n}}{\chi^2_{0.90}(2r-2)}$$

$$= \frac{18}{25.989\,4} \times 2\,767\,241$$

$$= 1\,916\,563.6$$

由式(6-96)得 γ 的置信下限

$$\gamma \geqslant t_{(1)} - \frac{\hat{\theta}_{r,n}}{n} F_{0.90}(2, 2r-2)$$

$$= 190\,437 - \frac{2\,767\,241}{20} \times 2.624\,0$$

$$= -172\,625$$

由于位置参数 γ 取负值显然是不合理的，可将其修正为 $\gamma = 0$ 为了计算 $R(500\,000)$ 的近似置信区间，先计算 m 和 v。

利用式(6-100)得

$$m = \frac{1}{n} + \frac{t_0 - t_{(1)}}{\hat{\theta}_{r,n}}$$

$$= \frac{1}{20} + \frac{500\,000 - 190\,437}{2\,767\,241}$$

$$= 0.161\,9$$

利用式(6-101)得

$$v = \frac{1}{n^2} + \frac{(t_0 - t_{(1)})^2}{(r-1)\hat{\theta}^2_{r,n}}$$

$$= \frac{1}{20^2} + \frac{(500\,000 - 190\,437)^2}{(10-1) \times 2\,767\,241^2}$$

$$= 0.003\,8$$

利用式(6-102)得 $R(500\,000)$ 的第一近似置信下限为

$$R_1(500\,000) \geqslant \exp\left(\frac{-0.003\,8}{2 \times 0.161\,9} \chi^2_{0.90} \frac{2 \times 0.161\,9^2}{0.003\,8}\right)$$

$$= 0.784$$

利用式(6-104)得 $\dot{R}(500\,000)$ 的第二近似置信下限为

$$R_2(500\,000) \geqslant \exp\left[-0.161\,9 \times \left(1 - \frac{0.003\,8}{9 \times 0.161\,9^2} + \frac{1.281\,6\sqrt{0.003\,8}}{3 \times 0.161\,9}\right)^2\right]$$

$$= 0.783\,5$$

利用式(6-106)得 $R(500\,000)$ 的第三近似置信下限为

$$R_3(500\,000) \geqslant \exp\frac{-500\,000}{1\,916\,563.6}$$
$$=0.770\,3$$

如果要计算 $R(200\,000)$ 的 0.90 置信度的近似置信下限，则

$$m=\frac{1}{20}+\frac{200\,000-190\,437}{2\,767\,241}$$
$$=0.053\,46$$
$$v=\frac{1}{20^2}+\frac{(200\,000-190\,437)^2}{(10-1)\times 2\,767\,241^2}$$
$$=0.002\,501$$

第一置信下限为

$$R_1(200\,000) \geqslant \exp\left(\frac{-0.002\,501}{2\times 0.053\,46}\chi^2_{0.90}\left(\frac{2\times 0.005\,346^2}{0.002\,501}\right)\right)$$
$$=0.888\,2$$

第二置信下限为

$$R_2(200\,000) \geqslant \exp\left[-0.053\,46\left(1-\frac{-0.002\,501}{9\times 0.053\,46}+\frac{1.281\,6\sqrt{0.002\,501}}{3\times 0.534\,6}\right)^3\right]$$
$$=0.888\,6$$

第三置信下限为

$$R_3(200\,000) \geqslant \exp\frac{-200\,000}{1\,916\,563.6}$$
$$=0.900\,9$$

以上给出了计算两参数指数分布非替换(右侧)定数截尾寿命试验可靠度 $R(t_0)$ 的近似置信区间的三种方法。其中第一种和第二种近似方法,分别利用近似地服从χ^2 分布及正态分布而得到证明。第三种近似方法,应该属于工程估计。在例 6-5 中可以看到对同一组试验数据，三种近似估计的结果是不同的。在上述公式中都需要有工作时间大于位置参数 γ 所表达的时间(即 t_0 大于 γ_l 及 $t_{(1)}$)，才有意义。这就提出了一个问题，如果有一批产品周期性地进行工作，每次工作时间并不长(小于 γ)，但已累计工作了很长一段时间(大于 γ)，那如何来估计该次工作周期的可靠度呢？建议应用第一种、第二种近似法计算利用式(6-100)和式(6-101)时，$t_{(1)}$ 取 0；在用第三种近似法近似计算利用式(6-106)时，γ_l 取 0。另一个问题是产品的寿命分布究竟是单参数指数分布还是双参数指数分布，这是需要确认的。例 6- 4 和例 6-5 对同一组试验数据分别以双参数指数分布和单参数指数分布两种不同的方法处理后，所得的结果是不同的。不难理解，用单参数指数分布模型计算所得到的 $\hat{\theta}_{r,n}$ 比用双参数指数分布模型计算的要大。在实际工作中，如果有一批产品的寿命服从两参数指数分布，但该批产品中的每一个产品都已工作过一段时间且均大于 γ'，则把该批产品的寿命分布看作单参数指数分布可能会方便些。

【例 6-6】例 6-5 中的试验数据不变，但认为是单参数指数分布。要求给出 γ 和 θ 的点

估计以及 0.90 置信度的置信下限，并计算 $R(500\ 000)$ 和 $R(200\ 000)$ 的点估计和0.90 置信度的近似置信下限。

由式(6-16)得

$$T_{r,n} = \sum_{i=1}^{10} t_{(i)} + (20-10)t_{(10)}$$
$$= 28\ 713\ 906$$

由式(6-15)得

$$\hat{\theta}_{r,n} = \frac{28\ 713\ 906}{10} = 2\ 871\ 390.6$$

由式(6-18)得

$$\hat{R}(500\ 000) = \exp\frac{-500\ 000}{2\ 871\ 390.6}$$
$$= 0.840\ 2$$
$$\hat{R}(200\ 000) = \exp\frac{-200\ 000}{2\ 871\ 390.6}$$
$$= 0.932\ 7$$

由式(6-43)得

$$\theta \geqslant \frac{2T_{r,n}}{\chi^2_{1-\alpha}(2r)}$$
$$= 2 \times \frac{28\ 713\ 906}{\chi^2_{0.90}(20)}$$
$$= 2\ 021\ 252.22$$

由式(6-49)得

$$R(500\ 000) \geqslant \exp\frac{-500\ 000\chi^2_{1-\alpha}(2r)}{2 \times 2\ 871\ 390.6}$$
$$= 0.780\ 8$$
$$R(200\ 000) \geqslant \exp\frac{-200\ 000\chi^2_{1-\alpha}(2r)}{2 \times 2\ 871\ 390.6}$$
$$= 0.905\ 8$$

习题

1.单元产品可靠性评估的含义。

2.单元产品可靠性评估的前提和评估的步骤。

3.某批继电器共有几万只，从中随机抽取 100 只进行启闭动作试验，其中 2 只失效。

(1)试估算该批继电器可靠性点估计值 $\hat{R}$。

(2)继电器在置信度 0.8 时的可靠性单侧置信下限。

第七章

复杂系统的可靠性评价

对于由许多不同分布类型功能单元组成的复杂系统可以像功能单元一样，直接利用复杂系统的试验信息进行可靠性评估。复杂系统及其组成复杂系统的各级功能单元级别越低，在工程试验中的试验件数和次数就越多。因此，发展了系统可靠性的金字塔式试验程序，即所谓金字塔模型。这样下一级各功能单元试验信息向上一级折合，再把折合信息与一上级试验信息综合，进行各级系统可靠性综合评估。这样，就可用极少次数对整个复杂系统试验并对复杂系统的高可靠性做出高置信水平的评估。这就是金字塔式的可靠性综合评估方法的基本思想，本章将展开详细介绍。

第一节 系统可靠性综合的金字塔模型

人尽皆知，任何大的系统均是由若干个分系统组成的，而各分系统又由很多单机和部件组成，各单机和部件由很多组合件组成，各组合件由很多材料和元器件组成，它们之间的关系可以建立一个金字塔模型。

一、系统可靠性综合金字塔模型

任何系统均可建立如图 7-1 所示的金字塔模型。对于图 7-1 中每相邻两层，都可称下层为组成单元，上层为所组成系统。对任何进行可靠性评估的大系统，都必须十分清楚它的构成，只有建立的金字塔模型正确和完整，才可能对该系统的可靠性做出精确的评估。

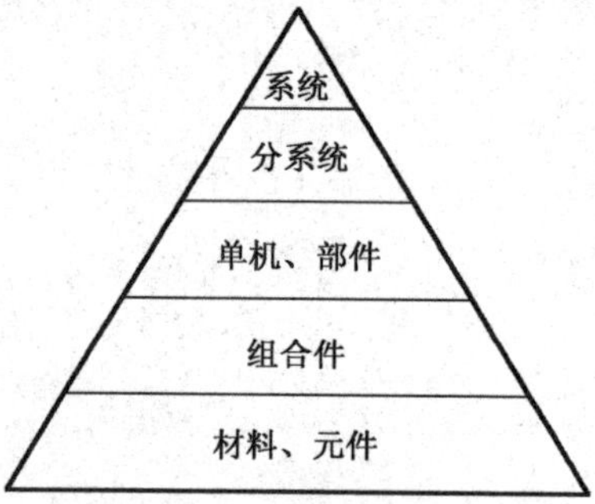

图 7-1　金字塔模型

二、金字塔式可靠性综合评估方法

在实验室内进行各组成单元的模拟使用试验，然后进行所组成系统的少量使用试验，再综合这两类试验的数据，对系统的可靠性进行综合评定。它实质上是根据已知系统的可靠性框图(如串联、并联、混联、表决以及既非串联也非并联的复杂网络等系统)，利用系统以下各级的试验信息(如成败型试验、指数寿命型试验、其他型试验等)，自下而上直到全系统，逐级确定可靠性置信下限。使用金字塔式可靠性综合评估方法，可能仅用极少次的全系统使用试验或不经过全系统试验，就可对大型复杂系统进行可靠性评估。由于这种方法具有金字塔式的逐级综合的特点，因此又称作金字塔式可靠性综合评估。

三、金字塔式系统可靠性综合评估应解决的问题

金字塔式可靠性综合评估方法应当解决以下问题。

(1)充分利用元器件、部件、整机、分系统、系统各级的试验信息，逐级向上折合，以评定全系统可靠性。

(2)不同单元组成系统的方式可不相同，单元的失效分布类型也可不相同。拿最简单的串联系统来说，不能按各单元产品可靠性置信下限的乘积来进行系统可靠性综合。那样

做不仅过分保守，而且给不出相应确切的置信度。这是因为没有考虑各环节失效的随机性，而各单元可靠性置信下限的估计存在随机性。

(3)在一个复杂系统中，各单元的失效分布类型归纳起来主要有三种，见表7-1。

表7-1　单元失效分布类型

类型	试验结果或特征量分布	对可靠性规律的认识
成败型	二项分布	贝塔分布(评价密度函数)
寿命型	多为指数分布	对数伽玛分布(评价密度函数)
压力强度型或性能型	多为正态分布	可靠性的评价函数

当各单元可靠性认识值的分布已知时，系统可靠性认识值的分布如何综合评估呢？这类型的函数一般也很难求得解析解，所以，小子样复杂产品可靠性的金字塔式综合评估方法的数学困难是很大的，至今还不成熟。总之，系统的可靠性评估方法是比较复杂的，在世界各国研究得较晚，各学派争议甚多。下面我们仅介绍系统结构函数比较简单的、且试验类型也不太复杂的串联系统。

第二节　系统可靠性综合的经典精确置信限

系统可靠性的经典精确置信限方法至今未达到工程应用，但其重要性在于：多种经典近似置信限方法对于经典精确置信限有多大误差，孰优孰劣，它们需要以精确限作为比较标准。所以，对经典精确置信限理论应有所了解。

设由 m 个成败型单元串联的一个系统，设第 i 个单元可靠性为 R_i，试验 n_i 次，成功 x_i 次，$i=1,2,\cdots,m$，点估计为 $R_i=x_i/n_i$，则系统可靠性为

$$R=\prod_{i=1}^{m}R_i$$

如何在单元试验数据基础上确定 R 的置信下限呢？

记精确置信下限为 $L_\gamma(X)$，$X=\{x_1,x_2,\cdots,x_m\}$，γ 为置信度，它必须满足以下一组条件。

1. 精确性

$$P_r\{R\geqslant L_\gamma(X)\}\geqslant\gamma\quad 0<R<1\tag{7-1}$$

2. 正则性

若 $X_j<X_k$，则

$$L_\gamma(X_j)\leqslant L_\gamma(X_k)\tag{7-2}$$

3. 最优性

$L_\gamma(X)$ 应尽可能大。

首先要对所有可能的试验向量进行排序，试验向量即 $0\leqslant C_1\leqslant n_1$，$0\leqslant C_2\leqslant n_2$，$\cdots$，$0\leqslant C_m\leqslant n_m$，由 $C_1,C_2,\cdots,C_m$ 可能组成各种集合 $(C_1,C_2,\cdots,C_m)$。假定按正则性条件式排序，试验向量代号为 $X_1,X_2,\cdots,X_N$，可知可能出现的试验向量的数目为

$$N=\prod_{i=1}^{m}(n_i+1) \tag{7-3}$$

试验向量在给定条件之下，即由式(7-1)、式(7-2)、式(7-3)确定的最大置信下限集为

$$L_\gamma(X_j)=\inf\left\{R \mid \sum_{k=j}^{N}B_k=1-\gamma\right\} \tag{7-4}$$

其中

$$B_k=\prod_{i=1}^{m}\binom{n_i}{x_{i,k}}R_i^{x_{i,k}}(1-R_i)^{n_i-x_{i,k}} \tag{7-5}$$

式中 inf——下确界符号；

j——观测到的试验向量的序号；

$x_{i,k}$——第 k 个试验向量中第 i 个单元出现的试验次数。

应用以上各式解题的步骤是：首先由式(7-4)求出 N；再给可能出现的试验向量排序确定 j；然后由式(7-6)分别求出 $B_j\sim B_N$；最后将 $B_j\sim B_N$ 代入式(7-5)求出精确置信下限 $L_\gamma(X_j)$。

【例 7-1】设有一个系统的可靠性模型由两个成败型单元串联组成，设对单元 1 试验 10 次，成功 9 次，对单元 2 试验 7 次，成功 6 次，如图 7-2 所示。设单元 1 的可靠性为 R_1，单元 2 的可靠性为 R_2，系统可靠性置信度为 γ，求系统可靠性的精确置信下限。

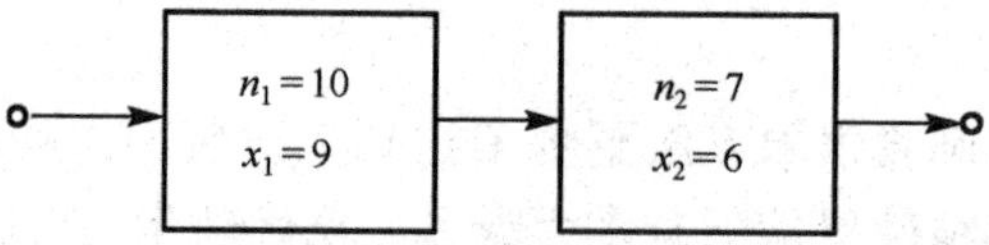

图 7-2 系统可靠性

解：由题意可知，$n_1=10, n_2=7, x_1=9, x_2=6, m=2$。

(1)求最大排序号 N。

由式(7-3)得

$$N=\prod_{i=1}^{m}(n_i+1)=\prod_{i=1}^{2}(n_i+1)=(n_1+1)(n_2+1)=(10+1)(7+1)=88$$

(2)求观测试验向量 $X_j=(x_1,x_2)=(9,6)$ 的排序号 j。

由于成败型单元产品的可靠性估计值 $\hat{R}_i=\dfrac{x_i}{n_i}$，串联系统的可靠性 $R=R_1R_2=\dfrac{x_1\cdot x_2}{n_1\cdot n_2}$。根据题意已知 $n_1\cdot n_2$ 为常数，所以 $x_1\cdot x_2$ 与 R 成正比例，故按值 $x_1\cdot x_2$ 大小排序有

$$X_{88}=(10,7)；X_{87}=(9,7)；X_{86}=(10,6)$$
$$X_{85}=(8,7)；X_{84}=(9,6)；X_{83}=(10,5)$$
$$X_{82}=(7,7)；\ \cdots$$

由以上排序可见，观测试验向量 $X_{84}=(9,6)$，$j=84$。

(3)求 B_k。

因为已求出 $j=84$，$N=88$，即 $k=84,85,86,87,88$。由式(7-6)得

$$B_k=\prod_{i=1}^{2}\binom{n_i}{x_{i,k}}R_i^{x_{i,k}}(1-R_i)^{n_i-x_{i,k}}$$

即

$$B_{84}=\binom{n_1}{x_{1,84}}R_1^{x_{1,84}}(1-R_1)^{n_1-x_{1,84}}\binom{n_2}{x_{2,84}}R_2^{x_{2,84}}(1-R_2)^{n_2-x_{2,84}}$$
$$=\binom{10}{9}R_1^9(1-R_1)\binom{7}{6}R_2^6(1-R_2)$$

同理可求出

$$B_{85}=\binom{10}{8}R_1^8(1-R_1)^2\binom{7}{7}R_2^7(1-R_2)^{7-7}=\binom{10}{8}R_1^8(1-R_1)^2R_2^7$$
$$B_{86}=\binom{10}{10}R_1^{10}(1-R_1)^{10-10}\binom{7}{6}R_2^6(1-R_2)^{7-6}=R_1^{10}\binom{7}{6}R_2^6(1-R_2)$$
$$B_{85}=\binom{10}{9}R_1^9(1-R_1)\binom{7}{7}R_2^7(1-R_2)^{7-7}=\binom{10}{9}R_1^9(1-R_1)R_2^7$$
$$B_{88}=\binom{10}{10}R_1^{10}(1-R_1)^{10-10}\binom{7}{7}R_2^7(1-R_2)^{7-7}=R_1^{10}R_2^7$$

(4)求最大置信下限。

由式(7-5)有

$$L_\gamma(X_{84})=\inf\left\{R\mid\sum_{k=84}^{88}B_k=1-\gamma\right\}$$

将 $B_{84},B_{85},B_{86},B_{87},B_{88},\gamma,R_1,R_2$ 代入，求出 $L_\gamma(X_{84})$ 为系统可靠性的精确置信下限。

从上述不难看出，尽管以上计算公式很严谨、科学，但实际应用却十分困难，最大困难主要有两个，一是试验向量的排序，二是式(7-4)方程的求解，尤其是对于3个或3个以上单元的串联系统。故实际中工程上常用的是经典近似置信限方法。

第三节　系统可靠性综合的经典近似置信限

在系统可靠性的经典近似置信限方法中，在工程中常应用极大似然法(MLE)、修正极大似然法(MML)、序贯压缩法(SR)、修正极大似然和序贯压缩相结合的方法(CMSR)。MLE仅在大子样试验及失效分布是无界对称正态分布的情况下才能有较好的精度，因此，工程中不常用。MML计算方法简单准确，是工程中最常用的方法，但它不能进行单元无失败情况($x_i=n_i$)的系统可靠性评估。在串联系统中无失败单元时，采用SR法和CMSR法，其中CMSR是MML法和SR法结合的产物，它不但具有MML计算准确的优点，又一定程度地避免了SR过多丢失信息的缺点，因此是工程上评估无失败单元系统可靠性的常用方法。

一、修正极大似然法(MML)

1972年，由R.G.Eaeterling提出修正极大似然法，其基本思想是取极大似然理论下被估子样的方差等于二项分布方差，理由是它来自成败型子样数据。

设研究的系数为 m 个成败型单元的串联系统，第 i 个单元试验 n_i 次，成功 x_i 次，$i=1\sim m$，该系统等效试验次数 $\hat{n}$、等效成功次数 $\hat{x}$ 和等效失败次数 $\hat{F}$ 分别为

$$\hat{n} = \frac{\prod_{i=1}^{m} \frac{n_i}{x_i} - 1}{\sum_{i=1}^{m} \frac{1}{x_i} - \sum_{i=1}^{m} \frac{1}{n_i}} \tag{7-6}$$

$$\hat{x} = \hat{n} \prod_{i=1}^{m} \frac{x_i}{n_i} \tag{7-7}$$

$$\hat{F} = \hat{n} - \hat{x} \tag{7-8}$$

显然，若已知系统可靠性的置信度γ和由上式算出的$\hat{n}$、$\hat{F}$，则可由书后附表2查得该系统可靠性的经典置信下限R_L。

MML法计算简单而且比较准确，但从式(7-7)和式(7-8)可以看出，当某一单元$x_j = n_j$时，系统等效试验数据$\hat{n}$、$\hat{x}$与x_j、n_j无关，尤其是当$x_j = n_j < n_i$，$i = 1 \sim m$且$i \neq j$时，这显然是不合理的，此时应该应用CMSR法。

二、修正极大似然和序贯压缩相结合的方法(CMSR)

CMSR法是在试验次数最小单元无失效的情况下只进行一次压缩，然后仍然应用MML折合公式。如果串联系统不存在试验数最小的无失效单元，则CMSR法直接相当于MML法。

设研究的系统为m个成败型单元的串联系统，第i个单元试验n_i次，成功x_i次，$i = 1 \sim m$，在这些单元中有无失败单元(即该单元的试验次数等于成功次数)。应用CMSR法求系统的可靠性置信下限的基本步骤如下。

(1)将m个单元的试验信息按n_i ($i = 1 \sim m$)的数值从大到小排序。

(2)舍去中间无失败单元(试验次数非最小的无失败单元)，选出试验次数最小的无失败单元为(n_l, x_l)，再选出试验次数大于n_l的最小有失败单元为(n_i, x_i)，即$n_i \geqslant n_l$，$n_i > x_i$，$n_l = x_l$，对这两单元的试验信息按以下各式进行压缩综合。

当$x_i > n_l$时

$$\left.\begin{aligned} (n_i, x_i) &\rightarrow \left(n_i \frac{n_l}{x_i}, n_l\right) \\ (n_l, x_l) &\rightarrow (n_l, x_l) \end{aligned}\right\} \rightarrow \left(n_i \frac{n_l}{x_i}, x_l\right)$$

即

$$(n_i, x_i), (n_l, x_l) \rightarrow \left(n_i \frac{n_l}{x_i}, x_l\right) \tag{7-9}$$

当$x_i = n_l$时，同理可推得

$$(n_i, x_i), (n_l, x_l) \rightarrow (n_i, x_l) \tag{7-10}$$

当$x_i < n_l$时，同理可推得

$$(n_i, x_i), (n_l, x_l) \rightarrow \left(n_i, x_l \frac{x_i}{n_l}\right) \tag{7-11}$$

【例7-2】某串联系统由4个单元组成，各单元的试验信息(n_i, x_i)分别为(30,30)、

(60,59)、(45,45)、(50,49)，请对该系统各单元的试验信息进行压缩综合，使系统不含无失败单元。

解：

① 对该系统 4 个组成单元进行排序。

将 4 个单元的试验信息按 $n_i(i=1\sim4)$ 从大到小排序结果为 $(n_1,x_1)=(60,59)$，$(n_2,x_2)=(50,49)$，$(n_3,x_3)=(45,45)$ 和 $(n_4,x_4)=(30,30)$。

② 确定 $n_l,x_l;n_i,x_i$。

去掉中间无失败单元 (n_3,x_3)；第四个单元为试验次数最小的无失败单元，即 $(n_l,x_l)=(30,30)$；第二个单元为试验次数次小的有失败单元，即 $(n_i,x_i)=(50,49)$。可确定 $n_l=30$，$x_l=30$；$n_i=50$，$x_i=49$。

③ 对 (n_l,x_l) 和 (n_i,x_i) 单元进行压缩综合。

因为 $x_i>n_l$，故由式(7-10)得

$$(n_i,x_i),(n_i,x_i)=(n_2,x_2),(n_4,x_4)\rightarrow$$
$$\left(n_2\frac{n_4}{x_2},x_4\right)=\left(50\times\frac{30}{49},30\right)=(30.6,30)$$

④ 结论。

压缩综合后，该系统由两个单元组成，它们是 $(n_1,x_1)=(60,59)$，$(n_{2.4},x_{2.4})=(30.6,30)$。

(3) 对压缩综合结果(即与原系统等效的、都是有失败单元的系统)应用 MML 方法，根据式(7-7)~式(7-9)计算该等效系统的等效试验次数 $\hat{n}$、等效成功次数 $\hat{x}$ 和等效失败次数 $\hat{F}$。

(4) 根据求得的 $\hat{x}$、$\hat{F}$ 和规定的置信度 γ 查书后附表 2，得系统可靠性的置信下限 R_L。

【例 7-3】 串联系统各个成败型单元可靠性试验数据如图 7-3 所示，若置信度 $\gamma=0.9$，求该系统可靠性置信下限 $(n_1=99)$。

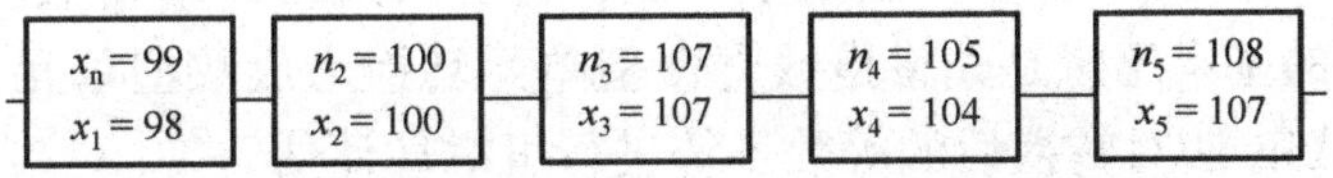

图 7-3　串联系统各个成败型单元可靠性试验数据

解：由图 7-3 可知，该系统中有不失败单元(100,100)和(107,107)，所以不能用 MML 法，而应采用 CMSR 法求解。

(1) 按 n_i 从大到小给单元排序为(108,107)，(107,107)，(105,104)，(100,100)，(99,98)。

(2) 去掉中间无失败单元(107,107)。选出试验次数最小无失败单元(100,100)和次小有失败单元(105,104)进行压缩综合。由于 $x_i>n_l$，即 104>100，所以由式(7-9)得

$$(105,104),(100,100)\rightarrow\left(105\times\frac{100}{104},100\right)=(100.96,100)$$

故图 7-3 的等效系统如图 7-4 所示。

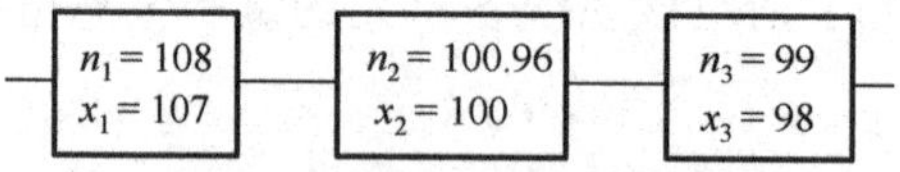

图 7-4　等效系统可靠性图

(3)求系统的 $\hat{n}$、$\hat{x}$ 和 $\hat{F}$。

因图 7-4 等效系统中各单元均为有失败的试验，所以应采用 MML 法。由式(7-7)~式(7-9)得

$$\hat{n} = \frac{\prod_{i=1}^{3}\frac{n_i}{x_i} - 1}{\sum_{i=1}^{3}\frac{1}{x_i} - \sum_{i=1}^{3}\frac{1}{n_i}} = \frac{\frac{108}{107} \times \frac{100.96}{100} \times \frac{99}{98} - 1}{\frac{1}{107} + \frac{1}{100} + \frac{1}{98} - \frac{1}{108} - \frac{1}{100.96} - \frac{1}{99}} = 103.4$$

$$\hat{x} = \hat{n}\prod_{i=1}^{3}\frac{x_i}{n_i} = 103.4 \times \frac{107}{108} \times \frac{100}{100.96} \times \frac{98}{99} = 100.4$$

$$\hat{F} = \hat{n} - \hat{x} = 103.4 - 100.4 = 3$$

(4)求系统的 R_L。

根据 GAMMA $= \gamma = 0.9$，查书后附表 2 求 R_L 为

$$n = 103,\ F = 3 \text{ 时},\ R_L = 0.936\,3$$
$$n = 104,\ F = 3 \text{ 时},\ R_L = 0.936\,9$$

所以当 $\hat{n} = 103.4$，$\hat{F} = 3$ 时，用插值求得

$$R_L = 0.936\,3 + (0.936\,9 - 0.936\,3) \times 0.4 = 0.936\,5$$

即该系统的可靠性置信下限 $R_L = 0.936\,5$。

三、指数寿命型串联系统的 CMSR 法

指数寿命型单元产品在工程中应用很广泛，这里只简单介绍指数寿命型串联系统的 CMSR 法。其方法的基本思想是先将指数寿命型单元转换为成败型单元，然后应用前面介绍的 MML 法和 CMSR 法对转换后的等效系统进行可靠性评估。

可利用以下计算公式(推导从略)将第 i 个指数寿命型单元 (Z_i, η_i) 等效转换为成败型单元 $(\hat{n}_i, \hat{x}_i)$，转换后单元的等效试验次数 $\hat{n}_i$ 和等效成功次数 $\hat{x}_i$ 分别为

$$\hat{n}_i = \frac{(1 - e^{-Z_i/\eta_i}) \cdot \eta_i^2}{e^{-Z_i/\eta_i} \cdot Z_i} \tag{7-12}$$

$$\hat{x}_i = \frac{(1 - e^{-Z_i/\eta_i}) \cdot \eta_i^2}{Z_i} \tag{7-13}$$

式中　η_i ——被转换指数寿命型单元的等效任务数，$\eta_i = T/t_0$，即寿命试验的总试验时间 T 与任务时间 t_0 的比值；

Z_i ——与被转换指数寿命型单元试验失效率 γ_i 有关的量值。对定数截尾寿命试验时，$Z_i = \gamma_i$；对其他形式寿命试验时，$Z_i = \gamma_i + 1$。

【例 7-4】 串联系统各单元的成败型及指数寿命型可靠性试验数据如图 7-5 所示，试求系统可靠性置信下限，设置信度 $\gamma = 0.8$。

解：

(1)将第三个指数寿命型的单元等效转换为成败型单元。

由式(7-12)得

$$\hat{n}_3 = \frac{(1 - e^{-Z_3/\eta_3}) \cdot \eta_3^2}{e^{-Z_3/\eta_3} \cdot Z_3} = \frac{(1 - e^{-1/100}) \times 100^2}{e^{-1/100} \times 1} = 100.5$$

由式(7-13)得

$$\hat{x}_3 = \frac{(1 - e^{-Z_3/\eta_3}) \cdot \eta_3^2}{Z_3} = \frac{(1 - e^{-1/100}) \times 100^2}{1} = 99.5$$

故图 7-5 的等效系统如图 7-5 所示。

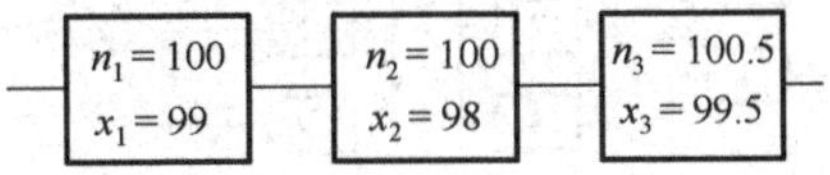

图 7-5　等效系统可靠性图

(2)求系统的 $\hat{n}$、$\hat{x}$ 和 $\hat{F}$。

图 7-5 的成败型串联系统中没有不失效单元，所以应选用 MML 法。

由式(7-6)、(7-7)和式(7-8)得

$$\hat{n} = \frac{\prod_{i=1}^{3} \frac{n_i}{x_i} - 1}{\sum_{i=1}^{3} \frac{1}{x_i} - \sum_{i=1}^{3} \frac{1}{n_i}} = \frac{\frac{100}{99} \times \frac{100}{98} \times \frac{100.5}{99.5} - 1}{\frac{1}{99} + \frac{1}{98} + \frac{1}{99.5} - \frac{1}{100} - \frac{1}{100} - \frac{1}{100.5}} = 101.4$$

$$\hat{x} = \hat{n} \prod_{i=1}^{3} \frac{x_i}{n_i} = 101.4 \times \frac{99}{100} \times \frac{98}{100} \times \frac{99.5}{100.5} = 97.4$$

$$\hat{F} = \hat{n} - \hat{x} = 101.4 - 97.4 = 4$$

(3)求系统的 R_L。

根据 GAMMA $\doteq \gamma = 0.8$，$\hat{n} = 101.4$，$\hat{F} = 4$，查书后附表 2 求 R_L。

$$n = 101, F = 4 \text{ 时}，R_L = 0.934\,4$$

$$n = 102, F = 4 \text{ 时}，R_L = 0.935\,0$$

所以当 $\hat{n} = 101.4, F = 4$ 时，用插值求得

$$R_L = 0.934\,4 + (0.935\,0 - 0.934\,4) \times 0.4 = 0.934\,6$$

即该系统的可靠性置信下限 $R_L = 0.934\,6$。

对复杂产品(系统)进行可靠性评估，当前在国内外还有一些其他方法，如蒙特卡罗方法(Monte Garlo method)，可靠性估计的 Bayes 方法等，但因为这些方法迄今争议较大或国内研究它们的还不够，故这里不做介绍。

第四节 由典型系统构成的复杂系统可靠性近似评定

由串联系统、并联系统、k/N 系统等典型系统构成的复杂系统可靠性评定，可以借助金字塔式可靠性评定原理，由最低层向上，一层一层地逐级别评定，一直到最顶层为止，从而得到典型系统构成的复杂系统的可靠性评定结果。

如图 7-6 所示，单元 1 和单元 2 串联，单元 3 和单元 4 串联，单元 5、单元 6、单元 7 和单元 8 并联，单元 9、单元 10、单元 11 和单元 12 并联构成 3/4 系统。

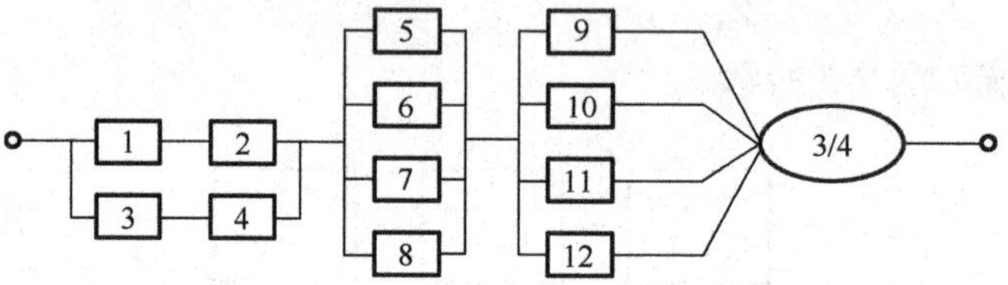

图 7-6　典型系统构成的复杂系统

该系统可靠性评定步骤如下。

(1) 评定单元 1 和单元 2 串联系统可靠度，评定单元 3 和单元 4 串联系统可靠度。

(2) 单元 1 和单元 2 串联系统与单元 3 和单元 4 串联系统，构成并联系统可靠度评定。

(3) 单元 5~单元 8 构成并联系统可靠度评定。

(4) 单元 9~单元 12 构成 3/4 系统可靠度评定。

(5) 单元 1~单元 4 构成的系统、单元 5~单元 8 构成的并联系统、单元 9~单元 12 构成的 3/4 系统，3 个系统构成的串联系统进行可靠度评定，得到整个系统可靠度评定结果。

该系统可靠度评定的过程如图 7-7 所示。

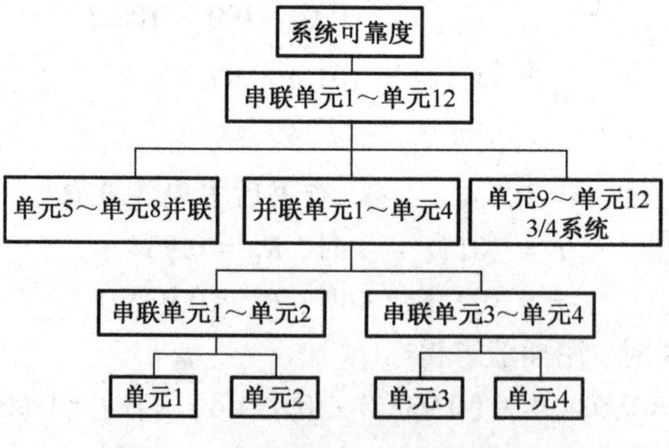

图 7-7　典型系统构成的复杂系统

复杂系统可靠度近似评定的贝叶斯方法应注意以下几点。

(1) 由下一层到上一层评定，给定验前信息，需要考虑验前信息的综合问题、下一层可靠度评定参数等效折合为上一层参数问题、折合后参数与上一层参数综合问题。

(2)取无信息先验分布，如果下一层取无信息先验分布，需要综合到上一层信息，如果上一层取无信息先验分布，需要将上一层先验信息分配给下一层。至于下一层取无信息先验分布，还是上一层取无信息先验分布，取决于系统结构(即可靠性框图或可靠性逻辑关系和对系统先验信息的认识)。然后下一层可靠度评定参数等效折合为上一层参数，再将折合后参数与上一层参数综合。

复杂系统可靠度近似评定的经典方法应注意：出现$f=z=0$时，要引起注意，此时，如果采用随机化下限可靠度评定结果比非随机化下限稍高，具体采用哪种评定结果以实际评定要求而定。

复杂系统可靠度评定过程实质上就是由最底层的系数参数逐级向上折合和综合的过程。

习题

1.简述金字塔式可靠性综合评估方法。

2.金字塔式系统可靠性综合评估应解决的问题有哪些？

3.简述系统可靠性评定的一般步骤。

第八章
可靠性试验

可靠性试验是为了评价产品可靠性而进行的试验，它可以分为可靠性测定试验和可靠性验证试验。测定试验是在事先没有规定产品可靠性指标的条件下，用来测定产品可靠性特征量。验证(鉴定、验收、考核)试验的目的是要确定产品的可靠性指标是否达到规定的要求。寿命试验或加速寿命试验是可靠性验证或测定的基本方法。

广义地说，为了评价或提高产品(包括系统、设备、元器件、原材料)可靠性而进行的试验都称可靠性试验，如老炼和筛选、环境试验、可靠性增长试验等。

可靠性试验在工程实践中具有重要意义，有关其理论和方法的内容也很丰富。下面只扼要地介绍产品(重点是电子元器件)的老炼和筛选、环境适应性试验、寿命试验、加速寿命试验、可靠性增长试验及寿命试验的抽样方法。

第一节 可靠性筛选和电子元器件老炼

一、可靠性筛选的特点和效果评价

1.可靠性筛选的特点

筛选就是通过一定的方法将早期失效的产品在出厂前剔除，而把符合要求的产品保留下来的试验过程。广义地说，产品制造过程中各种工艺质量检验，成品、半成品的性能参数测试都有一个筛选过程。而可靠性筛选的目的是剔除早期失效产品。

可靠性筛选可以提高批产品使用可靠性而不能提高其固有可靠性。这是因为元器件的各种可能的失效机理在元器件生产出来以后已经固定，筛选只能使具有早期失效机理的元器件尽快地暴露。对于批产品来说，通过筛选剔除早期失效后，剩下产品的平均寿命比筛选前平均寿命提高了，但筛选不能改变失效机理而延长任何单个元器件的寿命。筛选应力的选择应当注意，不要对好产品造成损伤。

筛选和一般质量检验不同，质量验收是要通过抽样检验判定批产品是否合格(接收或拒收)，筛选则是对全部合格产品进行试验以剔除早期失效产品。

虽然可靠性筛选要付出一定的代价(费用与时间)，但与筛选带来的好处相比，这种代价是值得的。在电子系统设计时就重视电子元器件的选用和控制，加强老炼筛选，这符合“预防失效”的原则，把工作做在前面，才能获得好的经济效益。国外曾对一些消费产品、工业设备、军用设备及航天设备的元器件，在购进、装印制板、系统试验和现场使用时失效带来的经济损失进行统计，结果见表 8-1，以航天设备为例，可以看出，一个元器件如果在刚购进时失效，仅损失 15 美元；如果在现场使用时失效，则造成 200 万美元的损失，后者的损失是前者的 133 333 倍之多。又如，我国海缆通信增音机，过去平均无故障时间仅为 7 年，采用经过筛选的“七专”元器件后提高到 37 年，仅这一项工程总计节约 8000 万元，大于“七专”的投资。

表 8-1 元器件失效造成的损失 美元

设备类型	失效阶段			
	元器件购进时	装在印刷版电路上	系统试验时	现场使用时
消费者产品	2	5	5	50
工业用设备	4	25	45	215
军用设备	7	50	120	1000
航天设备	15	75	300	2×10^6

2. 可靠性筛选的效果

可靠性筛选的效果可以用以下的参数来评价。

1) 筛选剔除率 Q

$$Q = \frac{n}{N} \times 100\%$$

式中 n——剔除产品数；

N——参与筛选的产品总数。

在可靠性筛选中，剔除率的控制非常重要，否则筛选效果可能适得其反，因此应规定剔除率的上限值。因为剔除率过大，没有理由认为剩下的产品是可靠的。但是也不能简单地以剔除率的高低来评价筛选方法优劣，剔除率过高，有可能是产品存在着严重缺陷，也可能是筛选应力过高；剔除率很低，有可能是产品缺陷少，也可能是筛选应力太小和试验时间不足所致。

2) 筛选效果 β

$$\beta = \frac{\lambda_N - \lambda_S}{\lambda_N} \times 100\%$$

式中 λ_N——筛选前产品的失效率；

λ_S——筛选后产品的失效率。

根据国内外的一些经验，一般经过设计良好的工艺筛选程序筛选的产品和未经筛选的相比，其失效率可有 0.5~1 个数量级的改善，个别的可达 2 个数量级。进行筛选要投入一定的费用，图 8-1 表示按 MIL-STD-833（美国军用标准）列出的 A、B、C 三级筛选的相对费用，可以看出费用最有效的筛选是 MIL-STD-833 的 B 级。

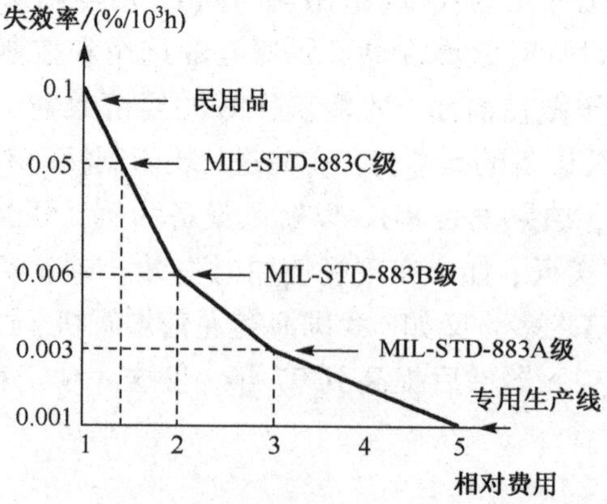

图 8-1 筛选效果和相对费用

总而言之，在评价筛选方法时，把剔除率和筛选效果结合起来，就比较全面。例如，同样是 Q 值，则 β 大的筛选方法为优，而得到同样的 β 值，Q 值小的筛选方法好。

二、常用的可靠性筛选方法

1.测试筛选

1)初始参数筛选

初始参数筛选又称分布截尾筛选。使用这种筛选方法的目的是为了获得参数与设计要求相适应的产品，剔除那些超出容差极限值的产品。首先要确定被筛选对象的哪些参数直接影响系统的可靠性，以及为保证系统可靠性应规定的容差极限值。并由此确定参数的筛选项目和合格标准。筛选对象应为设计、工艺相当稳定条件下生产的产品，因此，筛选对象的各项参数应服从正态分布，如图 8-2 所示。如对同批产品可用 $\bar{x}\pm 3\sigma$ 作为筛选标准，图 8-2 中 $\theta_0=\bar{x}$，其容差 $k\sigma=3\sigma$，凡参数超出 $[\bar{x}-3\sigma,\bar{x}+3\sigma]$ 的产品判为失效，并做淘汰处理。对参数有慢漂移的产品，则参数选择区间相应缩小，即产品参数凡超出 $[\bar{x}-3\sigma+\Delta\theta,\bar{x}+3\sigma-\Delta\theta]$ 的产品判为失效，并做淘汰处理，缩小的量 $\Delta\theta$ 视慢漂移大小而定。

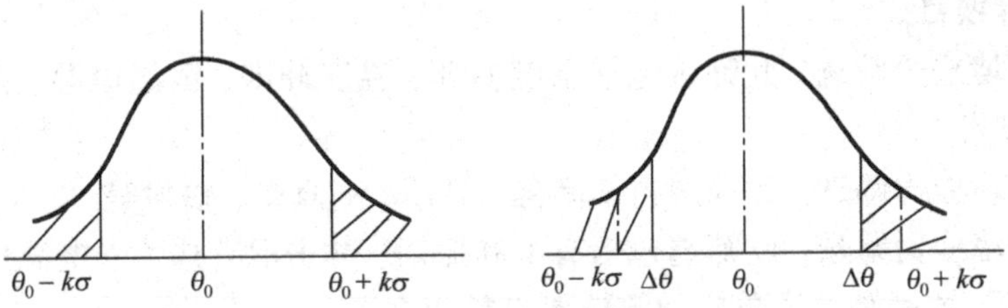

图 8-2 初始参数筛选与慢漂移参数筛选

θ_0 —参数均值；$k\sigma$ —参数容差；$\Delta\theta$ —参数漂移量

2)线性判别筛选

这种方法是先对批产品做摸底试验，通过计算建立一个线性判别数据，然后根据每个被判产品的原始数据和试验一段时间后的测试数据来判断是否应该淘汰。应用该方法的基础是建立线性判别式，式中含有对产品有显著影响的参数(判别因子)和这些参数在寿命中所起影响的程度。这是一种有较高功效的重要筛选法，但目前在我国还没有被普遍采用。

另外，漂移失效筛选技术(或称复量数据筛选技术)是国外对一些可靠性要求较高的元器件所广泛采用的一种筛选技术，这种方法可理解为是线性判别法的特例。它要求掌握产品参数漂移与可靠性之间的量的关系后，依据产品在筛选过程中参数随时间漂移的情况来判断未来的使用可靠性情况，而决定取舍。这比仅靠最后测试，用参数规范值来判定合格或不合格要合理得多。美军分立器件总规范中规定进行此筛选(称 Δ 参数筛选)。

2.检查筛选

(1)目镜筛选。包括用肉眼、放大镜或显微镜检查，可发现半成品或成品工艺缺陷和封装缺陷，这是一项花费少收效大的检查筛选。

(2)红外线非破坏性检查筛选。用红外扫描显微镜(热像仪)对元器件在工作时的热分布做检查。可检查热设计是否合理和工艺是否有缺陷，可灵敏地检查出过热点是否有虚焊。这种方法不足之处是只能检查暴露出来的表面，不能检查外壳内的热分布，被检查表面有塑料时检查也要受到影响。

(3) X射线非破坏性检查筛选。此筛选可发现成品内的缺陷，如装配不良、焊料过多或过少，以及多余物等。美军标准规定“宇航”级半导体器件全部都要进行此项筛选。

(4) 颗粒碰撞噪声检测。此检测用来发现产品内部是否存在多余物或有结合不良处。其原理是检查试件在振动或冲击情况下是否内部有颗粒碰撞而发出噪声。其优点是能发现微小的粒子和X射线能穿透的粒子，已有设备可测出重量小于1μg和直径小于25μm的松散粒子。在国外该方法已广泛用于半导体器件和继电器，取得很大效果。

(5) 密封性检查筛选。此筛选用来剔除泄露率超过规定值的产品。根据泄露率要求可选择液浸检漏法、氦质谱检漏法、放射性示踪检漏法和湿度试验法等。

(6) 参数测试筛选。此筛选包括一般参数和一些特殊参数的测试，如热稳定试验等。

3.环境应力筛选

(1) 力学环境应力筛选。此筛选包括振动（包括振动疲劳、扫描振动或随机振动）、冲击和离心加速度等项目。

(2) 气候环境应力筛选。此筛选包括温度循环、温度冲击、恒温恒湿、潮热交变、低气压和高低温测试等。

(3) 特殊环境应力筛选。此筛选包括高温、高压、高真空、辐射等。

(4) 混合环境应力筛选。此筛选包括有电和振动、冲击混合应力；电温度循环、湿度和振动混合应力等，这种筛选比单应力筛选要有效得多。

4.寿命筛选（老炼筛选）

(1) 储存筛选，包括高温储存。

(2) 功率老化筛选，包括在高温下的老化筛选。

(3) 工作寿命筛选，包括静态、动态工作等。

5.破坏性筛选

为适应特殊环境需要，对有的批产品还要做抽样的破坏性筛选试验，以体现批产品的环境适应性，包括盐雾、油雾、潮湿、焊接强度、热疲劳、引线疲劳和高温高压等筛选试验。

综上所述，筛选方法的选用可分两种情况：一种是一般产品都可运用的，如检查筛选、高温储存、功率老炼、密封检漏等。另一种则需要针对产品的失效模式而采用的，如内潮试验可剔除线包内有潮气的继电器；三次谐波法可剔除接点已长有机膜的继电器；大电流冲击可发现内引线焊接不良的半导体分立器件等。总之，统一的筛选条件只能解决一般问题，而要解决特殊失效模式带来的问题，就要制订高效的、特殊的筛选方法。

三、筛选方案设计原则

筛选方案设计包括选定筛选项目、列出筛选程序、定出筛选应力、确定筛选方法、规定失效判据和各项筛选允许的剔除率和总的剔除率等。

在设计筛选方案时应注意遵循以下原则。

(1)筛选要有效地剔除早期失效产品，但不应使(不应剔除的)正常产品提高失效率。

(2)为提高筛选效率，可以使用强应力筛选，但不应使产品因此而产生新的失效模式。

(3)筛选项目和应力不必只是模拟使用情况，有些项目与应力可以是使用中不可能出现的，其目的仅是为了暴露工艺上的缺陷。

(4)试验设计前，设计者必须对元器件供应者正常筛选效率有所掌握。如果这种筛选较为有效，则可用这些筛选方法来作为补充筛选；如果这种筛选并不令人满意，则筛选方案应重新拟定。

(5)试验程序必须是加应力筛选在前，检查测试性筛选在后。如筛选项目的次序与失效有关，要选择能暴露失效的最佳顺序。

(6)对被筛选对象可能的失效模式有所掌握。如已知或认为存在特定的失效模式和机理，则应选择特定的筛选来剔除那些不可靠产品。

(7)为制订合理有效的筛选方案，必须了解有关元器件特性、材料、封装及制造技术。

(8)将不可靠产品淘汰在上机前，以减少不必要的损失。

四、电子元器件老炼

在元器件投入使用前，将使用中有可能发生参数漂移的剔除，这是老炼的目的。有的元器件虽说经筛选已可正常工作，但它的参数、性能不一定稳定，如电子管阴极发射电子的能力和晶体管的某些参数等，这些产品往往需要放置一段时间或通电工作一段时间后，其参数才能稳定。这种使性能、参数稳定的过程称作老炼。至于老炼的规范(包括存放或加电方式，对供电设备的要求、环境温度等)要通过摸底，由产品本身稳定性而定。例如，作为高精度电源电压基准用的标准稳压管，需要在正常工作状态下老炼几个月方可上机。

决定某种元器件上机前是否要进行老炼，主要取决于这种元器件的参数漂移是否影响使用可靠性(与失效判据联系起来)。如果参数漂移对使用可靠性没有影响，就可以不进行老炼，如果有影响则老炼就可以提高元器件的使用可靠性。

前面说的老炼筛选和这种使元器件参数稳定的老炼虽然目的有所不同，但都是为了提高元器件使用可靠性的一种手段。老炼有使参数稳定的作用，而这种使参数、性能稳定的过程也必然起到筛选作用。

第二节 环境适应性试验

众所周知，使用环境对产品的可靠性影响很大。在产品设计规范中，需要考虑产品对环境的适应能力，因此，所谓环境试验也是一种摸底试验。

一、环境条件的分类及其对产品的影响

产品在储存、运输、工作过程中可能处于各种不同的环境，按其对产品影响的机理可分为气候、力学、生物、辐射、电磁条件等。

气候条件包括温度、湿度、气压、风、雨、水、露、霜雪、沙尘、盐雾、油雾、游离气体和其他有害气体等因素。它们能导致产品电性能改变、材料腐蚀和机械损伤。

力学条件包括振动、冲击、离心、碰撞、跌落、静力负荷、失重、声振、爆炸、冲击波等。它们能导致产品结构损伤、材料断裂或疲劳、引线断开等。

生物条件包括霉菌、昆虫、啮齿动物等。霉菌吞噬、繁殖、吸附水分和分泌酶使所有有机材料和部分无机材料强度降低，介质损耗增大，金属腐蚀；白蚁、木蜂、老鼠咬坏电缆，排出粪便造成短路。

辐射条件包括：太阳紫外线辐射引起材料老化；核爆炸环境的中子辐射引起永久性损伤；γ 辐射引起瞬时效应，造成电子元器件失效；空间带电粒子可使卫星用电子元器件损坏。

电磁条件包括电场、磁场、闪电、雷击、电晕、核爆炸产生的电磁波，以及电子设备内部、外部的电磁干扰等。

二、环境试验的方法

1.现场使用试验

现场使用试验可真实地反映产品在实际使用条件下的可靠性，同时，也是检验人工模拟试验准确性的依据。因此，现场使用试验可以作为设计制造过程中的一个环节。例如，战术电台在样机研制完成后，应经一年至一年半时间的现场使用考验，才允许大批生产。飞机也要经过 1000h 试飞，才能正式投产。在可靠性工作中，现场使用数据是非常重要的。但这种试验取得数据的周期长、花费大、有一定局限性。

2.天然暴露试验

天然暴露试验就是把样品长期暴露于天然气候环境(如热带、亚热带、寒带、高原地带等)中，样品可处于工作负荷状态或储存状态，通过定期观测，可以了解产品电参数、机械性能和外观的变化。

3.人工模拟试验

人工模拟试验是在人工控制条件下的试验，是在试验箱内或试验台上进行的，目的是在短时间内观察产品所能承受的环境应力大小。常用的环境模拟试验项目有低温、高温、热冲击、温度循环、潮热、低气压、盐雾、霉菌、沙尘、振动、冲击、碰撞、离心、运输、声振、爆炸、真空冷热浸、真空冷焊试验等人工模拟试验，一般可分为单项环境试验与综合环境试验两大类。

1)单项环境试验

目前，多数环境试验是针对环境因素分别单项进行的，这种试验优点在于试验设备比较简单，试验费用较少，而且很容易看出某因素对产品的影响。在 GB 2423.1—2008 ~ GB 2423.24—2008 中有相应的低温、高温、恒定湿热、交变湿热、碰撞、倾跌和翻倒、自由跌落、正弦振动、恒加速度、霉菌、盐雾、低气压、温度变化、接触点和连接件的二氧化硫、硫化氢试验。在一些电子产品中，还有淋雨、沙尘、高压、电磁辐射等环境试验要求。

2)综合环境试验

在实用中，产品受客观环境的影响，常常是几种环境因素共同作用的结果，因此有必要选择几个有代表性的应力条件进行组合试验，并使其与实际使用环境接近，如加速度、振动、噪声、真空、高低温、湿度、高度、振动等综合环境试验。GB 2423.25—2008 ~ GB 2423.27—2008 规定了对电工、电子产品，要做低温/低气压、高温/低气压、低温/低气压/湿热综合试验。

综合环境试验的优点：

①可以较为真实地模拟使用环境，从而增加试验的真实性和可靠性；

②创造了利用地面模拟试验代替空中飞行试验的条件；

③真实地暴露由于诸环境因素共同作用所引起的产品失效模式。但由于综合环境试验设备复杂、试验周期长、费用昂贵，故发展受到一定的限制。

环境模拟试验的设计者应对产品的实际使用环境有确切的了解。若对使用环境估计过严，将导致产品成本提高和研制周期拖长；若对使用环境估计不足而降低试验条件，则将导致产品在实际使用环境下出现大量故障，造成更大损失。总之，环境模拟试验重要的是正确规定试验条件和合理安排试验顺序，试验设备要合格，并做定期标定。

第三节 寿命试验和加速寿命试验

狭义的可靠性试验主要是指寿命试验，可见寿命试验是一种重要的可靠性试验形式。通过寿命试验可以获得诸如失效率、平均寿命等可靠性特征量，以此作为可靠性预计、制订筛选条件，进行可靠性鉴定，改进产品质量的依据。

一、寿命试验的分类

长期寿命试验包括长期储存试验和长期工作寿命试验，后者是传统的寿命试验方法，它又分为静态偏置和动态工作两种。静态偏置就是加直流额定负荷的试验，所用设备简单，试验结果有一定价值。动态工作是模拟产品实际工作状态，如集成电路在规定负载和加输入信号条件下所做的寿命试验。动态试验比静态试验的结构更准确，但设备较为复杂。

由于电子元器件水平迅速提高，长期寿命试验方法遇到很大困难。例如，为了以 90% 置信度验证失效率为 $1 \times 10^{-8}h^{-1}$ 的元器件，如果采取长期寿命试验的方法，需要用 23 000 只试验 10 000h 无失效。这个代价高到不现实的程度，因此，广泛采用加速寿命试验的方法，就是在不改变产品失效机理、不引入新的失效因子的前提下，提高试验应力，加速产品失效进程，再根据加速试验结果，预计正常应力下的产品寿命。根据应力施加的方式，可分为恒定应力、步进应力、序进应力加速寿命试验三种。

(1) 恒定应力加速寿命试验是将一定数量的试样分几组，每组固定一个应力水平进行试验。它的试验因素单一，数据容易处理，外推精度较高，故最常用。

(2) 步进应力加速寿命试验是以积累损伤失效物理模型为理论依据，试验时，每组样品固定一个逐级升高应力的时间，直到足够数量的样品失效为止。这种试验一般假定前面低一级试验对本级试验的影响可以忽略不计，实际上往往不可忽略，所以试验的预计精度较低。这种试验的优点是试验周期较短，通常用于工艺对比、筛选摸底定性分析场合。

(3) 序进应力加速寿命试验可近似看作步进应力的每级应力差很小的极限情况。进行这种试验需要专门的程序控制，一般很少采用。

以上三种加速寿命试验方法分别如图 8-3 所示。

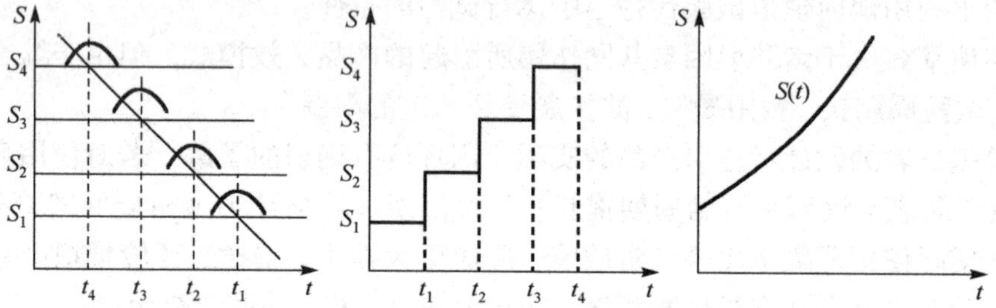

(a) 恒定应力法　　(b) 步进应力法　　(c) 序进应力法

图 8-3　加速寿命试验方法

二、寿命试验的设计问题

进行一次寿命试验，要花费大量的人力、物力和时间。如果事前考虑不周，很容易导致试验失败，因此必须进行周密的试验设计，制订出切合实际的试验计划。一般来说，必须考虑下述一些问题。

1.试验目的

试验目的不同，对试验样品、应力和时间的要求就不同，分析方法也不同。一般来说，寿命试验有三种目的。

(1) 可靠性测定，即确定产品的寿命分布和失效率、平均寿命等参数。可靠性测定试验应当根据产品寿命是否符合指数分布，而分别采取相应的试验标准和数据处理方法。

(2) 可靠性试验，即通过寿命试验来判断某批产品能否符合规定的可靠性要求。各种电子设备进行可靠性验证试验时应当采用 GB/T 5080.1—1986《设备可靠性试验总要求》。

(3) 可靠性鉴定，就是鉴定产品的设计和生产工艺是否能生产出符合可靠性要求的产品，应当遵循有关的可靠性鉴定试验标准和方法。

2.试验对象

寿命试验的样品必须在筛选试验和例行试验的合格批中抽取，所选择的样品必须具有代表性。样品数量要即能保证统计分析的正确性，又要考虑试验代价不能太大，并为试验设备条件所允许。

3.试验条件

要了解产品储存寿命，须施加一定的环境应力；要了解产品工作寿命，须施加一定的环境应力和电应力，这是容易了解的。要注意的是试验条件要严格控制在误差很小的范围内，这对保证试验的一致性、正确分析试验结果有重要意义。

4.试验截止时间

寿命试验(即使是加速寿命试验)做到全数试样失效是不现实的，从统计分析的角度来看，这也是不必要的，只要有一定部分的试样失效就可以停止试验，这叫截尾寿命试验。它分为定数截尾和定时截尾两类，各自又分为有替换和无替换两种。

5.测试周期

测试周期时，要求试样要在试验过程中按一定周期测试，测试环境和测试方法一般按产品和测试仪器的有关技术文件执行。测试周期的选定原则是要使每个周期内测得的失效数大致相同，测试工作量不致太大，但又要尽可能详细地了解发生时间。

6.失效判据

通常以产品技术指标(参数)是否超出最大允许偏差范围作为失效判据，也有用是否出现致命失效作为判据。应根据使用要求在试验前做出明确规定。

7.数据记录和处理

应按产品失效的数量、时间列出累积失效概率表，以便对失效分布类型及可靠性指标做出估计。还应按失效产品的失效形式分别统计做出主次图，找出影响可靠性的主要因素。有条件时还应对失效样品进行失效物理分析，找出材料、设计、工艺方面的原因，采取对策来提高可靠性。

第四节　可靠性增长实验

新产品在研制、试产及试用过程中，须经历暴露缺陷——分析原因——改进设计、工艺或操作等循环过程。任何产品在研制初期，其可靠性与性能参数不可能立即达到规定的指标，必须经过反复"试验——改进——再试验"的过程，才能使其可靠性与其他性能不断提高，直到满足预定要求。在这个过程中，产品的设计、制造等方面的缺陷不断得以暴露，而经过分析改进之后又不断趋于完善，这就是可靠性增长过程。因此，可靠性增长的效用在于使产品的可靠性得到确实的提高。

在这些过程中，能否找到既节省时间和经费，又保证产品可靠性达到预定要求的科学方法呢？对于新研制的，特别是试验代价昂贵的高可靠产品或复杂系统，能否利用它们的可靠性增长试验来代替鉴定或验收试验？这是可靠性增长研究所要解决的问题。

在新产品的研制或试生产等过程中，用可靠性增长技术对产品进行可靠性分析、控制和管理，对缩短产品的研制周期、节约试验时间、试验样品和研制费用有明显的效果。此外，如果在研制生产中采用了可靠性增长技术，由此得出的数据就可以用来评估产品的可靠性，从而作为鉴定验收的依据。因此，对这项技术的研究有重大的实践意义与理论意义。

可靠性增长是保证复杂系统投入使用后具有要求的可靠性的一种有效途径，它贯穿于系统寿命周期的各个阶段。

一、可靠性增长过程

可靠性增长是指在一段期间内通过对产品设计与制造工艺的更改使产品的固有可靠性得到确实提高的过程。这一过程是反复进行的，通常包括以下5个步骤：

① 发现故障源；

② 将确定的问题进行反馈；

③ 根据确定的问题进行再设计；

④ 对经更改的设计进行制造；

⑤ 验证再设计的设备所提高的可靠性。

实现可靠性增长的关键是在研制、生产和使用过程中"强迫暴露"设计和制造中的缺陷，并迅速纠正这些缺陷，以消除故障或减少故障的再次发生。值得指出的是，应保证良好的可靠性设计工作，不应只依靠可靠性增长工作来改进不良的设计，否则将事倍功半，造成资金和劳力的浪费，拖延研制进度。

二、可靠性增长实验

可靠性增长试验是在真实的或模拟的环境条件下对产品进行的正规试验，以便暴露和确定潜在的故障模式和机理，并通过采取纠正措施来防止这些故障模式和机理的再次出现，从而使产品的可靠性得到增长，它是一个试验、分析和改进的过程。正式的可靠性增长试验一般在成功地完成环境鉴定试验之后，在可靠性鉴定试验之前进行，而成功的可靠性增长试验可代替可靠性鉴定试验，但应取得订购方的许可。

可靠性增长试验是使系统或设备实现可靠性增长的一种有效手段，是可靠性增长过程的关键环节，也是可靠性增长大纲的重要组成部分。可靠性增长贯穿于系统整个寿命周期各阶段，它可以通过FMECA、性能试验、环境试验、鉴定试验、研制试验、使用试验、可靠性试验以及外场使用中发现故障及采取纠正措施等手段来实现增长，使系统达到最终的目标值；可靠性增长试验是在系统研制阶段的中后期，在实际或模拟的环境下，通过专门的试验、分析及改进来实现可靠性增长，使系统或设备达到或超过研制阶段制订的门限值，顺利通过可靠性鉴定试验，它们的比较见表8-2。

表8-2　可靠性增长试验与可靠性增长比较表

比较项目	可靠性增长	可靠性增长试验
目的	以最佳效费比实现系统的可靠性增长，达到系统目标值	有效地实现研制阶段的可靠性增长，达到系统或设备阶段门限值
适用时机	寿命周期各阶段	研制阶段中后期，可靠性鉴定试验之前
适用方法	分析、试验、外场使用	正式的增长试验
环境条件	随方法而异	真实的或模拟的使用环境

三、寿命周期各阶段的可靠性增长

在系统寿命周期的各阶段中通过获得各种有关的故障信息，进行再设计，便可有效地使系统开始实现可靠性增长。由于可利用的故障源信息很多，而且在不同的寿命周期阶段，这些信息的差别很大，从理论上讲，在系统寿命周期的各个阶段都可以实现可靠性增长，但是它们实现可靠性增长的及时性、有效性和经济性各不相同。可用于可靠性增长的信息有外部经验信息、分析信息、试验信息、生产经验信息和使用经验信息。根据可用于实现可靠性增长的信息种类、可靠性增长的类型，可大致划分为寿命周期早期阶段的可靠性增长和后期阶段的可靠性增长。

1. 早期阶段的可靠性增长

寿命周期的早期阶段包括方案论证及设计研制等阶段，在此阶段实现可靠性增长的主要优点是费用低，因为在早期阶段进行设计更改容易、及时、省钱。然而，早期可靠性增长的不足之处是：早期进行设计更改所依据的信息往往包含着许多未知因素，如工作条件及器件间的相互影响等。早期阶段的可靠性增长主要有以下途径来实现。

1）利用试验实现可靠性增长

寿命周期早期阶段可使用的试验信息的种类很多、范围很广。首先，试验类型多，包括原理样机试验、研制试验、性能试验、环境试验以及可靠性研制、增长和鉴定试验等；其次，受试产品的成熟程度不同；再次，受试产品的层次不同，包括元器件、部件、组件、设备及系统；最后，试验环境条件变化很大，包括室内环境、高空环境、高低温、高湿度以及加速应力等各种环境条件。

试验是实现可靠性增长最通用的信息源，是系统研制阶段实现可靠性增长的手段。利用试验信息实现可靠性增长的主要优点是具有很高的确实性。试验信息的经济性主要取决于产品的特性，对于复杂的高可靠性的产品，通过试验实现可靠性增长的费用很高；对于可靠性较低的产品，而且组成该产品的零部件或元器件的故障易于进行分析，则通过试验可靠性增长的费用较低，效益高。尽管试验费用是影响利用试验信息实现可靠性增长的主要障碍，然而在实现可靠性增长的过程中，最有效的方法仍是合理安排各种可靠性试验。

在研制阶段实现可靠性增长最经济有效的方法是可靠性研制和增长试验。它是一种在真实的模拟使用环境的条件下，通过试验来系统地发现和消除设计薄弱环节过程，通常称为试验—分析—改进(TAAF)过程。它与可靠性验证试验相比，便于研制早期确定故障模式，设计更容易，试验费用和风险更低，具有更好的及时性和经济性；与环境试验及性能试验相比，它能更系统、全面和深入地发现故障，具有好的确实性，增长的费用效益更高。可靠性研制和增长试验是目前国内外实现可靠性增长最广泛采用的方法。

2）利用分析信息实现可靠性增长

分析信息是指对新研制系统进行各种分析、研究及评审所获得的信息，如可行性研究、权衡分析、可靠性预计、故障模式及影响分析(FMEA)、故障树分析、热分析、潜在通路分析以及设计评审等所获得的信息。利用分析信息实现可靠性增长的主要优点是及时性和经济性好，特别是对于高可靠性的设备及系统，通过各种分析取得信息待别有价值，它可以减少或避免某些费用昂贵和费时的试验，尽早实现可靠性增长。然而，为了保证分析信息的准确性，首先必须对新研制系统进行深入的了解；其次必须具有可供使用的分析及设计技术或根据新研制系统的需要开发专用的分析工具；最后必须建立一个完善的数据库，保证为各种分析提供有效的输入信息。

2.生产和使用阶段的可靠性增长

在生产和使用阶段实现可靠性增长具有很好的确实性，因为在此阶段的硬件设计日趋成熟，未知信息越来越少，进行设计更改更好控制。在寿命周期后期阶段实现可靠性增长的主要途径是充分利用生产经验和使用经验以及部分试验获得信息。

利用外场信息实现可靠性增长，根据采取纠正措施的方式、内容和时机等因素，有不同的方法，所获得的效果也不同。目前广泛使用的外场使用可靠性增长大致可分为如下两类。

1）自然增长

这种增长利用外场使用获得的数据提出工程更改建议，然后制订改进计划送到承制厂进行改进或改装。这一过程随着故障的不断出现，反复进行，不断地实现可靠性增长。这种方法是一种被动的、无计划的自然增长，其增长周期大、效果差而且风险大。

2）可靠性改进计划或改型

依据武器系统在外场使用和使用试验中发现的可靠性问题，专门制订可靠性改进计划（设计或工艺），或者针对某些关键部分系统进行重新设计。

四、可靠性增长管理

可靠性增长管理是指在系统寿命周期各阶段，为达到预期的可靠性指标，对可用的资源（费用、时间、人力和器材）进行系统的安排，并根据对估计值与计划值的比较，通过重新分配资源实现所要求的增长率。可靠性增长管理包括对系统的可靠性的增长计划、评定和实施控制。可靠性增长管理是型号项目管理的一个重要组成部分，实施有效地可靠性增长管理可缩短研制周期、节省寿命期费用。实施可靠性增长管理包括下述4项主要活动。

1.制订可靠性增长规划，确定增长总目标

可靠性增长规划是可靠性增长管理的依据，也是系统研制计划的组成部分。在确定系统的可靠性指标时，必须同时进行可靠性增长规划。增长规划的制订必须考虑现役相似系统可靠性增长的信息，以及进行试验、分析及改进所需的时间，对进度、资源和可靠性要求进行权衡。

2.制订可靠性增长计划，细化增长要求

可靠性增长计划是在可靠性增长规划的基础上制订的，通过考虑产品研制的具体要求和工程进展，对可靠性增长要求进一步细化，其主要任务是绘制计划的可靠性增长曲线。在系统研制的早期阶段，一般是在获得确定的可靠性数据之前，由项目经理与承制方共同绘制计划的增长曲线，以便详细表明在系统研制阶段如何利用所分配的资源，使系统可靠性增长到规定的门限值。

一般说来，一个系统应绘制一个计划的增长曲线，而且每个有可靠性要求的分系统或设备也要绘制一个计划的增长曲线。计划的增长曲线应能反映每一个阶段应达到的可靠性水平，以保证项目经理在管理决策中有可比较的标准。最终保证系统在生产及投入外场使用之后能达到成熟期的目标值。

3.做可靠性增长试验，进行增长评估

可靠性增长试验的主要任务是对试验、分析、改进过程进行有效控制，以便充分暴露产品的薄弱环节，准确检测产品的故障状况，正确确定产品的故障源，采取设计更改措施并验证该措施的有效性。可靠性增长试验的实施应根据 GJB 1407—1992 的规定，确定合适的试验方案，选择合适的试验设备和分析手段，完善故障报告、分析和纠正措施系统，对试验、分析和改进各环节进行严格的监督和控制，同时应对试验、分析、设计和管理的人员进行必要的培训，提高他们的素质。

通过可靠性增长试验，可以获得产品出现的各种系统性故障信息，按照统计学原理（如采用 AMSAA 模型或 Duane 模型等），对其增长进行评估，并按照不同的纠正方式绘制可靠性增长的跟踪曲线，它是将产品在不同时刻测得的故障数据连接起来的一条曲线。

在可靠性增长试验的基础上，可根据所获得的试验数据、工程经验和其他有关信息推测在将来某一时刻可能达到的可靠性值，以便估计预定的目标值能否达到，及时做出管理决策。可靠性增长的推测通常是利用所选择的模型（Duane 或 AMSAA 模型）将产品可靠性的当前值与未来某一时刻的推测值（外推值）绘制增长推测曲线（用虚线绘制的曲线）。

4. 跟踪增长信息，促进可靠性增长

在型号研制中，从第一项试验开始时，承制方就应跟踪各分系统可靠性的实际增长，有效地使故障报告、分析及纠正措施系统运转，并在整个研制期间，跟踪从所有的信息源取得的试验数据。项目管理人员通过绘制理想增长曲线、计划增长曲线、跟踪增长曲线和推测增长曲线，并与合同要求的可靠性目标值及门限值进行比较，检查可靠性增长进展情况，及时发现潜在问题，估计为达到型号的可靠性目标值而重新分配资源的要求，促进可靠性增长。实施可靠性跟踪管理的主要活动包括：

① 运行故障报告、分析及纠正措施系统，收集各种试验数据；

② 分析试验结果，确定是否需要增加试验项目、加大试验应力或延长试验时间；

③ 评价测试检测手段，确定是否更新检测分析仪器和加强故障分析能力；

④ 探讨更有效的纠正措施，改善纠正措施的有效性；

⑤ 分析增长潜力，调动所需资源增加增长的可能性与现实性。

五、可靠性增长模型

在可靠性增长的过程中，可靠性增长模型有着重要的作用。可靠性增长模型既可以用来评估可靠性增长目前已达到的水平，也可以用来预计可靠性增长将来可能达到的水平。从而为可靠性管理及有关人员，根据收集到产品在可靠性增长过程中的故障数据，对产品可靠性增长过程进行监督与评价提供依据，也为试验人员判断对产品采取的改进措施的有效性提供指导。

1.Duane 模型

Duane 模型是一个应用广泛的可靠性增长模型，它是 1962 年由 Duane 提出的。

1）模型

Duane 模型认为，在 TAAF 过程中，如果不断地纠正故障，则产品的累积故障数 $N(t)$ 满足

$$N(t)=at^{1-m} \tag{8-1}$$

式中　m——增长率；

t——累积试验时间；

a——确定的常数。

取对数后得

$$\ln\frac{N(t)}{t}=\ln a-m\ln t \tag{8-2}$$

定义累积故障率为

$$\lambda_{\Sigma}(t)\triangleq\frac{N(t)}{t} \tag{8-3}$$

$$\ln\lambda_{\Sigma}(t)=\ln a-m\ln t \tag{8-4}$$

瞬时故障率为

$$\lambda(t)\triangleq\frac{\mathrm{d}N(t)}{\mathrm{d}t}=a(1-m)^{-m} \tag{8-5}$$

瞬时 MTBF 为

$$\theta(t)=\frac{1}{\lambda(t)}=\frac{1}{1-m}\frac{t^m}{a} \tag{8-6}$$

2）参数估计

Duane 模型的参数估计可采用最小二乘法估计或图估计法。最小二乘法估计公式为

$$\varepsilon=\sum_{i=1}^{n}[\ln N_i-\ln a+(m-1)\ln t_i]^2 \tag{8-7}$$

式中　t_i——第 i 个单元的累积试验时间；

N_i——第 i 个单元的故障数。

由上式分别对 a、m 求导取极值得

$$\frac{\partial\varepsilon}{\partial a}=\frac{\partial\sum_{i=1}^{n}[\ln N_i-\ln a+(m-1)\ln t_i]^2}{\partial a}=0$$

$$\frac{\partial\varepsilon}{\partial m}=\frac{\partial\sum_{i=1}^{n}[\ln N_i-\ln a+(m-1)\ln t_i]^2}{\partial m}=0$$

由上述两式可以得到 m、a 的估计式：

$$\hat{m}=1-\frac{\sum_{i=1}^{n}\ln N_i\ln t_i-\left(\sum_{i=1}^{n}\ln N_i\right)\cdot\left(\sum_{i=1}^{n}\ln t_i\right)\Big/n}{\sum_{i=1}^{n}(\ln t_i)^2-\left(\sum\ln t_i\right)^2\Big/n} \tag{8-8}$$

$$\hat{a}=\exp\left\{\frac{1}{n}\left(\sum_{i=1}^{n}\ln N_i-(1-\hat{m})\sum_{i=1}^{n}\ln t_i\right)\right\} \tag{8-9}$$

3）拟合优度检验

采用 $\ln N(t)$ 和 $\ln t$ 之间的相关系数 $\hat{\rho}$ 来作模型拟合优度检验：

$$\hat{\rho}=\frac{n\sum_{i=1}^{n}\ln N_i\ln t_i-\sum_{i=1}^{n}\ln N_i\sum_{i=1}^{n}\ln t_i}{\sqrt{\left[n\sum_{i=1}^{n}(\ln t_i)^2-\left(n\sum_{i=1}^{n}\ln t_i\right)^2\right]\left[n\sum_{i=1}^{n}(\ln N_i)^2-\left(n\sum_{i=1}^{n}\ln N_i\right)^2\right]}} \tag{8-10}$$

对于给定的样本大小 n，显著水平 α，可查相关系数表得到经验相关系数 $\hat{\rho}$ 的临界值 $\hat{\rho}_\alpha$，若 $|\hat{\rho}|\geqslant\hat{\rho}_\alpha$，则不能拒绝试验信息符合 Duane 模型的假设；若 $|\hat{\rho}|<\hat{\rho}_\alpha$，则认为试验信息与 Duane 模型不符。Duane 模型的优点是简单、直观。而缺点是估计精度不高，无法进行点估计和区间估计。

2.AMSAA 模型

为了克服 Duane 模型的缺点，美国的 L.H .Crow 提出了新模型，称之为 AMSAA 模型或 Crow 模型。在制订可靠性增长计划时，可直接使用 Duane 模型，而当需要对实际增长过程进行精确的统计分析和评估时，则需要使用 AMSAA 模型。

1）模型

Crow 模型指出，在区间 $(0,t)$ 内产品的故障数 $N(t)$ 服从均值函数为 $E[N(t)]=at^b$、强度为 $\lambda(t)=\dfrac{\mathrm{d}E[N(t)]}{\mathrm{d}t}=abt^{b-1}$ 的非齐次泊松过程，即

$$P\{N(t)=n\}=\frac{(at^b)^n}{n!}\mathrm{e}^{-(at^b)} \tag{8-11}$$

式中　a——尺度参数；

　　b——形状参数、增长参数，$m=1-b$ 为增长率。

当 $b=1$ 时，$\lambda(t)$ 为常数，无增长；当 $b<1$ 时，$\lambda(t)$ 是减函数；当 $b>1$ 时，$\lambda(t)$ 是增函数。

2）参数的点估计

采用极大似然估计，当定时截尾试验时，

$$\bar{a}=n/T^{T^{\bar{b}}},n\geqslant 1 \tag{8-12}$$

$$\bar{b}=\begin{cases}(n-1)\Big/\sum_{i=1}^{n}\ln\dfrac{T}{t_i},n>1\\ n\Big/\sum_{i=1}^{n}\ln\dfrac{T}{t_i},n=1\end{cases} \tag{8-13}$$

式中　T——时间截尾时的总试验时间；

　　n——累积故障数。

当定数截尾试验时

$$\bar{a}=n/t_n^{\bar{b}} \tag{8-14}$$

$$\bar{b}=\begin{cases}(n-2)\Big/\sum_{i=1}^{n-1}\ln\dfrac{t_n}{t_i},n>2\\ n\Big/\sum_{i=1}^{n-1}\ln\dfrac{t_n}{t_i},n=2\end{cases} \tag{8-15}$$

式中 t_n——故障截尾时的总试验时间；

t_i——第 i 次故障的发生时间；

n——累积故障数。

3）参数的区间估计

定义瞬时 MTBF($\theta(t)$) 为

$$\theta(t) \triangleq \frac{1}{\lambda(t)} \tag{8-16}$$

则 $\theta(t)$ 的置信区间为 $[\theta_L, \theta_u]$。

对于时间截尾数据，有

$$\theta_L = \pi_1\bar{\theta}(t),\ \theta_U = \pi_2\bar{\theta}(t) \tag{8-17}$$

对于故障截尾数据，有

$$\theta_L = \rho_1\bar{\theta}(t),\ \theta_U = \rho_2\bar{\theta}(t) \tag{8-18}$$

其中

$$\bar{\theta}(t) = \frac{1}{\bar{\lambda}(t)} = \frac{1}{\bar{a}\bar{b}t^{\bar{b}-1}} \tag{8-19}$$

π_1、π_2、ρ_1、ρ_2 分别由查表可得。

4）模型的拟合优度检验

Cramer-Von Mises 检验统计量为

$$C_M^2 = \frac{1}{12M} + \sum_{j=1}^{M}\left[\left(\frac{t_j}{t}\right)^{\bar{b}} - \frac{2j-1}{2M}\right]^2 \tag{8-20}$$

式中 定时截尾时，$M=n$，$t=T$；

定数截尾时，$M=n-1$，$t=t_n$。

对于给定的显著水平 α，可查表得 $C_{M,\alpha}^2$，若 $C_M^2 > C_{M,\alpha}^2$，则拒绝 AMSAA 模型。反之，则可用 AMSAA 模型拟合系统的可靠性增长。

3.Compertz 模型

Compertz 模型是从时间序列分析中引用过来的，是描述增长过程的一种手段。Compertz 曲线的特点是，起初增长较慢，随后逐渐加快，而到达某一点后，增长速度又开始减慢。该曲线也可用于描述开始增长较快，之后增长速度逐渐变慢的情况。不少产品在研制阶段和制造初期的可靠性符合这两种增长趋势。因此，Compertz 模型有着相当广泛的应用，它既适用于成败型试验信息，也适用于寿命型试验信息；既可用于设备、系统，也可用于复杂系统，如火箭、导弹等。

Compertz 模型可以用来建立一种逐步评定产品当前可靠性及预测未来可靠性的方法，是一种离散型的增长模型。

1）模型

记产品在时间 t 的可靠性为 $R(t)$，Compertz 模型可写为

$$R(t) = ab^{c^t}, t = 1,2,\cdots \tag{8-21}$$

式(8-21)中，$0<a<1$，$0<b<1$，$0<c<l$，a、b、c 的意义如下：

因 $\lim\limits_{t\to\infty}R(t)=a$，故 a 是产品可靠性增长的上界，而 $\lim\limits_{t\to\infty}R(t)=ab$，故 ab 是产品可靠性的初始水平。

由于 $\lim\limits_{t\to\infty}R(t)/\lim\limits_{t\to\infty}R(t)=b$，故 b 是初始可靠性与极限可靠性之比。

参数 c 反映增长速度：c 值小，增长速度快；c 值大，增长速度慢。

2）参数估计

用 Compertz 曲线去拟合产品研制过程客观存在的可靠性增长曲线，并用以往各阶段的试验数据估出模型参数 a、b、c，这样就可预测不同时期的可靠性增长趋势，并得到产品可靠性增长的上限值。

具体做法是：把产品研制的可靠性增长过程分为三个阶段，每个阶段的试验组数为 K，第一阶段取 0，1，…，$K-1$，第二阶段取 K，$K+1$，…，$2K-1$，第三阶段取 $2K$，$2K+1$，…，$3K-1$。

根据上述各组试验数据分别算出可靠性点估计值 R_i 及 $\ln R_i$（$i=0$，…，$K-1$，K，…，$2K-1$，$2K$，…，$3K-1$），且把各阶段相应的 R_i 连乘并取对数得

$$H_1=\ln\left(\prod_{i=0}^{K-1}R_i\right) \tag{8-22}$$

$$H_2=\ln\left(\prod_{i=K-1}^{2K-1}R_i\right) \tag{8-23}$$

$$H_3=\ln\left(\prod_{i=2K}^{3K-1}R_i\right) \tag{8-24}$$

注意到

$$\begin{cases}H_1=K\ln a+\ln b\cdot\sum\limits_{i=0}^{K-1}c^i\\H_2=K\ln a+\ln b\cdot\sum\limits_{i=K}^{2K-1}c^i\\H_3=K\ln a+\ln b\cdot\sum\limits_{i=2K}^{3K-1}c^i\end{cases} \tag{8-25}$$

和

$$\sum_{i=K}^{2K-1}c^i=c^K\cdot\prod_{i=0}^{K-1}c^i \tag{8-26}$$

$$\sum_{i=2K}^{3K-1}c^i=c^K\cdot\prod_{i=K}^{2K-1}c^i \tag{8-27}$$

得到 c、b、a 的估计式分别为

$$c=\left(\frac{H_2-H_3}{H_1-H_2}\right)^{\frac{1}{K}} \tag{8-28}$$

$$b=\exp\left[\frac{(H_1-H_2)(1-c)}{(1-c^K)^2}\right] \tag{8-29}$$

$$a=\exp\left\{\frac{1}{K}\left[H_1-\frac{H_1-H_2}{(1-c^K)}\right]\right\} \tag{8-30}$$

六、可靠性增长试验方案

可靠性增长试验方案主要是制订可靠性增长规划。可靠性增长规划的制订必须建立在设计方案和其他可靠性项目规划的基础上，并在系统的总规划中进行技术、进度、资源等各方面的协调和分配，以求得整个系统工程的最佳效果。下面介绍两种增长曲线。

1.理想增长曲线

理想增长曲线是描述可靠性增长过程的总轮廓线，计划曲线的绘制、计划曲线中各阶段目标值的建立，都是以理想增长曲线为基准的。

由 Duane 模型，瞬时 MTBF 为 $\theta(t)=\dfrac{t^m}{a(1-m)}$，出现 r 次故障的累积 MTBF 为

$$\theta_r=\frac{1}{\lambda_\Sigma}=\frac{t^m}{a} \tag{8-31}$$

记可靠性增长的起始时刻为 t_I，即系统第一次进行故障纠正的时刻，在$(0,t_I)$范围内由于未引入修正，故系统的可靠性不增长，这一阶段为系统的预试验阶段。设第一试验段的 MTBF 为 θ_I，试验时间为 t_I，则由式(8-31)得 $a=\dfrac{t_\mathrm{I}^m}{\theta_\mathrm{I}}$，代入式(8-31)和式(8-6)得

$$\theta_r(t)=\theta_\mathrm{I}\left(\frac{t}{t_\mathrm{I}}\right)^m \tag{8-32}$$

$$\theta_r(t)=\theta_\mathrm{I}\left(\frac{t}{t_\mathrm{I}}\right)^m\frac{1}{1-m} \tag{8-33}$$

代入 Duane 模型有

$$\theta(t)=\begin{cases}\theta_\mathrm{I},\ 0<t<t_\mathrm{I}\\ \theta_\mathrm{I}\left(\dfrac{t}{t_\mathrm{I}}\right)^m\dfrac{1}{1-m},t\geq t_\mathrm{I}\end{cases} \tag{8-34}$$

以上即为绘制理想增长曲线的公式。

2.理想曲线的参数确定

设 θ_F 为增长目标，t_F 为累计试验时间(总试验时间)，可靠性增长的初始水平为 θ_I，第一试验段的试验时间为 t_I，可靠性增长率为 m。则理想曲线涉及 θ_F，t_F，θ_I，t_I，m 5 个参数。将坐标点$(t_\mathrm{F},\theta_\mathrm{F})$代入式(8-32)，得出参数之间的关系如下

$$\theta_\mathrm{F}=\theta_\mathrm{I}\left(\frac{t_\mathrm{F}}{t_\mathrm{I}}\right)^m\frac{1}{1-m} \tag{8-35}$$

可见，5 个参数中确定其中 4 个就确定了唯一的可靠性增长计划的理想曲线。选用哪 4 个参数，具体数值取多少，通常都要根据工程要求与现实可能性进行权衡。下面详细介绍各个参数值的确定方法。

1）增长目标的确定

通常增长目标 θ_F 是由研制合同规定的。由于可靠性反映的是产品成熟期的固有可靠性，而可靠性增长试验结束离产品成熟期有相当长一段时间，在成熟期间产品的可靠性还会有所增长，所以产品的可靠性增长目标必须低于最新可靠性预计值。

因为经费、技术和时间的约束，系统的故障串通常分为两部分组成，被称为 A 类故障的故障率和 B 类故障的故障率。A 类故障是指当故障发生时不采取设计纠正措施的故障，B 类故障是指故障发生后进行设计改正的故障。

可取性增长潜力是指在特定的增长策略下系统可靠性能达到的最高水平。因此，可得系统进行可靠性增长试验时的故障率 λ_I、可靠性增长潜力 λ_{GP} 和 θ_{GP} 分别为

$$\lambda_I = \lambda_A + \lambda_B \tag{8-36}$$

$$\lambda_{GP} = \lambda_A + (1-d)\lambda_B = (1-dk)\lambda_I \tag{8-37}$$

$$\theta_{GP} = \frac{\theta_I}{1-dk} \tag{8-38}$$

其中，$k=\lambda_B/\lambda_A$ 称为纠正率，反映纠正的故障模式占总故障模式的百分比，d 为纠正有效性系数，是指所有 B 类故障经故障纠正后，故障率减少的量占原有故障率的比例，经故障纠正后全部 B 类故障残留的故障率是 $(1-d)\lambda_B$。应该有 $\theta_F \leqslant \theta_{GP}$，$k$ 的范围通常为 0.85~0.95，d 为 0.55~0.85。

2）可靠性增长率 m 的确定

增长率即为增长曲线的斜率，在 Duane 模型中为 m，对于新研制的复杂设备，增长率为 0.3~0.6。影响增长率的主要有故障纠正效果、产品设计成熟度。故障分析准确，纠正措施得当，则可收到较高的增长率。产品设计成熟度越高，它所具有的故障都是些故障率很低的故障，所以增长率将会低些。下面是确定可靠性增长率一般采用的几个法则：

① 电子产品的增长率一般高于机电产品的增长率；

② 设备的增长率一般高于系统的增长率；

③ 新研制系统的增长率比成熟系统的增长率高；

④ 增长率与投入到可靠性增长管理中的资源成比例；

⑤ 纠正措施越有效，增长率越高。

3）可靠性增长初始条件 θ_I 的确定

可靠性增长的初始条件 θ_I 是指实施可靠性增长前系统的 MTBF 值。起始 MTBF 是一个非常主要的参数，对总试验时间的影响非常大。初始水平 θ_I 越低，增长率一定时，总试验时间越长。增长试验前对系统的组件等的筛选试验、环境试验、性能试验的结果将影响 θ_I 的值，该值通常落在固有可靠性或预计可靠性的 0.1~0.4 内。也可参考总结上代产品或同类产品的增长规律来定。

4）可靠性增长的起始时间 t_I 的确定

t_I 指系统可靠性增长的起始点，即系统首次故障修正的时间，只有在观察到系统 B 类故障后，才能进行修正。

我国军标（GTP 1407—1992）提供了一个粗略确定 t_I 的方法，假定 θ_{pre}（θ_{pre} 为 MTBF 的预计值），则

当 $\theta_{pre} \geqslant 200h$ 时，$t_I = 0.5\theta_{pre}$；

当 $\theta_{pre} < 200h$ 时，$t_I = 100h$。

还可通过可靠性增长潜力倒推起始时间 t_I。令区间$(0, t_I)$内至少发生一次 B 类故障的概率 p 很高，假定 B 类故障的发生服从泊松过程，则

$$p = 1 - e^{-\lambda_B t_I} \tag{8-39}$$

由此得

$$t_I = \lambda_B^{-1} \cdot \ln \frac{1}{1-p} \tag{8-40}$$

而

$$\lambda_B = k\lambda_I = k/[(1-dk)\theta_{GP}] \tag{8-41}$$

故

$$t_I = \left(\frac{1-dk}{k} \cdot \ln \frac{1}{1-p}\right) \cdot \theta_{GP} \tag{8-42}$$

当 $p=0.90$，$d=0.70$，$k=0.95$，则有 $t_I=0.8120\theta_{GP}$。

5）总试验时间 t_F 的确定

可靠性增长试验既要诱发产品的故障，又要验证故障纠正措施的有效性，所以要有足够的总试验时间才能达到预期目的，但总试验时间直接关系到可靠性增长试验所需消耗的资源，人们总希望试验成本越小越好，这是一个矛盾。经验表明总试验时间为增长潜力的5~25倍。对于高可靠性产品，因经费的限制，可取低值。另外，确定总试验时间必须考虑系统的验收评审时间，可靠性增长管理必须在系统的验收评审之前完成。

3. 理想曲线制订的步骤

可靠性理想增长曲线的绘制要经过以下几个步骤。

（1）确定 θ_F，T_F，θ_I，t_I，m 5 个参数中任意 4 个参数，并通过前面介绍的有关参数之间的关系确定另一个参数。

（2）将(t_I, λ_I)和(t_F, λ_F)标绘在双对数坐标纸上。根据 Duane 模型，用一条直线连接，即得到理想的可靠性增长曲线，如图 8-4 曲线所示。

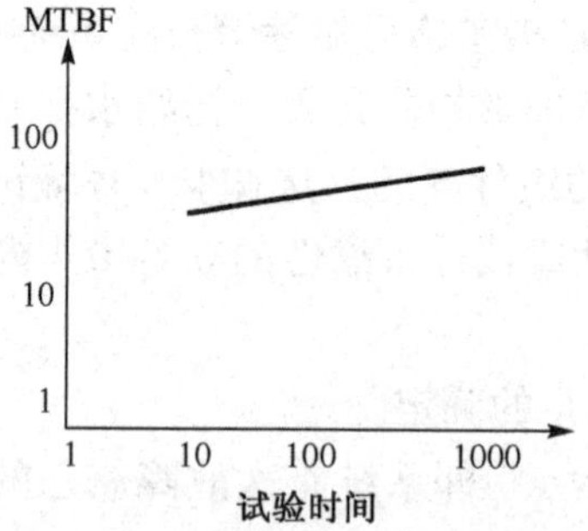

图 8-4 理想的可靠性增长曲线

4.计划增长曲线

计划增长曲线是根据理想增长曲线的总体轮廓绘制的。计划曲线中各阶段目标值以理想曲线上的对应值为基准，根据工程经验做必要修改而得出。

下面是有关计划曲线制订的步骤。

1）试验段的安排

按研制进度，在理想曲线上将各试验段逐一排列（纳入可靠性增长管理的非可靠性试验项目）。中间可安排 n 次验证试验。

2）纠正方式的确定

电子产品通常为即时纠正；机电类通常为延缓纠正。

3）延缓改进的试验——纠正——再试验的规划方式

对试验中出现的需要纠正的故障，一部分采用即时纠正的方式，一部分采用延缓纠正方式。

产品的计划增长曲线也可以是 3 种不同纠正方式的各种组合。

系统的可靠性增长通常包括几个阶段，每个阶段的可靠性增长目标在规划中必须确定。例如，将系统的可靠性增长分为 3 个阶段，结束时间分别为 200、285、375，绘制计划的可靠性增长曲线如图 8-5 中 3 段直线所示。

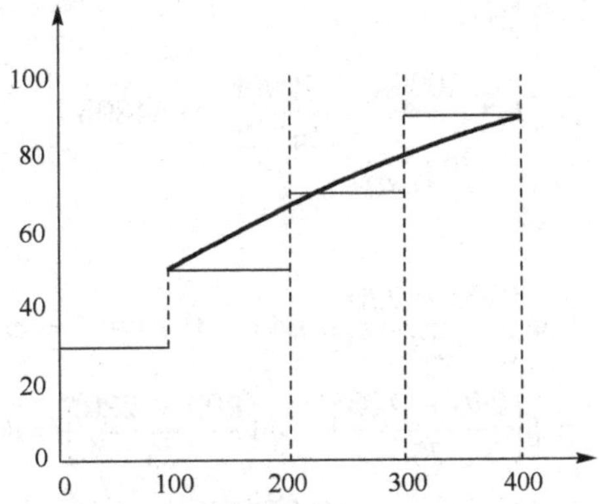

图 8-5 计划的可靠性增长曲线

通常情况下，理想曲线是绘制计划曲线的依据，而在工程实践中，也可以根据产品研制的各项要求，列出纳入可靠性增长管理的非可靠性试验项目清单，配置必要的可靠性试验，计算各项试验的总试验时间，给出各阶段及各试验段的可靠性目标，然后拟合为一条理想增长曲线。工程实践中，若确认产品增长过程不宜用 Duane 模型描述时，也可仅制订增长计划，通过可靠性增长过程的跟踪与控制完成可靠性增长任务。

习题

1.可靠性筛选的特点有哪些？

2.可靠性筛选方案设计原则有哪些？

3.简述环境试验的方法。

4.简述可靠性增长过程。

习 题 答 案

第二章

4.解：由 $F(t)=1-e^{-\lambda t}$

$$F(500)=1-e^{-\frac{1}{\theta}\times 1000}\approx 0.2$$

得

$$e^{-\frac{1}{\theta}\times 1000}\approx 0.80$$

则平均寿命

$$\theta=\frac{1000\text{h}}{\ln\frac{1}{0.80}}=\frac{1000\text{h}}{\ln 1.25}\approx 4480\text{h}$$

5.解：

$$P\{X<200\}=\phi\left(\frac{200-220}{25}\right)=\phi(-0.8)=1-\phi(8)=0.211\ 86$$

$$P\{200\leqslant X<240\}=\phi\left(\frac{240-220}{25}\right)-\phi\left(\frac{200-220}{25}\right)=\phi(0.8)-\phi(-0.8)$$

$$=2\phi(8)-1=0.576\ 28$$

$$P\{X>240\}=1-0.211\ 86-0.576\ 28=0.211\ 86$$

第三章

1.解：该容错计算机系统中各部件是串联组成的，利用串联系统可靠性模型可以得到

$$\lambda_s=60\times 10^{-7}/\text{h}+60\times 25\times 10^{-9}/\text{h}+60\times 15\times 5\times 10^{-9}/\text{h}+2\times 80\times 10^{-8}/\text{h}$$
$$=1.36\times 10^{-5}/\text{h}$$

系统的可靠度和平均寿命为

$$R(t=2)=e^{-\lambda_s t}=e^{-1.36\times 10^{-5}/\text{h}\times 2\text{h}}=0.999\ 972\ 8$$

$$\theta=\frac{1}{\lambda_s}=\frac{1}{1.36\times 10^{-5}/\text{h}}=73\ 529.4\text{h}$$

2.解：对于单通道而言，由于服从指数分布且 $\lambda=1\times 10^{-3}/\text{h}$，则可靠和平均寿命分别为

$$R_{单}(t=1)=e^{-\lambda t}=e^{-0.001/\text{h}\times 1\text{h}}=0.999,\quad \theta=\frac{1}{\lambda}=\frac{1}{0.001/\text{h}}=1000\text{h}$$

对于三通道并联系统的可靠度、故障率和平均寿命分别为

$$R(t=1)=1-\prod_{i=1}^{3}[1-R_i(t)]=1-(1-e^{-\lambda t})^3=3e^{-\lambda t}-3e^{-2\lambda t}+e^{-3\lambda t}=0.999\ 999\ 999$$

$$\lambda_s(t=1)=-\frac{R'(t)}{R(t)}=\frac{3\lambda e^{-\lambda t}-6\lambda e^{-2\lambda t}+3\lambda e^{-3\lambda t}}{3e^{-\lambda t}-3e^{-2\lambda t}+e^{-3\lambda t}}=2\times10^{-9}/\mathrm{h}$$

$$\theta=\int_0^\infty R(t)\,\mathrm{d}t=\int_0^\infty(3e^{-\lambda t}-3e^{-2\lambda t}+e^{-3\lambda t})\,\mathrm{d}t=\frac{3}{\lambda}-\frac{3}{2\lambda}+\frac{1}{3\lambda}=183\mathrm{h}$$

由此可以看出，采用了三通道并联系统可以大大提高系统任务时间内的可靠度。

3.解：将 $R_i=0.9(i=1,2,3,4)$ 代入式① $R(t)=1-\prod_{i=1}^{n}\left\{1-\prod_{j=1}^{n}[1-R_{ij}(t)]\right\}$ 和式② $R(t)=\prod_{i=1}^{n}\left\{1-\prod_{j=1}^{n}[1-R_{ij}(t)]\right\}$ 可以得到如下结果

图 3-32(a)所示系统的可靠度为

$$R(t)=1-(1-R_1R_3)(1-R_2R_4)=0.963\,9$$

图 3-32(b)所示系统的可靠度为

$$R(t)=[1-(1-R_1)(1-R_2)][1-(1-R_3)(1-R_4)]=0.980\,1$$

4.解：该系统为典型的 2/3(G)系统，根据式 $\sum_{i=1}^{n}x_i\geqslant k$ 可以得到其可靠度

$$R=\sum_{k=2}^{3}\binom{n}{k}R^k(1-R)^{3-k}=3R^2-2R^3$$

工作 1h 的可靠度和平均寿命为

$$R(t=1)=3e^{-2\lambda t}-2e^{-3\lambda t}=3e^{-2\times1\times10^{-3}\times1}-2e^{-3\times1\times10^{-3}\times1}=0.999\,997$$

$$\theta=\int_0^\infty R(t)\,\mathrm{d}t=\frac{3}{2\lambda}-\frac{2}{3\lambda}=83.3\mathrm{h}$$

5.解：冷储备系统的可靠度和平均寿命分别为

$$R=e^{-\lambda t}(1+\lambda t)=e^{-0.01/\mathrm{h}\times10\mathrm{h}}(1+0.01/\mathrm{h}\times10\mathrm{h})=0.995\,321\,16$$

$$\theta=\frac{n}{\lambda}=\frac{2}{0.01/\mathrm{h}}=200\mathrm{h}$$

热储备系统的可靠度和平均寿命分别为

$$R=e^{-\lambda t}+\frac{\lambda}{\mu}[e^{-\lambda t}-e^{-(\lambda+\mu)t}]=e^{-0.01/\mathrm{h}\times10\mathrm{h}}+e^{-0.01/\mathrm{h}\times10\mathrm{h}}-e^{-0.02/\mathrm{h}\times10\mathrm{h}}$$

$$=0.990\,944\,083$$

$$\theta=\frac{1}{\lambda_1}+\frac{1}{\lambda_2}\left(\frac{\lambda_1}{\lambda_1+\mu}\right)=\frac{1}{0.01/\mathrm{h}}+\frac{1}{0.01/\mathrm{h}}\times\left(\frac{0.01/\mathrm{h}}{0.01/\mathrm{h}+0.01/\mathrm{h}}\right)=150\mathrm{h}$$

第四章

5. 解：每小时失效率 $=\frac{0.05\%}{1000}\mathrm{h}^{-1}=0.5\times10^{-6}\mathrm{h}^{-1}$

将上式值乘以降额因子可得

$$0.5\times10^{-6}\times0.4\mathrm{h}^{-1}=0.2\times10^{-6}\mathrm{h}^{-1}$$

再给降额失效率乘以环境因子 k 可得

$$0.2\times10^{-6}\times5\mathrm{h}^{-1}=1\times10^{-6}\mathrm{h}^{-1}$$

最后求出每一任务的工作小时乘以每小时失效率，即

$$100\text{h} \times 0.75 \times 1.0 \times 10^{-6}\text{h}^{-1} = 0.000\,075$$

则任务可靠性为

$$e^{-0.000\,075} = 0.999\,925$$

第六章

3. 解:(1)按极大似然估计法，得

$$\hat{R}=\frac{S}{n}=\frac{100-2}{100}=0.98$$

(2)对应于 $\gamma=0.8$，由 $(n,F)=(100,2)$ 查附表 2 得

$$R_{\mathrm{L}}=0.957\,7$$

附录 A　典型函数数值表

附表 1　正态分布函数表

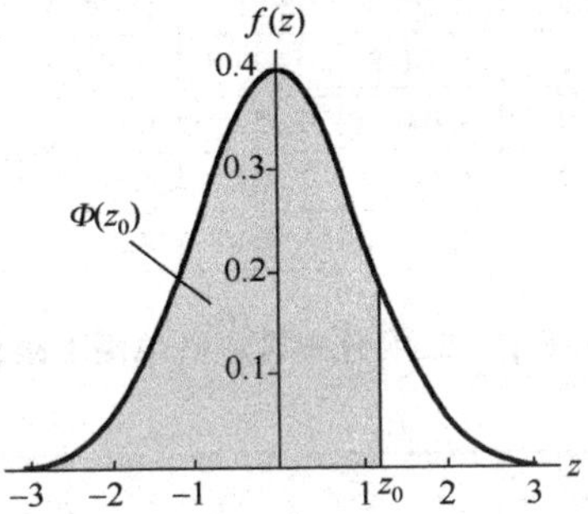

$$P(Z \leqslant z) = \Phi(z) = \int_{-\infty}^{z} \frac{1}{\sqrt{2\pi}} e^{-w^2/2} dw$$

$$\Phi(-z) = 1 - \Phi(z)$$

z	0.00	0.01	0.02	0.03	0.04	0.05	0.06	0.07	0.08	0.09
0.0	0.500 0	0.504 0	0.508 0	0.512 0	0.516 0	0.519 9	0.523 9	0.527 9	0.531 9	0.535 9
0.1	0.539 8	0.543 8	0.547 8	0.551 7	0.555 7	0.559 6	0.563 6	0.567 5	0.571 4	0.575 3
0.2	0.579 3	0.583 2	0.587 1	0.591 0	0.594 8	0.598 7	0.602 6	0.606 4	0.610 3	0.614 1
0.3	0.617 9	0.621 7	0.625 5	0.629 3	0.633 1	0.636 8	0.640 6	0.644 3	0.648 0	0.651 7
0.4	0.655 4	0.659 1	0.662 8	0.666 4	0.670 0	0.673 6	0.677 2	0.680 8	0.684 4	0.687 9
0.5	0.691 5	0.695 0	0.698 5	0.701 9	0.705 4	0.708 8	0.712 3	0.715 7	0.719 0	0.722 4
0.6	0.725 7	0.729 1	0.732 4	0.735 7	0.738 9	0.742 2	0.745 4	0.748 6	0.751 7	0.754 9
0.7	0.758 0	0.761 1	0.764 2	0.767 3	0.770 3	0.773 4	0.776 4	0.779 4	0.782 3	0.785 2
0.8	0.788 1	0.791 0	0.793 9	0.796 7	0.799 5	0.802 3	0.805 1	0.807 8	0.810 6	0.813 3
0.9	0.815 9	0.818 6	0.821 2	0.823 8	0.826 4	0.828 9	0.831 5	0.834 0	0.836 5	0.838 9
1.0	0.841 3	0.843 8	0.846 1	0.848 5	0.850 8	0.853 1	0.855 4	0.857 7	0.859 9	0.862 1
1.1	0.864 3	0.866 5	0.868 6	0.870 8	0.872 9	0.874 9	0.877 0	0.879 0	0.881 0	0.883 0
1.2	0.884 9	0.886 9	0.888 8	0.890 7	0.892 5	0.894 4	0.896 2	0.898 0	0.899 7	0.901 5
1.3	0.903 2	0.904 9	0.906 6	0.908 2	0.909 9	0.911 5	0.913 1	0.914 7	0.916 2	0.917 7
1.4	0.919 2	0.920 7	0.922 2	0.923 6	0.925 1	0.926 5	0.927 9	0.929 2	0.930 6	0.931 9
1.5	0.933 2	0.954 5	0.935 7	0.937 0	0.938 2	0.939 4	0.940 6	0.941 8	0.942 9	0.944 1
1.6	0.945 2	0.946 3	0.947 4	0.948 4	0.949 5	0.950 5	0.951 5	0.952 5	0.953 5	0.954 5
1.7	0.955 4	0.956 4	0.957 3	0.958 2	0.959 1	0.959 9	0.960 8	0.961 6	0.962 5	0.963 3
1.8	0.964 1	0.964 9	0.965 6	0.966 4	0.967 1	0.967 8	0.968 6	0.969 3	0.969 9	0.970 6
1.9	0.971 3	0.971 9	0.972 6	0.973 2	0.973 8	0.974 4	0.975 0	0.975 6	0.976 1	0.976 7
2.0	0.977 2	0.977 8	0.978 3	0.978 8	0.979 3	0.979 8	0.980 3	0.980 8	0.981 2	0.981 7
2.1	0.982 1	0.982 6	0.983 0	0.983 4	0.983 8	0.984 2	0.984 6	0.985 0	0.985 4	0.985 7
2.2	0.986 1	0.986 4	0.986 8	0.987 1	0.987 5	0.987 8	0.988 1	0.988 4	0.988 7	0.989 0

z	0.00	0.01	0.02	0.03	0.04	0.05	0.06	0.07	0.08	0.09
2.3	0.989 8	0.989 6	0.989 8	0.990 1	0.990 4	0.990 6	0.990 9	0.991 1	0.991 3	0.991 6
2.4	0.991 8	0.992 0	0.992 2	0.992 5	0.992 7	0.992 9	0.993 1	0.993 2	0.993 4	0.993 6
2.5	0.993 8	0.994 0	0.994 1	0.994 3	0.994 5	0.994 6	0.994 8	0.994 9	0.995 1	0.995 2
2.6	0.995 3	0.995 5	0.995 6	0.995 7	0.995 9	0.996 0	0.996 1	0.996 2	0.996 3	0.964
2.7	0.996 5	0.996 6	0.996 7	0.996 8	0.996 9	0.997 0	0.997 1	0.997 2	0.997 3	0.997 4
2.8	0.997 4	0.997 5	0.997 6	0.997 7	0.997 7	0.997 8	0.997 9	0.997 9	0.998 0	0.998 1
2.9	0.998 1	0.998 2	0.998 2	0.998 3	0.998 4	0.998 4	0.998 5	0.998 5	0.998 6	0.998 6
3.0	0.998 7	0.998 7	0.998 7	0.998 8	0.998 8	0.998 9	0.998 9	0.998 9	0.999 0	0.999 0
α	0.400	0.300	0.200	0.100	0.050	0.025	0.020	0.010	0.005	0.001
z_α	0.253	0.524	0.842	1.282	1.645	1.960	2.054	2.326	2.576	3.090
$z_{\alpha/2}$	0.842	1.036	1.282	1.645	1.960	2.240	2.326	2.576	2.807	3.291

附表2　二项分布可靠性单侧下限表

GAMMA = 0.8

n / F	0	1	2	3	4	5	6	7	8	9	10
81	0.980 3	0.963 5	0.947 9	0.933	0.918 4	0.904 1	0.890 1	0.876 2	0.862 5	0.848 8	0.835 3
82	0.980 6	0.963 9	0.948 5	0.933 8	0.919 4	0.905 3	0.891 4	0.877 7	0.864 1	0.850 6	0.837 3
83	0.980 8	0.964 4	0.949 1	0.934 6	0.920 3	0.906 4	0.892 7	0.879 1	0.865 7	0.852 4	0.839 2
84	0.981 0	0.964 8	0.949 7	0.935 3	0.921 3	0.907 5	0.893 9	0.880 5	0.867 3	0.854 1	0.841 1
85	0.981 2	0.965 2	0.950 3	0.936 1	0.922 2	0.908 6	0.895 2	0.881 9	0.868 8	0.855 8	0.842 9
86	0.981 5	0.965 6	0.950 9	0.936 8	0.923 1	0.909 6	0.896 4	0.883 3	0.870 3	0.857 4	0.844 7
87	0.981 7	0.966	0.951 5	0.937 5	0.924	0.910 6	0.897 5	0.884 6	0.871 8	0.859	0.846 4
88	0.981 9	0.966 4	0.952	0.938 2	0.924 8	0.911 6	0.898 7	0.885 9	0.873 2	0.860 6	0.848 1
89	0.982 1	0.966 7	0.952 5	0.938 5	0.925 6	0.912 6	0.899 8	0.887 1	0.874 6	0.862 1	0.849 8
90	0.982 3	0.967 1	0.953 1	0.939 6	0.926 4	0.913 6	0.900 9	0.888 4	0.875 9	0.863 6	0.851 4
91	0.982 5	0.967 5	0.953 6	0.940 2	0.927 2	0.914 5	0.902	0.889 6	0.877 3	0.865 1	0.853
92	0.982 7	0.967 8	0.954 1	0.940 9	0.928	0.915 4	0.903	0.890 7	0.878 6	0.866 5	0.854 6
93	0.982 8	0.968 1	0.954 6	0.941 5	0.928 8	0.916 3	0.904	0.891 9	0.879 9	0.868	0.856 1
94	0.983 0	0.968 5	0.955	0.942 1	0.929 5	0.917 2	0.905	0.893	0.881 1	0.869 3	0.857 6
95	0.983 2	0.968 8	0.955 5	0.942 7	0.930 3	0.918 1	0.906	0.894 1	0.882 4	0.870 7	0.859 1
96	0.983 4	0.969 1	0.956	0.943 3	0.931	0.918 9	0.907	0.895 2	0.883 6	0.872	0.860 5
97	0.983 5	0.969 4	0.956 4	0.943 9	0.931 7	0.919 7	0.907 9	0.896 3	0.884 7	0.873 3	0.861 9
98	0.983 7	0.969 8	0.956 8	0.944 4	0.932 4	0.920 5	0.908 8	0.897 3	0.885 9	0.874 6	0.863 3
99	0.983 9	0.970 1	0.957 3	0.945	0.933	0.921 3	0.909 8	0.898 3	0.887	0.875 8	0.864 7
100	0.984 0	0.970 4	0.957 7	0.945 5	0.933 7	0.922 1	0.910 6	0.899 3	0.888 1	0.877	0.866
101	0.984 2	0.970 6	0.958 1	0.946 1	0.934 4	0.922 8	0.911 5	0.900 3	0.889 2	0.878 2	0.867 3
102	0.984 3	0.970 9	0.958 5	0.946 6	0.935	0.923 6	0.912 4	0.901 3	0.890 3	0.879 4	0.868 6
103	0.984 5	0.971 2	0.958 9	0.947 1	0.935 6	0.924 3	0.913 2	0.902 2	0.891 3	0.880 5	0.869 8
104	0.984 6	0.961 5	0.959 3	0.947 6	0.936 2	0.925	0.914	0.903 1	0.892 4	0.881 7	0.871 1
105	0.984 8	0.961 8	0.959 7	0.948 1	0.936 8	0.925 7	0.914 8	0.904 1	0.893 4	0.882 8	0.872 3
106	0.984 9	0.962	0.960 1	0.948 6	0.937 4	0.926 4	0.915 6	0.904 9	0.894 4	0.883 9	0.873 5
107	0.985 1	0.962 3	0.960 4	0.949 1	0.938	0.927 1	0.916 4	0.905 8	0.895 3	0.884 9	0.874 6

续表

n / F	0	1	2	3	4	5	6	7	8	9	10
108	0.985 2	0.962 5	0.960 8	0.949 5	0.938 6	0.927 8	0.917 2	0.906 7	0.896 3	0.886	0.875 8
109	0.985 3	0.962 8	0.961 2	0.95	0.939 1	0.928 4	0.917 9	0.907 5	0.897 2	0.887	0.876 9
110	0.985 5	0.963	0.961 5	0.950 4	0.939 7	0.929 1	0.918 7	0.908 3	0.898 1	0.888	0.878
111	0.985 6	0.963 3	0.961 8	0.950 9	0.940 2	0.929 7	0.919 4	0.909 2	0.899	0.889	0.879 1
112	0.985 7	0.963 5	0.962 2	0.951 3	0.940 7	0.930 3	0.920 1	0.91	0.899 9	0.89	0.880 1
113	0.985 9	0.963 7	0.962 5	0.951 7	0.941 2	0.930 9	0.920 8	0.910 7	0.900 8	0.891	0.881 2
114	0.986 0	0.964	0.963	0.952 2	0.941 7	0.931 5	0.921 5	0.911 5	0.901 7	0.891 9	0.882 2
115	0.986 1	0.964 2	0.963 2	0.952 6	0.942 2	0.932 1	0.922 1	0.912 3	0.902 5	0.892 8	0.883 2
116	0.986 2	0.964 4	0.963 5	0.953	0.942 7	0.932 7	0.922 8	0.913	0.903 3	0.893 7	0.884 2
117	0.986 3	0.964 6	0.963 8	0.953 4	0.943 2	0.933 3	0.923 5	0.913 8	0.904 1	0.894 6	0.885 2
118	0.986 5	0.964 8	0.964 1	0.953 8	0.943 7	0.933 8	0.924 1	0.914 5	0.904 9	0.895 5	0.886 1
119	0.986 6	0.965	0.944	0.954 1	0.944 2	0.934 4	0.924 7	0.915 2	0.905 7	0.896 4	0.887 1

GAMMA = 0.9

n / F	0	1	2	3	4	5	6	7	8	9	10
81	0.972	0.952 8	0.935 6	0.919 4	0.903 7	0.888 5	0.873 6	0.859	0.844 5	0.830 3	0.921 8
82	0.972 3	0.953 4	0.936 4	0.920 3	0.904 9	0.889 8	0.875 1	0.860 6	0.846 4	0.832 3	0.922 8
83	0.972 6	0.953 9	0.937 1	0.921 3	0.906	0.891 1	0.876 6	0.862 3	0.848 2	0.834 2	0.923 7
84	0.973	0.954 5	0.937 9	0.922 2	0.907 1	0.892 4	0.878	0.863 8	0.849 9	0.836 1	0.924 7
85	0.973 3	0.955	0.938 6	0.923 1	0.908 2	0.893 6	0.879 4	0.865 4	0.851 6	0.838	0.925 6
86	0.973 6	0.955 5	0.939 3	0.924	0.909 2	0.894 8	0.880 8	0.866 9	0.853 3	0.839 8	0.926 4
87	0.973 9	0.956	0.94	0.9248	0.910 2	0.896	0.882 1	0.868 4	0.854	0.841 6	0.927 3
88	0.974 2	0.956 5	0.940 7	0.925 7	0.911 2	0.897 2	0.883 4	0.869 9	0.856 5	0.843 4	0.928 1
89	0.974 5	0.957	0.941 3	0.926 5	0.912 2	0.898 3	0.884 7	0.871 3	0.858 1	0.845 1	0.929
90	0.974 7	0.957 5	0.941 9	0.927 3	0.913 1	0.899 4	0.885 9	0.872 7	0.859 6	0.846 7	0.929 8
91	0.975	0.957 9	0.942 6	0.928 1	0.914 1	0.900 5	0.887 1	0.874	0.861 1	0.848 4	0.930 5
92	0.975 3	0.958 4	0.943 2	0.928 8	0.915	0.901 5	0.888 3	0.875 4	0.862 6	0.85	0.931 3
93	0.975 5	0.958 8	0.943 8	0.929 6	0.915 9	0.902 6	0.889 5	0.876 7	0.864	0.851 5	0.932 1
94	0.975 8	0.959 3	0.944 4	0.930 3	0.916 8	0.903 6	0.890 7	0.878	0.865 4	0.853 1	0.932 8
95	0.976 1	0.959 7	0.944 9	0.931	0.917 6	0.904 6	0.891 8	0.879 2	0.866 8	0.854 6	0.933 5
96	0.976 3	0.960 1	0.945 5	0.931 7	0.918 5	0.905 5	0.892 9	0.880 4	0.868 2	0.85 6	0.934 2
97	0.976 5	0.960 5	0.946 1	0.932 4	0.919 3	0.906 5	0.894	0.881 6	0.869 5	0.857 5	0.934 9
98	0.976 8	0.960 9	0.946 6	0.933 1	0.920 1	0.907 4	0.895	0.882 8	0.870 8	0.858 9	0.935 6
99	0.977	0.961 3	0.947 1	0.933 8	0.920 9	0.908 3	0.896	0.884	0.872 1	0.860 3	0.936 2
100	0.977 2	0.961 7	0.947 7	0.934 4	0.921 7	0.909 2	0.8971	0.885 1	0.873 3	0.861 6	0.936 9
101	0.977 5	0.962	0.948 2	0.935 1	0.922 4	0.910 1	0.8981	0.886 2	0.874 5	0.863	0.937 5
102	0.977 7	0.962 4	0.948 7	0.935 7	0.923 2	0.911	0.899	0.887 3	0.875 7	0.864 3	0.938 1

续表

n / F	0	1	2	3	4	5	6	7	8	9	10
103	0.977 9	0.962 8	0.949 2	0.936 3	0.923 9	0.911 8	0.9	0.888 4	0.876 9	0.865 6	0.938 8
104	0.978 1	0.963 1	0.949 6	0.936 9	0.924 6	0.912 6	0.900 9	0.889 4	0.878 1	0.866 8	0.939 4
105	0.978 3	0.963 5	0.950 1	0.937 5	0.925 3	0.913 5	0.901 9	0.890 4	0.879 2	0.868 1	0.939 9
106	0.978 5	0.963 8	0.950 6	0.938 1	0.926	0.914 3	0.902 8	0.891 5	0.880 3	0.869 3	0.940 5
107	0.978 7	0.964 1	0.951	0.938 6	0.926 7	0.915	0.903 6	0.892 4	0.881 4	0.870 5	0.941 1
108	0.978 9	0.964 5	0.951 5	0.939 2	0.927 3	0.915 8	0.904 5	0.893 4	0.882 5	0.871 6	0.941 6
109	0.979 1	0.964 8	0.951 9	0.939 7	0.928	0.916 6	0.905 4	0.894 4	0.883 5	0.872 8	0.942 2
110	0.979 3	0.965 1	0.952 3	0.940 3	0.928 6	0.917 3	0.906 2	0.895 3	0.884 6	0.873 9	0.942 7
111	0.979 5	0.965 4	0.952 8	0.940 8	0.929 3	0.918	0.907	0.896 2	0.885 6	0.875	0.943 2
112	0.979 7	0.965 7	0.953 2	0.941 3	0.929 9	0.918 8	0.907 9	0.897 1	0.886 6	0.876 1	0.943 7
113	0.979 8	0.966	0.953 6	0.941 8	0.930 5	0.919 5	0.908 7	0.898	0.887 5	0.877 2	0.944 2
114	0.98	0.966 3	0.954	0.942 3	0.931 1	0.920 2	0.909 4	0.898 9	0.888 5	0.878 2	0.944 7
115	0.980 2	0.966 6	0.954 4	0.942 8	0.931 7	0.920 8	0.910 2	0.899 8	0.889 5	0.879 3	0.945 2
116	0.980 3	0.966 9	0.954 8	0.943 3	0.932 3	0.921 5	0.911	0.900 6	0.890 4	0.880 3	0.945 7
117	0.980 5	0.967 2	0.955 2	0.943 8	0.932 8	0.922 2	0.911 7	0.901 4	0.891 3	0.881 3	0.946 2
118	0.980 7	0.967 4	0.955 5	0.944 3	0.933 4	0.922 8	0.912 5	0.902 3	0.892 2	0.882 3	0.946 6
119	0.980 8	0.967 7	0.955 9	0.944 7	0.933 9	0.923 5	0.913 2	0.903 1	0.893 1	0.883 2	0.947 1

附表 3　二项分布可靠性单侧上限表

GAMMA = 0.9

n / F	0	1	2	3	4	5	6	7	8	9	10
81	1.000 0	0.998 7	0.993 4	0.986 3	0.978 3	0.969 7	0.960 6	0.951 3	0.941 7	0.931 8	0.921 8
82	1.000 0	0.998 7	0.993 5	0.986 5	0.978 6	0.97	0.961 1	0.951 9	0.942 4	0.932 7	0.922 8
83	1.000 0	0.998 7	0.993 6	0.986 6	0.978 8	0.970 4	0.961 6	0.952 5	0.943 1	0.933 5	0.923 7
84	1.000 0	0.998 7	0.993 7	0.986 8	0.979 1	0.970 8	0.962 1	0.953	0.943 8	0.934 3	0.924 7
85	1.000 0	0.998 8	0.993 7	0.987	0.979 3	0.971 1	0.962 5	0.953 6	0.944 4	0.935 1	0.925 6
86	1.000 0	0.998 8	0.993 8	0.987 1	0.979 6	0.971 5	0.962 9	0.954 1	0.945 1	0.935 8	0.926 4
87	1.000 0	0.998 8	0.993 9	0.987 3	0.979 8	0.971 8	0.963 4	0.954 7	0.945 7	0.936 6	0.927 3
88	1.000 0	0.998 8	0.993 9	0.987 4	0.98	0.972 1	0.963 8	0.955 2	0.946 4	0.937 3	0.928 1
89	1.000 0	0.998 8	0.994	0.987 6	0.980 3	0.972 4	0.964 2	0.955 7	0.947	0.938	0.929
90	1.000 0	0.998 8	0.994 1	0.987 7	0.980 5	0.972 7	0.964 6	0.956 2	0.947 6	0.938 7	0.929 8
91	1.000 0	0.998 8	0.994 1	0.987 8	0.980 7	0.973	0.965	0.956 7	0.948 2	0.939 4	0.930 5
92	1.000 0	0.998 9	0.994 2	0.988	0.980 9	0.973 3	0.965 4	0.957 2	0.948 7	0.940 1	0.931 3
93	1.000 0	0.998 9	0.994 3	0.988 1	0.981 1	0.973 6	0.965 8	0.957 6	0.949 3	0.940 7	0.932 1
94	1.000 0	0.998 9	0.994 3	0.988 2	0.981 3	0.973 9	0.966 1	0.958 1	0.949 8	0.941 4	0.932 8
95	1.000 0	0.998 9	0.994 4	0.988 3	0.981 5	0.974 2	0.966 5	0.958 5	0.950 4	0.942	0.933 5
96	1.000 0	0.998 9	0.994 4	0.988 5	0.981 7	0.974 4	0.966 8	0.959	0.950 9	0.942 6	0.934 2
97	1.000 0	0.998 9	0.994 5	0.988 6	0.981 9	0.974 7	0.967 2	0.959 4	0.951 4	0.943 2	0.934 9
98	1.000 0	0.998 9	0.994 6	0.988 7	0.982 1	0.975	0.967 5	0.959 8	0.951 9	0.943 8	0.935 6
99	1.000 0	0.998 9	0.994 6	0.988 8	0.982 3	0.975 2	0.967 9	0.960 2	0.952 4	0.944 4	0.936 2

续表

n \ F	0	1	2	3	4	5	6	7	8	9	10
100	1.000 0	0.998 9	0.994 7	0.988 9	0.982 4	0.975 5	0.968 2	0.960 6	0.952 9	0.945	0.936 9
101	1.000 0	0.999	0.994 7	0.989	0.982 6	0.975 7	0.968 5	0.961	0.953 3	0.945 5	0.937 5
102	1.000 0	0.999	0.994 8	0.989 1	0.982 8	0.976	0.968 8	0.961 4	0.953 8	0.946	0.938 1
103	1.000 0	0.999	0.994 8	0.989 3	0.983	0.976 2	0.969 1	0.961 8	0.954 3	0.946 6	0.938 8
104	1.000 0	0.999	0.994 9	0.989 4	0.983 1	0.976 4	0.969 4	0.962 2	0.954 7	0.947 1	0.939 4
105	1.000 0	0.999	0.994 9	0.989 5	0.983 3	0.976 7	0.969 7	0.962 5	0.955 1	0.947 6	0.939 9
106	1.000 0	0.999	0.995	0.989 6	0.983 4	0.976 9	0.97	0.962 9	0.955 6	0.948 1	0.940 5
107	1.000 0	0.999	0.995	0.989 7	0.983 6	0.977 1	0.970 3	0.963 2	0.956	0.948 6	0.941 1
108	1.000 0	0.999	0.995 1	0.989 8	0.983 7	0.977 3	0.970 6	0.963 6	0.956 4	0.949 1	0.941 6
109	1.000 0	0.999	0.995 1	0.989 8	0.983 9	0.977 5	0.970 8	0.963 9	0.956 8	0.949 6	0.942 2
110	1.000 0	0.999	0.995 2	0.989 9	0.984	0.977 7	0.971 1	0.964 2	0.957 2	0.95	0.942 7
111	1.000 0	0.999 1	0.995 2	0.99	0.984 2	0.977 9	0.971 4	0.964 6	0.957 6	0.950 5	0.943 2
112	1.000 0	0.999 1	0.995 2	0.990 1	0.984 3	0.978 1	0.971 6	0.964 9	0.958	0.950 9	0.943 7
113	1.000 0	0.999 1	0.995 3	0.990 2	0.984 5	0.978 3	0.971 9	0.965 2	0.958 4	0.951 4	0.944 2
114	1.000 0	0.999 1	0.995 3	0.990 3	0.984 6	0.978 5	0.972 1	0.965 5	0.958 7	0.951 8	0.944 7
115	1.000 0	0.999 1	0.995 4	0.990 4	0.984 7	0.978 7	0.972 4	0.965 8	0.959 1	0.952 2	0.945 2
116	1.000 0	0.999 1	0.995 4	0.990 5	0.984 9	0.978 9	0.972 6	0.966 1	0.959 4	0.952 6	0.945 7
117	1.000 0	0.999 1	0.995 4	0.990 5	0.985	0.979 1	0.972 8	0.966 4	0.959 8	0.953	0.946 2
118	1.000 0	0.999 1	0.995 5	0.990 6	0.985 1	0.979 2	0.973 1	0.966 7	0.960 1	0.953 4	0.946 6
119	1.000 0	0.999 1	0.995 5	0.990 7	0.985 3	0.979 4	0.973 3	0.967	0.960 5	0.953 8	0.947 1

GAMMA = 0.95

n \ F	0	1	2	3	4	5	6	7	8	9	10
81	1.000 0	0.999 4	0.995 6	0.989 8	0.983	0.975 4	0.967 3	0.958 7	0.949 9	0.940 8	0.931 5
82	1.000 0	0.999 4	0.995 6	0.99	0.983 2	0.975 7	0.967 7	0.959 2	0.950 5	0.941 5	0.932 3
83	1.000 0	0.999 4	0.995 7	0.990 1	0.983 4	0.976	0.968 1	0.959 7	0.951 1	0.942 3	0.933 2
84	1.000 0	0.999 4	0.995 8	0.980 2	0.983 6	0.976 3	0.968 4	0.960 2	0.951 7	0.933	0.934
85	1.000 0	0.999 4	0.995 8	0.980 3	0.983 8	0.976 5	0.968 8	0.960 7	0.952 3	0.943 6	0.934 8
86	1.000 0	0.999 4	0.995 9	0.990 4	0.984	0.976 8	0.969 2	0.961 2	0.952 9	0.944 3	0.935 5
87	1.000 0	0.999 4	0.995 9	0.990 5	0.984 1	0.977 1	0.969 5	0.961 6	0.953 4	0.945	0.936 3
88	1.000 0	0.999 4	0.995 9	0.990 6	0.984 3	0.977 3	0.969 9	0.962 1	0.954	0.945 6	0.937
89	1.000 0	0.999 4	0.996	0.990 7	0.984 5	0.977 6	0.970 2	0.962 5	0.954 5	0.946 2	0.937 8
90	1.000 0	0.999 4	0.996	0.990 8	0.984 7	0.977 9	0.970 6	0.962 9	0.955	0.946 8	0.938 5
91	1.000 0	0.999 4	0.996 1	0.990 9	0.984 8	0.978 1	0.970 9	0.963 3	0.955 5	0.947 4	0.939 2
92	1.000 0	0.999 4	0.996 1	0.991	0.985	0.978 3	0.971 2	0.963 7	0.956	0.948	0.939 8
93	1.000 0	0.999 4	0.996 2	0.991 1	0.985 2	0.978 6	0.971 5	0.964 1	0.956 5	0.948 6	0.940 5
94	1.000 0	0.999 5	0.996 2	0.991 2	0.985 3	0.978 8	0.971 8	0.964 5	0.956 9	0.949 1	0.941 1
95	1.000 0	0.999 5	0.996 2	0.991 2	0.985 5	0.979	0.972 1	0.964 9	0.957 4	0.949 7	0.941 8
96	1.000 0	0.999 5	0.996 3	0.991 3	0.985 6	0.979 3	0.972 4	0.965 3	0.957 9	0.950 2	0.942 4

续表

n F	0	1	2	3	4	5	6	7	8	9	10
97	1.000 0	0.999 5	0.996 3	0.991 4	0.985 8	0.979 5	0.972 7	0.965 6	0.958 3	0.950 7	0.943
98	1.000 0	0.999 5	0.996 4	0.991 5	0.985 9	0.979 7	0.973	0.966	0.958 7	0.951 3	0.943 6
99	1.000 0	0.999 5	0.996 4	0.991 6	0.986 1	0.979 9	0.973 3	0.966 3	0.959 2	0.951 8	0.944 2
100	1.000 0	0.999 5	0.996 4	0.991 7	0.986 2	0.980 1	0.973 6	0.966 7	0.959 6	0.952 2	0.944 7
101	1.000 0	0.999 5	0.996 5	0.991 8	0.986 4	0.980 3	0.973 8	0.967	0.96	0.952 7	0.945 3
102	1.000 0	0.999 5	0.996 5	0.991 9	0.986 5	0.980 5	0.974 1	0.967 4	0.960 4	0.953 2	0.945 8
103	1.000 0	0.999 5	0.996 5	0.991 9	0.986 6	0.980 7	0.974 3	0.967 7	0.960 8	0.953 7	0.946 4
104	1.000 0	0.999 5	0.996 6	0.992	0.986 8	0.980 9	0.974 6	0.968	0.961 1	0.954 1	0.946 9
105	1.000 0	0.999 5	0.996 6	0.992 1	0.986 9	0.981 1	0.974 8	0.968 3	0.961 5	0.954 6	0.947 4
106	1.000 0	0.999 5	0.996 6	0.992 2	0.987	0.981 2	0.975 1	0.968 6	0.961 9	0.954 6	0.947 9
107	1.000 0	0.999 5	0.996 7	0.992 2	0.987 1	0.981 4	0.975 3	0.968 9	0.962 3	0.955	0.948 4
108	1.000 0	0.999 5	0.996 7	0.992 3	0.987 3	0.981 6	0.975 5	0.969 2	0.962 6	0.955 4	0.948 9
109	1.000 0	0.999 5	0.996 7	0.992 4	0.987 4	0.981 8	0.975 8	0.969 5	0.963	0.955 8	0.949 4
110	1.000 0	0.999 5	0.996 8	0.992 5	0.987 5	0.981 9	0.976	0.969 8	0.963 3	0.956 2	0.949 8
111	1.000 0	0.999 5	0.996 8	0.992 5	0.987 6	0.982 1	0.976 2	0.97	0.963 6	0.956 7	0.950 3
112	1.000 0	0.999 5	0.996 8	0.992 6	0.987 7	0.982 2	0.97	0.970 3	0.964	0.957 1	0.950 8
113	1.000 0	0.999 5	0.996 8	0.992 7	0.987 8	0.982 4	0.976 4	0.970 6	0.964 3	0.957 4	0.951 2
114	1.000 0	0.999 6	0.996 9	0.992 7	0.987 9	0.982 6	0.97	0.970 8	0.964 6	0.957 8	0.951 6
115	1.000 0	0.999 6	0.996 9	0.992 8	0.988	0.982 7	0.97	0.971 1	0.964 9	0.958 2	0.952 1
116	1.000 0	0.999 6	0.996 9	0.992 9	0.988 1	0.982 9	0.97	0.971 3	0.965 2	0.958 6	0.952 5
117	1.000 0	0.999 6	0.997	0.992 9	0.988 2	0.983	0.97	0.971 6	0.965 5	0.958 9	0.952 9
118	1.000 0	0.999 6	0.997	0.993	0.988 3	0.983 2	0.97	0.971 8	0.965 8	0.959 3	0.953 3
119	1.000 0	0.999 6	0.997	0.993	0.988 4	0.983 3	0.97	0.972 1	0.966 1	0.959 6	0.953 7

附表 4　t分布临界值表

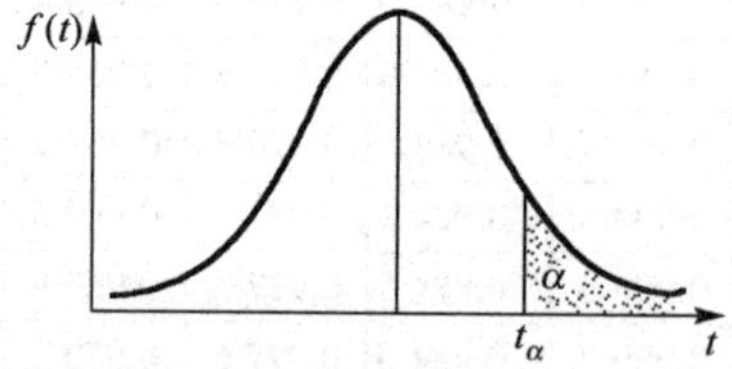

（查表时注意：V是指自由度，并分单侧和双侧两种类型）

（左侧的示意图是单侧检验的情形）

单侧 双侧	α =0.10 α =0.20	0.05 0.10	0.025 0.05	0.01 0.02	0.005 0.01
V=1	3.078	6.314	12.706	31.821	63.657
2	1.886	2.920	4.303	6.965	9.925
3	1.638	2.353	3.182	4.541	5.841
4	1.533	2.132	2.776	3.747	4.604

续表

单侧 双侧	α =0.10 α =0.20	0.05 0.10	0.025 0.05	0.01 0.02	0.005 0.01
5	1.476	2.015	2.571	3.365	4.032
6	1.440	1.943	2.447	3.143	3.707
7	1.415	1.895	2.365	2.998	3.499
8	1.397	1.860	2.306	2.896	2.355
9	1.383	1.833	2.262	2.821	3.250
10	1.372	1.812	2.228	2.764	3.169
11	1.363	1.796	2.201	2.718	3.106
12	1.356	1.782	2.179	2.681	3.05
13	1.350	1.771	2.160	2.650	3.012
14	1.345	1.761	2.145	2.624	2.977
15	1.341	1.753	2.131	2.602	2.947
16	1.337	1.746	2.120	2.583	2.921
17	1.333	1.740	2.110	2.567	2.898
18	1.330	1.734	2.101	2.552	2.878
19	1.328	1.729	2.093	2.539	2.861
20	1.325	1.725	2.086	2.528	2.845
21	1.323	1.721	2.080	2.518	2.831
22	1.321	1.717	2.074	2.508	2.819
23	1.319	1.714	2.069	2.500	2.807
24	1.318	1.711	2.064	2.492	2.797
25	1.316	1.708	2.060	2.485	2.787
26	1.315	1.706	2.056	2.479	2.779
27	1.314	1.703	2.052	2.473	2.771
28	1.313	1.701	2.048	2.467	2.763
29	1.311	1.699	2.045	2.462	2.756
30	1.310	1.697	2.042	2.457	2.750
40	1.303	1.684	2.021	2.423	2.704
50	1.299	1.676	2.009	2.403	2.678
60	1.296	1.671	2.000	2.390	2.660
70	1.294	1.667	1.994	2.381	2.648
80	1.292	1.664	1.990	2.374	2.639
90	1.291	1.662	1.987	2.368	2.632
100	1.290	1.660	1.984	2.364	2.626
125	1.288	1.657	1.979	2.357	2.616
150	1.287	1.655	1.976	2.351	2.609
200	1.286	1.653	1.972	2.345	2.601
∞	1.282	1.645	1.960	2.326	2.576

附表 5 χ^2 分布分位数表

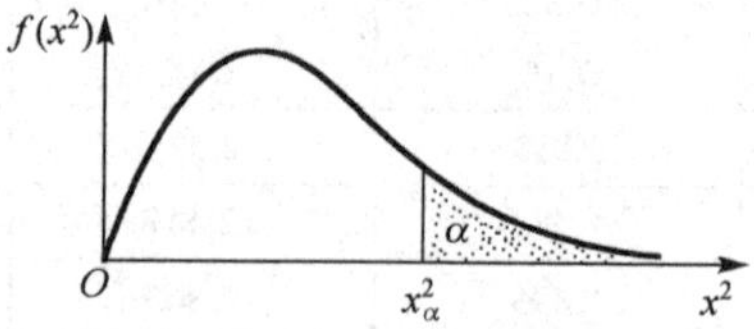

自由度	$\chi^2_{0.995}$	$\chi^2_{0.990}$	$\chi^2_{0.975}$	$\chi^2_{0.950}$	$\chi^2_{0.900}$
1	0.000 039 3	0.001 571	0.000 982 1	0.003 932 1	0.015 790 8
2	0.010 025 1	0.020 100 7	0.050 635 6	0.102 587	0.210 720
3	0.071 721 2	0.114 832	0.215 795	0.351 846	0.584 375
4	0.206 990	0.297 110	0.484 419	0.710 721	1.063 623
5	0.411 740	0.554 300	0.831 211	1.145 476	1.610 31
6	0.675 727	0.872 085	1.237 347	1.635 39	2.204 13
7	0.989 265	1.239 043	1.689 87	2.1673 5	2.833 11
8	1.344 419	1.646 482	2.179 73	2.732 64	3.489 54
9	1.734 926	2.087 912	2.700 39	3.325 11	4.168 16
10	2.155 85	2.558 21	3.246 97	3.940 30	4.865 18
11	2.603 21	3.053 47	3.815 75	4.574 81	5.577 79
12	3.073 82	3.570 56	4.403 79	5.226 03	6.303 80
13	3.565 03	4.106 91	5.008 74	5.891 86	7.041 50
14	4.074 68	4.660 43	5.628 72	6.570 63	7.789 53
15	4.600 94	5.229 35	6.262 14	7.260 94	8.546 75
16	5.142 24	5.812 21	6.907 66	7.961 64	9.312 23
17	5.697 24	6.407 75	7.564 18	8.671 76	10.085 2
18	6.264 81	7.014 91	8.230 75	9.390 46	10.864 9
19	6.843 98	7.632 73	8.906 55	10.117 0	11.650 9
20	7.433 86	8.260 40	9.590 83	10.850 8	12.442 6
21	8.033 66	8.897 20	10.282 93	11.591 3	13.239 6
22	8.642 72	9.542 49	10.982 3	12.338 0	14.041 5
23	9.260 42	10.195 67	11.688 5	13.090 5	14.847 9
24	9.886 23	10.856 4	12.401 1	13.848 4	15.658 7
25	10.519 7	11.524 0	13.119 7	14.611 4	16.473 4
26	11.160 3	12.198 1	13.843 9	15.379 1	17.291 9
27	11.807 6	12.878 6	14.573 3	16.151 3	18.113 8
28	12.461 3	13.564 8	15.307 9	16.927 9	18.939 2
29	13.121 1	14.256 5	16.047 1	17.708 3	19.767 7
30	13.786 7	14.953 5	16.790 8	18.492 6	20.599 2
40	20.706 5	22.164 3	24.433 1	26.509 3	29.050 5
50	27.990 7	29.706 7	32.357 4	34.764 2	37.688 6
60	35.534 6	37.484 8	40.481 7	43.187 9	46.458 9
70	43.275 2	45.441 8	18.757 6	51.739 3	55.329 0

续表

自由度	$\chi^2_{0.995}$	$\chi^2_{0.990}$	$\chi^2_{0.975}$	$\chi^2_{0.950}$	$\chi^2_{0.900}$
80	51.172 0	53.540 0	57.153 2	60.391 5	64.277 8
90	59.196 3	61.754 1	65.646 6	69.126 0	73.291 2
100	67.327 6	70.064 8	74.221 9	77.929 5	82.358 1
150	109.142	112.668	117.985	122.692	128.275
200	152.241	156.432	162.728	168.279	174.835
300	240.663	245.972	253.912	260.878	269.068
400	330.903	337.155	346.482	354.641	364.207
500	422.303	429.388	439.936	449.147	459.926
自由度	$\chi^2_{0.100}$	$\chi^2_{0.050}$	$\chi^2_{0.025}$	$\chi^2_{0.010}$	$\chi^2_{0.005}$
1	2.705 54	3.841 46	5.023 89	6.634 90	7.879 44
2	4.605 17	5.991 47	7.377 76	9.210 34	10.596 6
3	6.251 39	7.814 73	9.348 40	11.344 9	12.838 1
4	7.779 44	9.487 73	11.143 3	13.276 7	14.860 2
5	9.236 35	11.070 5	12.832 5	15.086 3	15.749 6
6	10.644 6	12.591 5	14.449 4	16.811 9	18.547 6
7	12.017 0	14.067 1	16.012 8	18.475 3	20.277 7
8	13.361 6	15.507 3	17.534 6	20.090 2	21.955 0
9	14.683 7	16.919 0	19.022 8	21.666 0	23.589 3
10	15.987 1	18.307 0	20.483 1	23.209 3	25.188 2
11	17.275 0	19.675 1	21.920 0	24.725 0	26.756 9
12	18.549 4	21.026 1	23.336 7	26.217 0	28.299 5
13	19.811 9	22.362 1	24.735 6	27.688 3	29.819 4
14	21.064 2	23.684 8	26.119 0	29.141 3	31.319 3
15	22.307 2	24.995 8	27.488 4	30.577 9	32.801 3
16	23.541 8	26.296 2	28.845 4	31.999 9	34.267 2
17	24.769 0	27.587 1	30.191 0	33.408 7	35.718 5
18	25.989 4	28.869 3	31.526 4	34.805 3	37.156 4
19	27.203 6	30.143 5	35.852 3	36.190 8	38.582 2
20	28.412 0	31.410 4	34.169 6	37.566 2	39.996 8
21	29.615 1	32.670 5	35.478 9	38.932 1	41.401 0
22	30.813 3	33.924 4	36.780 7	40.289 4	42.795 6
23	32.006 9	35.172 5	38.075 7	41.638 4	44.181 3
24	33.196 3	36.415 1	39.364 1	42.979 8	45.558 5
25	34.381 6	37.652 5	40.646 5	44.314 1	46.927 8
26	36.563 1	38.885 2	41.923 2	45.641 7	48.289 9
27	36.741 2	40.113 3	43.194 4	46.963 0	49.644 9
28	37.915 9	41.337 2	44.460 7	48.278 2	50.993 3
29	39.087 5	42.556 9	45.722 2	49.587 9	52.335 6
30	40.256 0	43.772 9	46.979 2	50.892 2	53.672 0
40	51.805 0	55.758 5	59.341 7	63.690 7	66.765 9
50	63.167 1	67.504 8	71.420 2	76.153 9	79.490 0
60	74.397 0	79.081 9	83.297 6	88.379 4	91.951 7

续表

自由度	$\chi^2_{0.995}$	$\chi^2_{0.990}$	$\chi^2_{0.975}$	$\chi^2_{0.950}$	$\chi^2_{0.900}$
70	85.527 1	90.531 2	95.023 1	100.425	104.215
80	96.578 2	101.879	106.629	112.329	116.321
90	107.565	113.145	118.136	124.116	128.299
100	118.498	124.342	129.561	135.807	140.169
150	172.581	179.581	185.800	193.208	198.360
200	226.021	233.994	241.058	249.445	255.264
300	331.789	341.395	349.874	359.906	366.844
400	436.649	447.632	457.306	468.724	479.606
500	540.930	553.127	563.852	576.493	585.207

附表 6　*F* 分布临界值表($\alpha=0.05$)

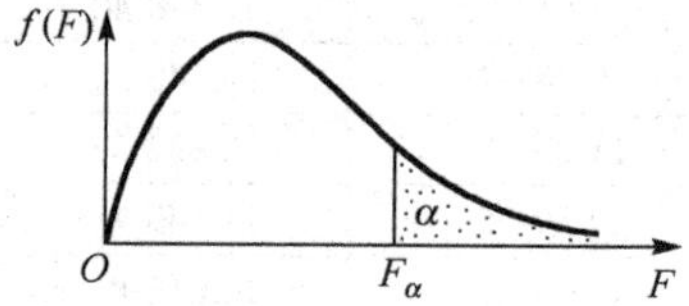

V_2 \ V_1	1	2	3	4	5	6	8	10	15
1	161.4	199.5	215.7	224.6	230.2	234.0	238.9	241.9	245.9
2	18.51	19.00	19.16	19.25	19.30	19.33	19.37	19.40	19.43
3	10.13	9.55	9.28	9.12	9.01	8.94	8.85	8.79	8.70
4	7.71	6.94	6.59	6.39	6.26	6.16	6.04	5.96	5.86
5	6.61	5.79	5.41	5.19	5.05	4.95	4.82	4.74	4.62
6	5.99	5.14	4.76	4.53	4.39	4.28	4.15	4.06	3.94
7	5.59	4.74	4.35	4.12	3.97	3.87	3.73	3.64	3.51
8	5.32	4.46	4.07	3.84	3.69	3.58	3.44	3.35	3.22
9	5.12	4.26	3.86	3.63	3.48	3.37	3.23	3.14	3.01
10	4.96	4.10	3.71	3.48	3.33	3.22	3.07	2.98	2.85
11	4.84	3.98	3.59	3.36	3.20	3.09	2.95	2.85	2.72
12	4.75	3.89	3.49	3.26	3.11	3.00	2.85	2.75	2.62
13	4.67	3.81	3.41	3.18	3.03	2.92	2.77	2.67	2.53
14	4.60	3.74	3.34	3.11	2.96	2.85	2.70	2.60	2.46
15	4.54	3.68	3.29	3.06	2.90	2.79	2.64	2.54	2.40
16	4.49	3.63	3.24	3.01	2.85	2.74	2.59	2.49	2.35
17	4.45	3.59	3.20	2.96	2.81	2.70	2.55	2.45	2.31
18	4.41	3.55	3.16	2.93	2.77	2.66	2.51	2.41	2.27
19	4.38	3.52	3.13	2.90	2.74	2.63	2.48	2.38	2.23
20	4.35	3.49	3.10	2.87	2.71	2.60	2.45	2.35	2.20

续表

V_1 / V_2	1	2	3	4	5	6	8	10	15
21	4.32	3.47	3.07	2.84	2.68	2.57	2.42	2.32	2.18
22	4.30	3.44	3.05	2.82	2.66	2.55	2.40	2.30	2.15
23	4.28	3.42	3.03	2.80	2.64	2.53	2.37	2.27	2.13
24	4.26	3.40	3.01	2.78	2.62	2.51	2.36	2.25	2.11
25	4.24	3.39	2.99	2.76	2.60	2.49	2.34	2.24	2.09
26	4.23	3.37	2.98	2.74	2.59	2.47	2.32	2.22	2.07
27	4.21	3.35	2.96	2.73	2.57	2.46	2.31	2.20	2.06
28	4.20	3.34	2.95	2.71	2.56	2.45	2.29	2.19	2.04
29	4.18	3.33	2.93	2.70	2.55	2.43	2.28	2.18	2.03
30	4.17	3.32	2.92	2.69	2.53	2.42	2.27	2.16	2.01
40	4.08	3.23	2.84	2.61	2.45	2.34	2.18	2.08	1.92
50	4.03	3.18	2.79	2.56	2.40	2.29	2.13	2.03	1.87
60	4.00	3.15	2.76	2.53	2.37	2.25	2.10	1.99	1.84
70	3.98	3.13	2.74	2.50	2.35	2.23	2.07	1.97	1.81
80	3.96	3.11	2.72	2.49	2.33	2.21	2.06	1.95	1.79
90	3.95	3.10	2.71	2.47	2.32	2.20	2.04	1.94	1.78
100	3.94	3.09	2.70	2.46	2.31	2.19	2.03	1.93	1.77
125	3.92	3.07	2.68	2.44	2.29	2.17	2.01	1.91	1.75
150	3.90	3.06	2.66	2.43	2.27	2.16	2.00	1.89	1.73
	3.84	3.00	2.60	2.37	2.21	2.10	1.94	1.83	1.67

F 分布临界值表($\alpha=0.01$)

V_1 / V_2	1	2	3	4	5	6	8	10	15
1	4 052	4 999	5 403	5 625	5 764	5 859	5 981	6 065	6 157
2	98.50	99.00	99.17	99.25	99.30	99.33	99.37	99.40	99.43
3	34.12	30.82	29.46	28.71	28.24	27.91	27.49	27.23	26.87
4	21.20	18.00	16.69	15.98	15.52	15.21	14.80	14.55	14.20
5	16.26	13.27	12.06	11.39	10.97	10.67	10.29	10.05	9.72
6	13.75	10.92	9.78	9.15	8.75	8.47	8.10	7.87	7.56
7	12.25	9.55	8.45	7.85	7.46	7.19	6.84	6.62	6.31
8	11.26	8.65	7.59	7.01	6.63	6.37	6.03	5.81	5.52
9	10.56	8.02	6.99	6.42	6.06	5.80	5.47	5.26	4.96
10	10.04	7.56	6.55	5.99	5.64	5.39	5.06	4.85	4.56
11	9.65	7.21	6.22	5.67	5.32	5.07	4.74	4.54	4.25
12	9.33	6.93	5.95	5.41	5.06	4.82	4.50	4.30	4.01
13	9.07	6.70	5.74	5.21	4.86	4.62	4.30	4.10	3.82
14	8.86	6.51	5.56	5.04	4.69	4.46	4.14	3.94	3.66

续表

V_2 \ V_1	1	2	3	4	5	6	8	10	15
15	8.86	6.36	5.42	4.89	4.56	4.32	4.00	3.80	3.25
16	8.53	6.23	5.29	4.77	4.44	4.20	3.89	3.69	3.41
17	8.40	6.11	5.19	4.67	4.34	4.10	3.79	3.59	3.31
18	8.29	6.01	5.09	4.58	4.25	4.01	3.71	3.51	3.23
19	8.18	5.93	5.01	4.50	4.17	3.94	3.63	3.43	3.15
20	8.10	5.85	4.94	4.43	4.10	3.87	3.56	3.37	3.09
21	8.02	5.78	4.87	4.37	4.04	3.81	3.51	3.31	3.03
22	7.95	5.72	4.82	4.31	3.99	3.76	3.45	3.26	2.98
23	7.88	5.66	4.76	4.26	3.94	3.71	3.41	3.21	2.93
24	7.82	5.61	4.72	4.22	3.90	3.67	3.36	3.17	2.89
25	7.77	5.57	4.68	4.18	3.85	3.63	3.32	3.13	2.85
26	7.72	5.53	4.64	1.14	3.82	3.59	3.29	3.09	2.81
27	7.68	5.49	4.60	4.11	3.78	3.56	3.26	3.06	2.78
28	7.64	5.45	4.57	4.07	3.75	3.53	3.23	3.03	2.75
29	7.60	5.42	4.54	4.04	3.73	3.50	3.20	3.00	2.73
30	7.56	5.39	4.51	4.02	3.70	3.47	3.17	2.98	2.70
40	7.31	5.18	4.31	3.83	3.51	3.29	2.99	2.80	2.52
50	7.17	5.06	4.20	3.72	3.41	3.19	2.89	2.70	2.42
60	7.08	4.98	4.13	3.65	3.34	3.12	2.82	2.63	2.35
70	7.01	4.92	4.07	3.60	3.29	3.07	2.78	2.59	2.31
80	6.96	4.88	4.04	3.56	3.26	3.04	2.74	2.55	2.27
90	6.93	4.85	4.01	3.53	3.23	3.01	2.74	2.52	2.42
100	6.90	4.82	3.98	3.51	3.21	2.99	2.69	2.50	2.22
125	6.84	4.78	3.94	3.47	3.17	2.95	2.66	2.47	2.19
150	6.81	4.75	3.91	3.45	3.14	2.92	2.63	2.44	2.16
200	6.76	4.71	3.88	3.41	3.11	2.89	2.60	2.41	2.13
	6.63	4.61	3.78	3.32	3.02	2.80	2.51	2.23	2.04

附录B　可靠性、维修性、保障性国家军用标准目录

附表7　可靠性、维修性、保障性①国家军用标准目录

序号	标准项目名称	标准号	国外相应标准号
1	可靠性、维修性、保障性术语	GJB 451A—2005	MIL-STD-721C
2	测试与诊断术语	GJB 3385—1998	MIL-STD-1309D
3	装备可靠性工作通用要求	GJB 450A—2004	MIL-STD-785B
4	装备维修性通用大纲	GJB 368A—1994	MIL-STD-170B
5	装备测试性工作通用要求	GJB 2547—1995	MIL-STD-2165A
6	装备测试性通用大纲	GJB 3872—1999	
7	装备可靠性和维修性参数选择与指标确定要求	GJB 1909—1994	
8	故障报告、分析和纠正系统	GJB 841—1990	MIL-STD-2155
9	电子元器件选用管理要求	GJB 3404—1998	
10	可靠性维修性评审指南	GJB /Z 72—1995	
11	可靠性增长管理手册	GJB /Z 77—1995	MIL-HDBK-189
12	可靠性维修性工程报告编写一般要求	GJB /Z 23—1991	MIL-STD-1304
13	备件供应规划要求	GJB 4355—2002	MIL-STD-1561B
14	技术资料规划与编写要求	GJB 5432—2005	
15	装备初始训练与训练保障要求	GJB 5238—2004	MIL-STD-1379D
16	可靠性模型的建立和可靠性预计	GJB 813—1990	MIL-STD-756B
17	电子设备可靠性预计手册	GJB /Z 299C—2006	MIL-HBDK-217F
18	电子设备非工作状态可靠性预计手册	GJB /Z 108A—2006	
19	故障模式、影响及危害性分析指南	GJB /Z 1391—2006	MIL-STD-1629-A
20	故障树分析指南	GJB /Z 768A—997	
21	电子设备可靠性热设计手册	GJB /Z 27—1992	MIL-HBDK-251
22	元器件降额准则	GJB /Z 35—1993	
23	电路容差分析指南	GJB /Z 89—1997	
24	软件可靠性安全性设计准则	GJB /Z 102—1997	
25	维修性预计与分配手册	GJB /Z 57—1994	MIL-HBDK- 472
26	维修性设计技术手册	GJB /Z 91—1997	MIL-HBDK-791
27	维修性建模指南	GJB /Z 145—2006	
28	被测单元与自动化测试设备兼容性通用要求	GJB 3369—2000	MIL-STD-2076
29	装备保障性分析	GJB 1371—1992	MIL-STD-1388-1A
30	装备保障性分析记录	GJB 3837—1999	MIL-STD-1388-2B
31	装备预防性维修大纲的制定要求与方法	GJB 1378—1992	MIL-STD-1843 MIL-STD-2173
32	修理级别分析	GJB 2961—1997	MIL-STD-1390D
33	可靠性鉴定和验收试验	GJB 899—1990	MIL-HDBK-781 MIL-STD-781D

序号	标准项目名称	标准号	国外相应标准号
34	电子产品环境应力筛选方法	GJB 1032—1990	MIL-STD-2164
35	可靠性增长试验	GJB 1407—1992	MIL-STD-1635
36	电子产品定量环境应力筛选指南	GJB /Z 34—1993	MIL-HDBK-344
37	维修性试验与评定	GJB 2072—1994	MIL-STD-471A
38	装备安全性工作通用要求	GJB 900—1990	MIL-STD-882B
39	系统安全工程手册	GJB /Z 99—1997	MIL-HDBK-764
40	军用电气系统安全性设计手册	GJB /Z 94—1997	MIL-HDBK-765
41	装备质量信息管理通用要求	GJB 1686A—2005	
42	装备质量与可靠性信息分类和编码要求	GJB 1775—1993	
43	飞机系统质量与可靠性信息分类和编码要求	GJB 630A—1998	
44	导弹系统质量与可靠性信息分类和编码要求	GJB 3469—1998	
45	航天系统质量与可靠性分类和编码要求	GJB 3386—1998	
46	舰船系统质量与可靠性信息分类和编码要求	GJB 3334—1998	
47	火炮系统质量与可靠性信息分类和编码要求	GJB 3555—1999	
48	车辆系统质量与可靠性信息分类和编码要求	GJB 3554—1999	
49	电子系统质量与可靠性信息分类和编码要求	GJB 3781—1999	

① 原为维修保障性，现简称为保障性。

参考文献

[1] 卢明银. 系统可靠性[M]. 北京：机械工业出版社，2008.

[2] 韩之俊. 质量管理[M]. 北京：科学出版社，2007.

[3] 韩福荣. 现代质量管理学[M]. 北京：机械工业出版社，2004.

[4] 刘品. 可靠性工程基础[M]. 3 版. 北京：中国计量出版社，2010.

[5] 郭波. 系统可靠性分析[M]. 长沙：国防科技大学出版社，2001.

[6] 张增照. 以可靠性为中心的质量设计、分析和控制[M]. 北京：电子工业出版社，2010.

[7] 刘春和. 武器装备可靠性评定方法[M]. 北京：宇航出版社，2009.

[8] 梁乃刚. 质量管理与可靠性[M]. 北京：机械工业出版社，1995.

[9] 高社生，张玲霞. 可靠性理论与工程应用[M]. 北京：国防工业出版社，2002.

[10] 赵涛，林青. 可靠性工程基础[M]. 天津：天津大学出版社，1999.

[11] 张根保. 现代质量工程[M]. 北京：机械工业出版社，2000.

[12] 屠庆慈，陆廷孝. 系统可靠性分析与设计[R]. 北京：中国航空学会科普与教育工作委员会，1984.

[13] 孙青，庄奕琪. 电子元器件可靠性工程[M]. 北京：电子工业出版社，2002.

[14] 屈滋培. 可靠性工程[M]. 北京：原子能出版社，2000.

[15] 龚益鸣主编. 现代质量管理学[M]. 北京：清华大学出版社，2003.

反侵权盗版声明

举报电话：（010）88254396；（010）88258888

传　　真：（010）88254397

E-mail：　dbqq@phei.com.cn

通信地址：北京市海淀区万寿路 173 信箱

电子工业出版社总编办公室

邮　　编：100036